本书为吉林省教育科学“十三五”规划高校思政研究专项课题（编号为GS17072）的阶段性成果

新时代教育信息化理念与创新探索

林　琳　著

中国农业出版社
北　京

前　言

随着网络技术的飞速发展和广泛应用，社会信息化的程度越来越高，以多媒体和网络技术为核心的现代信息技术深刻改变着人类社会的面貌，并深入教育教学的各个领域和环节，对教育的观念、手段、方法和模式等产生了重要的影响。深刻认识到现代信息技术在教育、教学中的重要地位及其相应的必要性和紧迫性，应用现代信息技术教育，是现代科学技术和社会发展对教育的要求，也是教育改革和发展的需要。

在中国当代教育改革与发展进程中，教育信息化发展现状仍不尽如人意。针对当代信息技术在教育领域中的实际应用情况，为了使人们对当代教育信息化发展有一定的了解，并对其予以充分重视，作者撰写了该书，力求对当代教育信息化的进一步发展进行有效指导，促进广大教师信息技术教育能力的提高。

本书在撰写过程中，参阅了大量有关教育信息化方面的研究著作，并借鉴了部分专家和学者的研究成果，在此深表谢意！由于时间仓促，作者水平有限，书中难免存在一些疏漏与不妥之处，恳请广大读者提出宝贵意见，以便日后的修改与完善。

目　　录

第一章 绪 论

第一节 新时代教育信息化概述

信息技术的飞速发展加快了教育信息化的进程，促进了教育的发展，解决了教育、教学中的许多实际问题[①]，变革了教育形式和学习方式，也深刻影响了传统的教育思想、观念、模式、内容和方法。进入21世纪以来，随着我国新一轮“教育振兴行动计划”“中长期教育改革和发展规划”“国家中长期教育改革和发展规划纲要”等一系列战略规划的先后出台，以教育信息化带动教育现代化成为我国教育发展的战略选择。这里就教育信息化的内涵、教育信息化的发展历史与发展目标、教育信息化的理论基础、教育信息化的发展战略与发展规划进行阐述。

一、教育信息化的内涵

（一）教育信息化概念

“教育信息化”这个概念并不算新鲜，早在20世纪90年代就流行于我国教育界，然而国外很少使用这个概念，如美国使用的是“教育技术”，有的国家还使用“信息与通信技术在教育中的应用”来表达“教育信息化”的含义。目前我国学界也没有统一界定“教育信息化”的概念。从一些学术论文的研究来看，教育信息化的概念主要有以下几种。

祝智庭教授认为，所谓的教育信息化，“是指在教育过程中比较全面地运用以计算机多媒体和网络通信为基础的现代化信息技术，促进教育系统的全面改革，使之适应于正在到来的信息化社会对于教育发展的新要求。[②]”

① 殷旭彪，陈琳，王永花. 论信息技术在教育应用中的技术理性［J］. 中国远程教育，2011（2）.

② 祝智庭. 世界各国的教育信息化进程［J］. 外国教育资料，1999（2）.

教育信息化的结果必然形成一种全新的教育形态——“信息化教育”。

黎加厚教授认为，“教育信息化是将信息作为教育系统的一种基本构成要素，并在教育的各个领域广泛地利用信息技术，促进教育现代化的过程。”①

何克抗教授认为，教育信息化是“信息与信息技术在教育、教学领域和教育、教学部门的普遍应用与推广”②，并强调，教育信息化不单指信息技术这一个方面在教育、教学中的应用与推广，还包括信息在当中的应用和推广。

还有研究者认为，将信息技术引入教育中，其本质就是不能仅仅围绕技术而展开，而是应该围绕信息技术条件下人的身心发展和培养人的教育活动而展开，并指出：“教育信息化是在数字虚拟世界中有意识地以影响人的身心发展为直接目标的社会活动。”③

随着研究的深入，研究者们不单单从技术的角度理解教育信息化的概念，而逐渐转向了个体、观念、组织管理和制度方面，发展到了系统的组织和机构层面。

教育信息化是针对教育教学过程中对信息的获取、传递、加工、再生和利用而言的，其以信息的网络为基础，信息资源是核心，而信息资源和信息技术的广泛应用是目的。当然，信息化作为一个社会过程，必然也要受制于人们的观念、理想、意志、技能以及团体利益、社会组织机构等。因此，教育信息化应有与之相应的保障体系和保障机制。

综合以上观点，可以认为，教育信息化是“将信息与信息技术作为教育系统的一种基本构成要素，并在教育的各个领域广泛地利用信息与信息技术，促进教育的全方位变革与教育现代化的系统工程。”④

（二）教育信息化的特点

教育信息化是现代教育理论与教育技术作用下的教育现代化过程，它有以下几方面的特点。

---

① 黎加厚．谈教育信息化［J］．中国电化教育，2002（1）．

② 何克抗．中国特色教育技术理论的建构与发展［M］．北京：北京师范大学出版社，2012：132.

③ 马德四．教育信息化本质研究：教育学视角［D］．上海：华东师范大学，2007.

④ 解继丽，等．教育信息化促进教学改革的保障体系研究［M］．昆明：云南大学出版社，2015：6.

（1）教育信息处理信息化。在现代信息技术的支持下，教育信息处理系统的设备简单、性能可靠，而且标准统一。信息化处理信息只用 1 和 0 两个代码，因此教育信息技术系统的集成度高，而且处理的信息保真度高、存贮量大、处理速度快等。

（2）教育信息传输的立体化。在信息技术的软硬件支持下，教育活动时空不受或较少受到限制，轻易就能实现人机互交、人机合作。尤其是通过网络，全世界的教育资源可以连成一个信息海洋，网络用户都能使用到这些信息码，实现了教育信息资源的共享。这都归功于立体化的信息传输。

（3）教育信息系统的智能化。在多媒体计算机技术中，融入了现代人工智能技术，同时又结合教学理论、学习理论、传播理论、认知心理学，由此创立了智能化的教育信息系统。通过这个系统，教学行为更加人性化，人与设备仪器之间的通信更加自然化，各种繁杂的教学任务实现代理化。

（4）教育信息呈现多媒体化。在多媒体技术的支持下，单一表征信息的媒体可以被整合起来，不但有文字、图片、声音，还有动画、录像、模拟等景象，使得教学内容更加生动、形象，更加吸引学生，调动学生的学习积极性。

（5）教育信息传播过程中学生的地位主体化。在传统教育中，教师在教学过程中处于主导地位，学生只能被动地学习，师生、生生之间较少互动。现代社会，以学生为主体的教育思想日渐深入人心，而利用信息技术支持自主学习成为必然的发展趋向。教育信息系统的智能化、信息呈现多媒体化和信息可扩充化等，使学生不再被动地学习，而通过类似超文本/超媒体之类的电子教材和其他手段、工具就可以积极主动地建构知识，还可以与同伴或教师开展协商学习。此外，在信息技术支持下，通过计算机合作、在计算机面前合作、与计算机合作的方式可实现学生的合作式学习。

此外，教育信息化还呈现出教育资源全球化、教学个性化、管理自动化、教学环境虚拟化等特点。

二、教育信息化的发展历史与发展目标

（一）国外教育信息化发展历史

关于国外教育信息化的发展历史，以美国、欧洲国家、日本为例进行阐述。

1. 美国教育信息化发展历史

美国教育信息化最早可追溯到1993年提出的“国家信息基础设施”（National Information Infrastructure，NII）的计划，俗称“信息高速公路”，目的是推广信息技术在教育工作中的广泛应用。

1996年，美国政府提出，要在2000年以前让所有的学校、教室、图书馆都能够连到Internet，让每一个青少年都学会使用网络，让每一个成年的美国公民都能进行终身学习，让师生都学会使用多媒体计算机，让有效的软件和在线学习资源成为学校课程的重要部分。

1996年，美国与国际互联网连通的中小学校已占全国中小学总数的65%，大学生课程的载体、教学方法都不同程度地使用了多媒体技术的硬件、软件。

在教育信息化的具体实施过程中，美国政府曾经组织了多项中小学教育信息化工程，如“明星学校”计划（1988—1997年）、“全国学校网络试点项目”（NSNT）等。据统计，到1998年，美国平均约6个学生就有1台计算机，29%的中小学有专职的教育技术人员，89%的公立学校已联网。到了21世纪，美国又开始在新的起点上制定新的国家目标。

在高等教育领域，美国高校信息化问题要比NII计划更早被提出。1990年，美国克莱蒙特大学的Kenneth C. Green教授首次提出了“Campus Computing”（校园信息化）的概念，并于同年开始了针对美国高校信息化的研究项目：Campus Computing Project（CCP）。根据美国CCP 1994年调查数据，扩展校园网络仍然是大学各部门最重视的信息化建设工作。本次调查中超过2/3（69%）的大学有校园网，相比1992年的63%有所上升。光纤是通常的主干传输介质，1994年超过3/4的四年制大学报告采用光纤作主干。美国CCP 1994年调查数据还显示，美国超过3/4（79%）的大学报告接入互联网，而1993年只有66%。另外，23%的大学报告建立了Gopher，而1993年只有14%。其中，Gopher行为主要是研究型大学（84%的公立研究型大学和74%的私立研究型大学）。

21世纪的美国信息技术教育在20世纪90年代发展的基础上朝更高的目标发展，2002年，据ACCS（Asian Campus Computing Survey）项目的统计数据显示，美国已建成校园局域网并接入互联网的比例都已达到

99.4%。研究表明，美国高校教学信息化的建设主要集中于推广使用信息技术工具和手段，推行在线教学，加强师生的信息技能培训，制定教学信息化政策等。

2. 欧洲国家教育信息化发展历史

欧洲国家教育信息化发展也很早，只是各国的教育信息化程度有所不同。据统计，欧盟国家中学每12人1台电脑，而程度最高的苏格兰每6人1台电脑。20世纪80年代早期，欧洲各国就曾积极将计算机推广到校园中，但因缺乏相应的配合措施而成效不明显。20世纪90年代中期，欧盟就有关教育信息化问题推出了一系列计划，如计算机通信应用计划（1994—1998年）、改革职业技能培训的“达·芬奇”计划（1995—1999年）、推动高校教育改革的“苏格拉底”计划（1995—1999年）、欧洲教育创议行动规划（1996—1998年）、开发多媒体教材的MediaU与INF02000计划（1996—1999年）等。相应地，欧盟各国也纷纷制定了各自的学校信息化发展计划。例如，1995年，法国政府就基础教育信息化而确定了一批相关课题，并为此建立了一批网上信息资源，有13个学区的学校得以先行联网；芬兰教育部提出一个名为“信息社会中的教育、培训与研究”的国家战略五年计划，计划到2000年让所有的学校、教育机构都能够联网；意大利教育部则计划在2005年让一部分中小学能够配备上多媒体设备与软件。这些措施和计划对欧洲的教育信息化进程起到了很大的推动作用。

英国的信息技术教育起步早。早在1978年，英国就提出了促进在学校教育中运用计算机等微电子技术的计划。1995年，英国政府推出了一个题为“教育高速公路：前进之路”建议，将400家教育机构首批联网。同年10月，英国提出了“英国网络年”的五年计划，保证拨款1.6亿美元用于所有中小学（3.2万所）的国际互联网联网工作。

1996年，英国国家课程中出现了“信息技术”教育课程。

1997年2月，英国政府将提供100万英镑用于为1 500名中小学教师每人配备一台多媒体计算机，并实现联网。

1998年1月，英国开始实施学校电子邮件计划，并根据一个四年规划开始建立全国性学习网络。同年，英国政府提出要把英国社会变成信息社会的计划。

1998—2000 年，英国小学、中学、特殊学校已不同程度地实现了教育信息化。英国政府还规定到 2002 年，学校中每 4 名学生要有 1 台计算机。

在高等教育领域，早在 1971 年，英国开放大学录取首批学生，运用信息与通信技术进行教学。1989 年，英国开始筹备实施“计算机用于教学创新”的计划，旨在运用计算机、多媒体与远程通信技术对高等院校所有学科就教学内容、教学模式和组织形式进行彻底的变革。2003 年，英国剑桥大学等 12 所大学、政府相关部门和私人企业联合组成网上大学全球网络，于当年春季开始设立互联网教育课程，并面向世界各地招生。

3. 日本教育信息化发展历史

20 世纪 80 年代初，由于数据库和信息网络的迅速发展，日本以全国各大学图书馆和计算机中心为主体，成立了一个学术信息网络——学术情报中心，为信息的流通提供了极为有利的条件。之后，日本把扩大科学技术信息的国际交流作为今后信息政策的三大重点之一，试图建立多媒体信息网。1989 年 4 月，日本开始实施现行的学习指导要领，规定以计算机有关内容为中心开展信息教育。

1990 年，日本文部科学省提出要在 9 年内为本国所有学校都配备多媒体硬件和软件，并对教师进行相关培训，推广先进技术在教育中的应用。1994 年，日本建立了百校联网工程，目的是让中小学生了解、学会使用国际互联网。1995 年，日本文部省和通产省在基础教育领域联合推出了“100 所中小学联网”实验研究项目，项目要求所有实验学校均利用计算机系统进入 Internet，以探索一种全新的教学模式，通过网络为师生创造一种交互式的学习环境。

1996 年，日本把培养学生“生存能力”作为 21 世纪教育发展的目标。从信息化社会发展的角度来看，“生存能力”是分析问题和解决问题的素质和能力。

1998 年 7 月 29 日，日本教育课程审议会发表了题为“关于教育课程基本走向”的咨询报告，就信息教育课程的运作细则进行了明确规定，要求基础教育的所有学科在教学中都使用计算机。同年 12 月，日本政府又提出了“教育信息化计划”，提出了“儿童变化”“授课变化”和“学校变化”等目标。这些目标旨在提高青少年的计算机素养，并借助学校中日常性的计算机的应用，从根本上变革授课的形态；在管理模式方面以学校、家庭、社区间的相互协作为主。

1999年12月，日本政府制定了《教育信息化实施计划》（“新千年计划”），其中提出到2005年，日本所有中小学所有科目都要实现计算机和因特网授课。为此，2000年度拨款119亿日元用于教育信息化。

2001年，日本IT战略本部制定了“bjapan战略”，提出了信息化的日本社会远景目标：提高整个民族的信息素养；加强国民教育的信息技术教育及应用；培养信息技术工程师与研究人员。根据日本中小学教学大纲的修改，小学和初中从2002年、高中从2003年开始实施信息教育。

2005年，日本在《关于推进中小学信息教育的建议》报告中提出，在小学高年级、初中设置新教学科目“信息”；整理并充实高中教学科目“信息”的教育内容，增加修读的学分数；国家中心考试、各大学入学考试都要增加“信息”这个科目。

日本的信息化程度非常高，据统计，2008年日本电脑普及率达55%，居世界第二位。根据2012年日本文部科学省的调查结果，截至2012年，日本全国中小学校中，学校办公电脑使用率达102.7%。

总而言之，当今世界正处于向全球信息化过渡的时代，世界各国都为实现教育信息化而采取相应的教育信息化战略新举措，并互相取长补短。

（二）我国教育信息化发展历史及发展目标

1. 我国教育信息化发展历史

1994年，我国开始拨专款用于教育科研网建设。1998年，教育部推出《面向21世纪教育振兴行动计划》。文件提出，到2000年，全国全部本科高等学校和千所以上中等学校入网；加强中小学教师继续教育的教材建设等。同年，国家开始兴办网上大学，并要求公立高等学校所开设的必修课程，使用多媒体授课的课时比例要达到30%以上，其他高校应达15%以上。

1999年6月，中共中央、国务院《关于深化教育改革全面推进素质教育的决定》就信息技术教育、推进教育信息化方面提出，有条件的中小学要普及计算机操作，开展信息技术教育，高中要普及使用计算机，让学生学会使用网络。同年，教育部批准了67所高校开展现代远程教育试点工作。

2000年，教育部还下达了《关于在中小学实施“校校通”工程的通知》，计划在2005年前东西部地区的中小学都要不同程度地联网，计划在2010年前，让全国90%以上独立建制的中小学校都能上网。为实现资源共享，教育部在2001年专门设立了“现代远程教育网上公共资源建设——大学信息化博物馆建设工程”项目，重点支持8～10个有特色的大学博物馆的信息化改造工程。2001年，中央广播电视大学和44所省级电大参与了1999年开始的现代远程教育试点，全国66所普通高等学校成立了网络教育学院，并设立相应的现代远程教育校外学习中心（点）。

2001年，我国发布《教育信息化“十五”发展纲要》。据《中国信息年鉴2002》的数据显示，至2001年9月，信息技术必修课开课率高中达92.15%，大中城市初中达65.32%。全国中小学拥有计算机367万台，每51人拥有一台计算机。教育部为了推动教育信息化的均衡发展，2003年实施农村中小学现代远程教育工程。据中国ICT产业权威的市场研究和咨询机构统计，2003年，我国在教育信息化上的投资达到226.8亿元。

从2006年高等学校科技工作会议上获悉：我国超过90%的高校、35%的中等职业学校、38 000多所中小学基本建成校园网。中小学平均32人一台计算机，不少学校还实现了“班班通”。同时，高校总数10%～15%的校园网上，开展了远程教学、数字图书馆、网络课程和教学资源开发等应用项目，开始向信息化校园方向发展。

2012年教育部发布《教育信息化十年发展规划（2011—2020年）》以来，以“三通两平台”为主要标志的各项教育信息化工作取得了突破性进展。全国中小学校互联网接入率已达87%，多媒体教室普及率达80%。

2. 我国教育信息化发展目标

2016年，教育部制定了《教育信息化“十三五”规划》，到2020年，基本建成“人人皆学、处处能学、时时可学”与国家教育现代化发展目标相适应的教育信息化体系。

三、教育信息化的发展战略与发展规划

（一）教育信息化的发展战略

1. 我国信息化发展的指导思想和战略方针

（1）我国信息化发展的指导思想。我国信息化发展的指导思想是：以习

近平新时代中国特色社会主义思想为指导，以信息化驱动现代化为主线，以建设网络强国为目标，着力增强国家信息化发展能力，着力提高信息化应用水平，着力优化信息化发展环境，要求网信事业努力在践行新发展理念上先行一步，要坚持与实现“两个一百年”奋斗目标同步推进，强调要让信息化造福社会、造福人民，为实现中华民族伟大复兴的中国梦奠定坚实基础。

（2）我国信息化发展的战略方针。我国信息化发展的战略方针是：统筹规划、资源共享，深化应用、务求实效，面向市场、立足创新，军民结合、安全可靠。要以科学发展观为统领，以改革开放为动力，努力实现网络、应用、技术和产业的良性互动，促进网络融合，实现资源优化配置和信息共享。要以需求为主导，充分发挥市场机制配置资源的基础性作用，探索成本低、实效好的信息化发展模式。要以人为本，惠及全民，创造广大群众用得上、用得起、用得好的信息化发展环境。要把制度创新与技术创新放在同等重要的位置，完善体制机制，推动原始创新，加强集成创新，增强引进、消化、吸收和再创新能力。要推动军民结合，协调发展。要高度重视信息安全，正确处理安全和发展之间的关系，以安全促发展，在发展中求安全。

2. 教育信息化发展的指导思想和发展原则

教育信息化遵循国家信息化的引导，在国家的统一规划下，加强协调，部署计划，以教育发展的实际需要出发，加快教育信息化基础设施步伐；提高信息化人才培养的质量，扩大培养规模；全面实施信息技术教育和师资信息化知识培训；重点加大教育资源开发的力度与整合的力度，提高教育资源的利用效率，大力建设教育政务信息化，推动网络教育的管理和运行机制的创新；真正使教育信息化能够培养出国家信息化发展中的人才。

教育信息化的发展原则是：统筹规划、需求导向，加强合作、注重实效，人才为本、项目示范，因地制宜、协调发展。

3. 教育部推进教育信息化建设的总体要求

教育部推进教育信息化建设的总体要求有以下几个方面。

（1）国家和地方对教育信息化进行统筹规划和管理，制定发展方针、目标和任务，提高教育信息化资源的利用效率，使优质教育资源能够共享，实现资源配置优化，提高信息化设施的利用率，增加效益。

（2）鼓励全社会和企业对教育信息化的投入，利用教育信息化手段为社会提供多种形式的服务。改革对教育信息化工作的管理和领导，建立教育信息化评估指标体系，全面提高教育信息化建设的质量和利用水平。

（3）通过选择具有带动性、基础性、示范性和全局性教育信息化示范项目，推动教育信息化发展，为社会培养一大批信息化人才，是教育信息化发展的重要内容。

（4）要实事求是，循序渐进，以本地区发展水平为出发点加大资金和人才的投入。国家投入主要侧重在西部不发达地区，在政策和资金两方面向西部地区倾斜。鼓励东西部教育资源联合与合作。东部地区主要依靠政策驱动与引导，实现全国教育信息化的协调发展。

（二）教育信息化的发展规划

确立教育信息化的发展战略，把教育信息化建设当成学校的基本建设来抓。学校的基本建设不能只满足于校舍建设这个层次，一定要以战略性的眼光，用先进的、现代化的教育思想、教学设备把学校装备起来，从基础设施上使学校具备跨越式发展、可持续发展的物质基础，是建设信息化校园、网络化校园的基础工程。

1. 依靠教育信息化，实现高等教育的跨越式发展

教育创新的重要内容是实现跨越式发展。高等教育发展是一个自然的历史过程，但在特殊历史时期也存在跨越式发展的现象。跨越式发展是指在一定历史条件下，落后者会以超常规的状态赶超先行者走过的某个发展阶段。超常规、跨越式都是高等教育发展过程中会出现的正常现象。实现高等教育的跨越式发展，就要加强教育创新，通过改革的方法消除制约教育发展中遇到的体制性障碍，集中力量解决全局性、战略性的重大问题，为经济和社会的可持续发展培养人才。

要想实现教育的跨越式发展，就要实现教育信息化。信息技术在教育领域的应用，是高等教育发展中的一场重要的革命性变革，特别是在互联网开通之后，建立了现代远程教育网络，使高校教育可以跨越国界；同时也使教育内容、教育方式乃至教育观念实现了快速发展。从追赶到跨越其实就是人们思维方式的一种转变，所以，我们要敢于创新，敢于挑战权威。

2. 把教师队伍建设作为教育信息化建设的重点

在信息化建设过程中，不仅要重视硬件建设，更要在教学过程中利用现

代技术设备提高教学的效率。当前，传统的以知识为中心、以教师为中心的传授型教学结构仍占主导地位，虽然多媒体计算机、计算机网络、多媒体投影仪等新技术设备逐渐进入课堂，但能熟练应用这些设备的教师比例仅占10%左右，很多教师对新型教育结构和模式知之不多，因此，教师队伍建设是教育信息化建设的重点。

3. 完善资源库建设，实现资源共享

目前的学科整合基本上还是单打独斗，根本原因就在于无法实现资源共享，一些落后、狭隘的观念在作祟。如果不能实现资源共享，教育信息化便失去了意义，也不可能实现。首先在校内实现资源共享，进而做到区域资源共享，并要逐步形成全国范围内的资源共享。

第二节 教育信息化理论基础

信息社会的高速发展要求教育必须进行改革，以此满足培养面向信息化社会创新人才的要求，同时，信息社会的发展也为这种改革提供了环境和条件。信息技术在教育中的广泛应用必将有效地促使教育现代化。教育信息化是教育面向信息社会的要求和必然结果。

一、学习理论

学习理论主要研究的是人类的学习本质及其形成机制，旨在对学习的发生、过程、类型以及如何进行有效学习等进行详细阐述。学习理论从巴甫洛夫的经典性条件反射学说开始，已经历了100多年的发展历程，其间有学者从不同的角度不断对其进行诠释与完善，从而形成了众多流派，其中影响较大的有行为主义学习理论、认知主义学习理论和建构主义学习理论等。同时，这些理论在形成与发展的过程中，对学校的教育教学活动产生了重要影响，是教育信息化的重要理论基础。

行为主义学习理论出现于20世纪初，通过细致观测人类可观察的行为，得出了“人的行为是对外界刺激的反应，学习的获得就是形成刺激与反应的联结和联想，而强化则是促进这种联结的重要手段”这一结论。因此，行为主义学习理论对外部环境的作用是非常重视的，并着重强调了“强化”在刺激一反应过程中的重要作用。行为主义学习理论的代表人物有巴甫洛夫、华生、桑代克、斯金纳和班杜拉，他们都形成了独具特色的行为主义学习理论。在行为主义学习理论中，对现代信息技术教育具有重要影响的主要是斯金纳的操作性条件反射理论，而且在当前，斯金纳的程序教学和机器教学原理已经在计算机辅助教学中得到了广泛的运用。

认知主义学习理论认为，学习并不是机械的、被动的“刺激—反应”的连接，而是建立和组织认知结构的过程，即利用外来的刺激将新知识同化到原有的认知结构中。认知主义学习理论是从格式塔心理学起源的，代表性的人物有魏特海默、科勒、托尔曼、布鲁纳、奥苏贝尔和加涅等。认知主义学习理论对现代信息技术教育产生了重要影响，最鲜明的表现是在计算机辅助教育课件设计中，人们开始注意学习者的内部心理过程，开始研究并强调学习者的心理特征与认知规律；不再把学习看作是对外部刺激被动地做出的适应性反应，而是把学习看作是学习者根据自己的态度、需要、兴趣、爱好，利用自己的原有认知结构，对当前外部刺激所提供的信息主动做出的有选择的信息加工过程。

建构主义又称“结构主义”，其作为一种哲学思潮流行于 20 世纪五六十年代。而建构主义学习理论的形成，与瑞士心理学家皮亚杰、苏联心理学家维果茨基等的努力是分不开的。建构主义学习理论认为，学习是学习者进行知识结构建构的过程；学习者需要进行合作学习；教师是学生学习的合作者和促进者，教师的价值体现在能否激发学生以探究、主动、合作的方式进行学习。在建构主义学习理论的影响下，目前已经开发出的教学方法有支架式教学、随机进入教学和抛锚式教学，其中以支架式教学的影响最大。建构主义学习理论的出现，极大地促进了以多媒体技术为基础的计算机辅助教学和网络教学的发展。同时，建构主义教学理论对师生、学生间相互作用、合作学习的重视，促进了基于网络的协作学习的发展。

二、传播理论

传播理论是现代信息技术教育的一个重要理论基础，其中的教育传播对现代信息技术教育的发展有着重要的指导意义。所谓教育传播，就是由教育者依据一定的目的要求对合适的信息内容进行选择，然后通过有效的媒体通道向特定的教育对象进行传送的活动。

教育传播要获得好的效果，就必须要遵循一些原理，具体来说有以下几个。

（1）信息来源原理。一般情况下，权威之人或是有信誉之人所说的话更容易被人们所接受，因此教育传播的效果与资料来源有着密切的关系。在教育传播中，作为教育信息重要来源的教师，要切实树立起自己的良好形象，以便被学生认可和接受，同时要尽可能保证教学中所用的相关资料都有正确、真实、可靠的来源。

（2）共同经验原理。教育传播从本质上来说就是传递与交换信息，而教育者和学生只有具有共同的经验范围，才能保证教育传播有良好的效果。

（3）重复作用原理。通常情况下，人们很难一次就记住所有需要记住的东西，而是需要不断对其进行重复。所谓重复作用，就是在不同的场合或用不同的方式对同一个概念进行重复呈现。

（4）抽象层次原理。据相关研究表明，符号具有越高的抽象层次，越能简明地对更多的具体意义进行表达，但对其理解时也很容易产生误会。因此，在教育传播中，要保证各种信息符号的抽象程度能够在学生明白的范围之内。

教育传播并不是静态的，而是动态的，且是一个连续的过程。一般而言，一个完整的教育传播过程要经过以下几个环节。

（1）确定信息。确定信息是教育传播过程的第一步。一般来说，教育传播的信息需要依据教学的目的以及课程的培养目标来进行确定。

（2）选择媒体。选择媒体也就是信息编码的活动。在选择媒体时，要注意选择的媒体容易得到，且能够将信息的内容准确地呈现出来，并且符合学生的经验和知识水平。

（3）通道传送。通道传送也就是运用媒体传达信息。在运用媒体传达信息时需要注意两个方面：一是要对信号的传递要求进行充分考虑，以确保信号的传递有较高的质量；二是要提前对信息传递的结构进行设计，以尽量减少可能的干扰。

（4）接收与解释。接收与解释也就是信息译码的活动，将收到的信号依据自身的经验和知识将其解释为信息意义并储存在大脑中。

（5）评价与反馈。评价有利于衡量是否达到了预定的教学目的。一般来说，评价有多种方式和方法，既可以通过课堂提问、课后书面作业进行评价，也可以通过观察学生的行为变化进行评价。评价之后，需要对这一传播过程进行一定的反馈。

（6）调整再传送。通过上一阶段的评价反馈，可以发现教育传播过程中的不足，采取一定的措施进行调整，并进行再次传送。

在计算机和信息技术快速发展的现代社会，教育传播理论的产生与发展极大地促进了以计算机网络等为载体的远程教育的发展。在当前，远程教育的发展速度不断加快、规模不断扩大，日益成为学校进行教学以及人们进行学习的重要方式。

三、教学理论

教学理论主要关心的问题是：怎样教？这也是教学理论的核心问题。但教无定法，每个教师不能期待教学理论对他们的教学起到万能的作用，教学理论能够给每个教师提供的就是教学的理念和框架。教学理论主要有斯金纳的程序教学理论、布鲁纳的认知发现教学理论、奥苏贝尔的有意义接受学习理论。

斯金纳程序教学的基本思想是：对学生的正确学习结果必须给以及时的强化，这样可以鼓励学生继续学习下去。而在课堂教学中，教师不可能对每一个学生进行及时强化。教学机器可以为这种个别学习强化提供可能。需要特别指出的是，有些人把程序教学等同于机器教学，这是不正确的，程序教学是由斯金纳强化学习理论引申出来的教学思想，机器教学只是斯金纳的程序教学思想的一个经典应用而已。程序教学中的机器教学是计算机辅助教学应用的前身，深刻地影响了计算机辅助教学的产生和发展。斯金纳的程序教学开创了基于技术的个别化学习的局面，为当今信息技术条件下的课程教学提供了可以借鉴和研究的实例。

布鲁纳认为，学生的心智发展虽然受环境的一些影响，但主要遵循他自己特有的认知结构。教学就是帮助学生认知的生长。教师的任务，就是要把知识转换为一种适应正在发展着的学生的某种心智形式。布鲁纳主张在教学过程中要创造条件，采取有效的措施，使学生在学习过程中进行自主的、积极的、真正有意义的思考，从而使学生的自主发现能力、独立地解决问题的能力乃至发明创造的能力得以提高或发展。布鲁纳的教学理论为学前教育、学龄初期教育的研究和改革提供了依据，开拓了思路。但是，他的任何学科基础知识可以教给任何年龄的学生的假设，由于缺乏令人信服的实验和实例支持，成了留给教育家研究的一个重大的课题。

奥苏贝尔认为，学生的学习，如果要有价值的话，应该尽可能地有意义。接受学习如果是有意义的，就是有意义的接受学习。奥苏贝尔的有意义学习是有条件的：第一，学生表现出一种有意义学习的心向，即表现出一种在新的学习内容与学生已有的知识结构之间建立联系的心理倾向；第二，学习的内容对学生具有潜在的意义，即能够与学生已有的知识结构发生实质性的联系。要使接受性的学习有意义，必须符合有意义学习的条件。因此，学生的有意义学习也是一个主动的过程，这可以促使教师在教学中避免传统接受教学中的“满堂灌”的做法，代之以少而精的讲授。这些都有利于学生掌握丰富完整的知识体系。

第二章　基于环境与资源的教育信息化技术基础

第一节　新时代教育信息化的环境及其特点

当代教育技术环境是指在当代教与学的实践活动中，为优化教学效率、效果而建立的系统化的教育技术设施与条件，包括物化形态的技术和智能形态的技术两大类。物化形态的技术指的是凝固和体现在有形物体中的科学知识，它包括从黑板、粉笔等传统的教具到电子计算机、卫星通信等一切可用于教育的器材、设施、设备等以及相应的软件；智能形态的技术指的是那些以抽象形式表现出来，以功能形式作用于教育实践的科学知识，如系统方法等。[①] 这些信息技术环境又可分为硬件环境和软件环境。其中，硬件环境是学校应用教育技术的基础，软件环境是实施教育技术的必要条件和关键。当代教育技术的硬件环境一般由多媒体教室、校园网、计算机网络教室构成。当代教育技术的软件环境，从狭义上讲包括与硬件配套的各种应用软件、多媒体教学资源，从广义上讲包括教师应用现代教育技术的能力水平和学校教育技术管理水平等。这里主要讲狭义上的。

一、教育信息技术与多媒体教室

多媒体教室也称多媒体演示室，是根据教育教学的需要，将多媒体计算机、投影、录音、录像等教学媒体组合在一起而建立起来的综合教学系统。多媒体教室是学校利用多媒体手段开展信息化教学的最普遍的教学场所，适用于各类课程的教学。在多媒体教室里，教师可以方便、灵活地应用多种媒体实施多媒体组合教学，使教学过程更加符合学生的认知、理解和记忆规

① 殷旭彪，李磊，陈琳．关于教育技术之技术理性的思考［J］．现代教育技术，2010（12）．

律，有利于提高教学效果。

（一）多媒体教室的基本功能

多媒体教室一般具有以下基本功能。

（1）与校园网络、国际互联网连接，使师生方便快捷地从中调取自己所需要的教学资源。

（2）可以连接闭路电视系统。

（3）可以演示各类多媒体教学课件。

（4）可以播放录像、VCD、DVD等视频，供教学演示。

（5）可以投影或展示实物、模型、图片、文字等资料，为教学讲解提供方便。

（6）能将计算机信息和各种视频信号清晰地投影到大屏幕上。

（7）能够通过高保真音响系统播放各种声音信号。

（二）多媒体教室的基本构成

1. 系统构成

多媒体教室系统通常是由多媒体计算机与各种视音频设备组成的、由中央控制系统集成控制的组合系统。多媒体教室系统结构框图如图2-1所示。

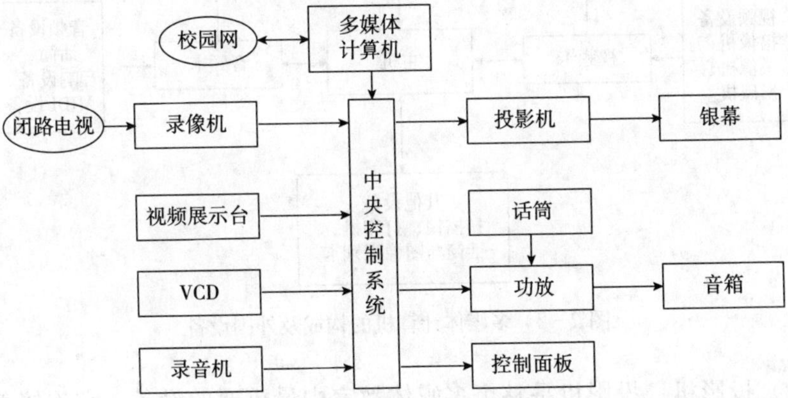

图2-1　多媒体教室系统结构

2. 主要设备

多媒体教室主要设备包括中央控制系统、多媒体计算机、投影机等。

（1）中央控制系统。整个多媒体教室中的全部媒体设备都由中央控制系统集中管理控制。中央控制系统的主机集成了红外线遥控模块、音频切换模块、视频切换模块、VGA 切换模块和电源管理模块。红外线遥控模块控制投影机、影碟机、录像机、展示台等影音设备和遥控窗帘、空调等环境设备。音频/视频信号切换模块完成相应信号的切换。VGA 切换模块有两路切换，可外接手提电脑等。中央控制主机通过串口和多媒体电脑、控制面板通信。一些中央控制系统还具备远程控制、状态反馈的网络型集中控制系统，该系统可将多媒体教室重要设备的运行状态真实或实时地传送到主机进行监控管理，并且可以对教室的设备进行远程控制。目前，中央控制系统管理下的多媒体教室设备大都采用“一键开/关”机，操作方便。

（2）多媒体计算机。多媒体计算机是多媒体教室的核心设备，多数时间处于多任务工作状态，所以在选购时就应该优先考虑稳定性和兼容性俱佳的品牌电脑。由于多媒体教室的计算机要适合不同课程的教学，所以在配置软件的时候要兼顾不同课程的需要。多媒体计算机的构成及外围设备如图 2-2 所示。

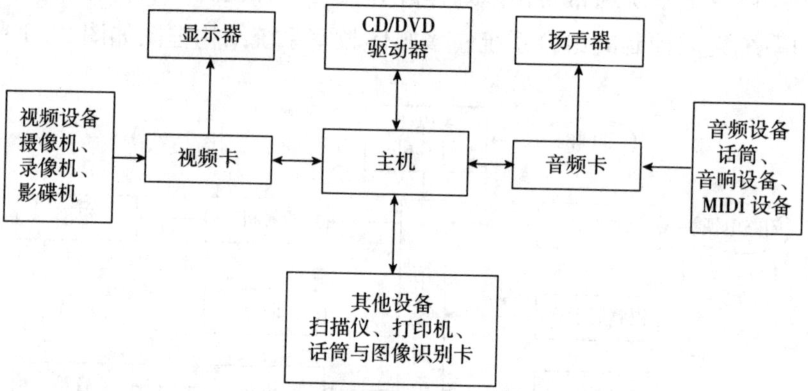

图 2-2　多媒体计算机的构成及外围设备

（3）投影机。投影机是整个多媒体教室中最重要的设备，它连接着计算机系统、所有视频输出系统及数字视频展示台，把视频、数字信号输出显示在大屏幕上。目前，根据投影技术的不同，投影机主要可以分为三类：CRT 投影机、DLP 投影机、LCD 投影机，各有优劣。CRT 投影机的技术比较成熟，显示的图像色彩丰富，还原性好，但其图像分辨率与亮度相互制约，直接影响了亮度值。DLP 投影机的画面质量细腻稳定，尤其在播放动态视频时图像流畅，形象自然，数字图像还原真实精确。但是在图像颜色的还原上不及 LCD 投影机。LCD 投影机，即液晶投影机，它的成像器是液晶板，采用被动式的投影方式。液晶投影机的基本原理就是利用 LCD 液晶模组来调整由光源射出投影至银幕的色光，LCD 投影机的投影画面色彩还原真实鲜艳，色彩饱和度高，光利用率高。液晶投影机体积小、重量轻、亮度高，实现相应连接后，可同步显示计算机显示器显示的内容，同步显示实物展示台的教学资源（文字、图片、实验操作等）。

（4）视频展示台。视频展示台又称实物展示台，是一种新型的视觉媒体设备。视频展示台的基本工作过程是：利用一个摄像头将展示台上的景物转换成视频信号，再通过电视机或投影机播放，其工作原理和摄像机相同。常见的视频展示台主要有两种类型：一种是双侧灯台式视频展示台，其双侧的灯用于调节视频展示台所需的光强度，便于最佳地显示展台上的物品；另一种是单侧灯台式视频展示台，其单侧灯同样用于调节视频展示台所需的光强度，且不同展示台单侧灯的位置各不相同，但不影响教学效果。

（5）银幕。银幕是投影画面的载体，可分为正投银幕（反射型）、背投银幕（透明型）。正投银幕不受尺寸限制，但受环境光线的影响较大。背投银幕的画面整体感较强，不受环境光线的影响。普遍使用的有白基布银幕、金属银幕和玻璃珠银幕，目前的多功能教室大都使用电动升降的玻璃珠银幕。玻璃珠银幕有一定的方向性，但有效散射视角大于金属银幕。亮度（增益）系数大于 2.0，视角范围介于白基布银幕与金属银幕之间。玻璃珠银幕的特点是：亮度高、成像清晰，但亮度受视角影响，在一定的角度内观看效果较好。

银幕尺寸的选择主要取决于使用的空间面积及学生座位的数量、位置的安排等因素，要保证后面的学生能清晰地看到画面和文字。

（6）电子白板。电子白板是建立在大小接近黑板的普通白色书写板的基础上的电子设备。它可以与计算机进行信息通信，二者连接后利用投影机将计算机上的内容投影到电子白板屏幕上，在专门的应用程序的支持下，可以构造一个大屏幕、交互式的协作会议或教学环境。图 2-3 为交互式电子白板工作示意图。

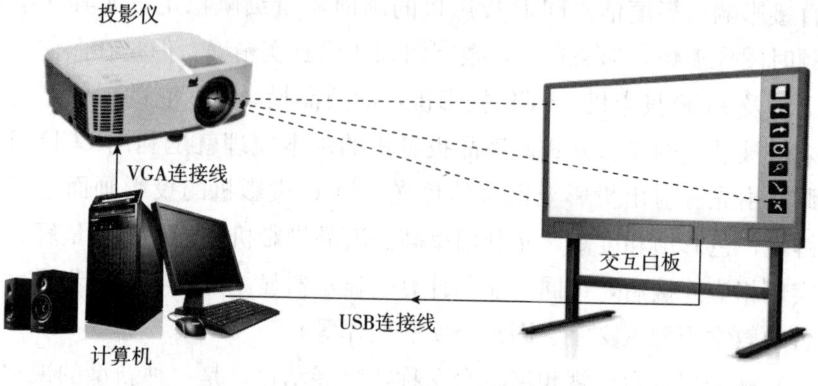

图 2-3　交互式电子白板

（三）多媒体教室的类型

根据教学媒体数量的多少、质量的高低、教学功能的差异等，多媒体教室可分为四种类型：标准型、简易型、多功能型及学科专业型。其中，前文述及的系统结构的多媒体教室即为标准型多媒体教室，这里重点说明其他三种类型的多媒体教室。

1. 简易型

简易型多媒体教室中常装配如下教学媒体：多媒体计算机、视频展示台、录像机、影碟机、液晶投影机和银幕等。透过液晶投影机，可将来自多媒体计算机的数字信息或来自视频展示台、录像机、影碟机等的电视信号投影到大屏幕上。简易型多媒体教室中使用了液晶投影机、视频展示台。但是在多媒体教室中，各个设备都是相互独立的，因此在使用过程中会比较麻烦。

2. 多功能型

多功能型多媒体教室较标准型多媒体教室增加了摄录像装置和学习反应信息测试分析系统。

（1）摄录像装置。在教室装配有 2～3 台摄像机，用于摄录师生的教学活动过程。摄像机信号传送到中心控制室供记录贮存，或同时传至其他教学场所供教学观摩或扩大教学规模。

（2）学习反应信息测试分析系统。该系统能让全体学生在座位上通过应答器对教师提出的问题做出选择性的回答，计算机实时收集与分析学生的学习反应信息，使教师能及时全面地了解学生的整体和个别情况，实现个性化教学。

3. 学科专业型

学科专业型多媒体教室是在简易或标准型配置的基础上增加一些学科教学特殊需要的设备，如生物课教学需要的彩色显微摄像装置等，这样便成为某一学科专用的多媒体教室。

(四) 多媒体教室的教学应用

多媒体教室具有强大的多种媒体演播功能、集成控制功能和网络接入功能，被广泛应用于课堂演播教学、培训、远程网络教学、会议报告和各种演示等方面。多媒体教室用于课堂教学，可通过文字、图形、图像、实物、电视、录像和动画等多媒体信息的演播来展示事实、模拟过程、创设情境，开展多种模式的教学。

二、教育信息技术与校园网

校园网通常指利用计算机网络设备、通信介质和相应的协议（如TCP/IP协议等）以及各类系统软件和应用软件，将校园内计算机和各种终端设备有机地集成在一起，同时又与外部计算机网络连接，为学校的教学和管理服务的一个集成应用系统。校园网应为学校的教学、管理、办公以及内外交流等提供全面的支持，应具备教师备课教学、学生学习、教务管理、行政管理、资源管理等功能，可以通过与Internet的接入实现远程信息交流和资源共享。由此可见，校园网是Internet技术在学校中的一个典型应用。

(一) 校园网的组成

校园网主要包括两大部分：硬件系统和软件系统。

1. 硬件系统

校园网的硬件系统一般包括服务器、网络互联设备、网络传输媒质以及工作站等部分。

（1）服务器。服务器是网络系统的核心部分，所以要选用处理能力强、可靠性高、稳定性强、兼容性好的计算机。对于小型的校园网来说，各种服务器一般都集于一台物理服务器之上。

（2）网络互联设备。网络互联设备主要用于连接多个相对独立的网络，从而实现网络之间的资源共享。网络互联设备主要包括集线器、交换机、路由器、网关、防火墙。

①集线器。集线器是计算机网络中连接多个计算机或其他设备的连接设备，是对网络进行集中管理的最小单元。使用集线器可以改变网络的管理和维护水平，提高网络的稳定性和可靠性。如果网络中计算机数目较多，可将集线器级联使用或选用可堆叠集线器。

②交换机。交换机是集线器的升级换代产品，它的外观与集线器相似，也是带有多个端口的连接设备。但二者也存在明显的区别：首先，工作机理不同。集线器的工作机理是广播，其执行效率比较低，安全性差，而且一次只能处理一个信包，不适合用于较大的网络主干中。而交换机则采用点对点的方式，不影响其他端口。其次，带宽占有方式不同。集线器所有端口都是共享一条带宽。而对于交换机而言，每个端口都有一条独占的带宽，这样在速率上对于每个端口来说就有了根本的保障。最后，传输模式不同。集线器采用半双工方式传输，在上行通道上，集线器一次只能传输一个任务。交换机采用全双工方式来传输数据，因此在同一时刻可以同时进行数据的接收和发送。

③路由器。为了把信息从一个网络发送到另一个网络，信息必须路由到可靠的路径。此路由是由路由器提供的。路由器是一种连接多个网络或网段的网络设备，它能将不同网络或网段之间的数据信息进行“翻译”，以使它们能够相互“读”懂对方的数据，从而构成一个更大的网络。每个路由器通过与其直接相连的路由器交换信息，从而掌握这个网络的拓扑结构，建立和维护一个路由表。路由器根据路由表把从每个输入端口到来的分组转发到路由上的输出端口。从这个意义上讲，路由器有数据通道功能和控制功能。路由器由三部分组成，如图 2 - 4 所示。

路由器的存在可减轻主机系统对路由管理的负担，能提高路由管理效率。路由器分本地路由器与远程路由器两种。前者提供的安全级别比网桥高，而后者是使用地理位置分离的局域网进行通信，对网络有更大的控制权。路由器连接对象有局域网和广域网，具有更强的异种网互联能力。

④网关。网关也称协议转换器或信关，是互联网工作在 OSI 传输层上的设施。它不仅具有路由的功能，而且能对两个网段中使用不同传输协议的

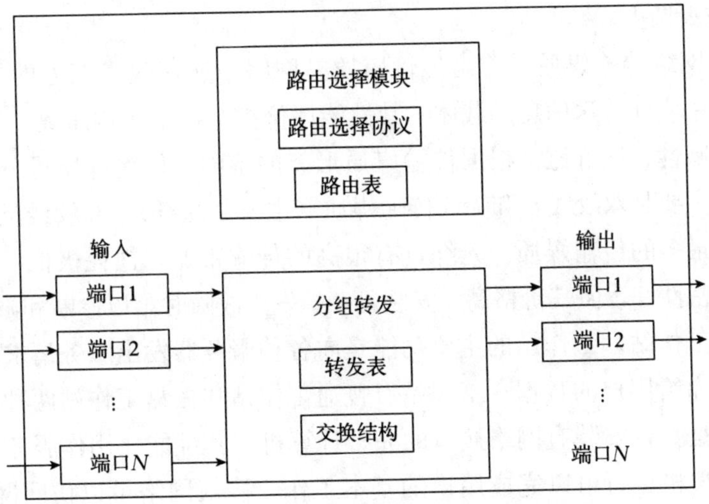

图 2-4　路由器的组成

数据进行翻译转换。常见的网关类型有局域网网关和 Internet 网关。前者提供局域网之间数据传送的通道，如 AppleTalk 与 TCP/IP 或 IPX 与 TCP/IP 等协议转换的网关；后者将非 TCP/IP 协议转换为 TCP/IP 协议等。各种网络互联设备与 OSI 的对应关系如图 2-5 所示。

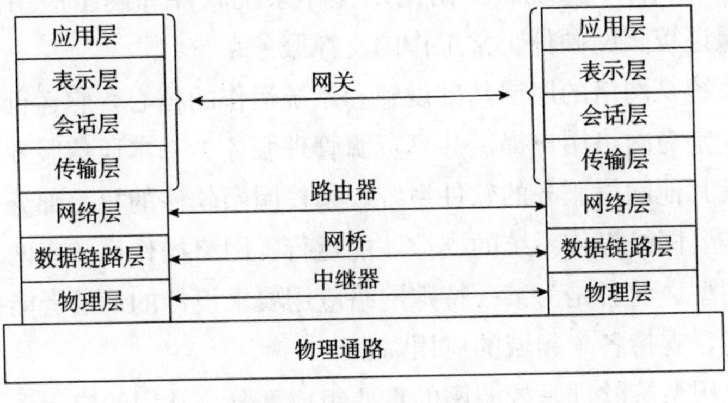

图 2-5　各种网络互联设备与 OSI 的对应关系

⑤防火墙。防火墙指的是一个由软件和硬件设备组合而成、在内部网和外部网之间、专用网与公共网之间构造的保护屏障。它最基本的功能就是控制在计算机网络中不同信任程度区域间传送的数据流。通过以防火墙为中心的安全方案配置，能将所有安全软件（如口令、加密、身份认证、审计等）

配置在防火墙上。

（3）网络传输媒质。网络传输媒质是网络中连接收发双方的物理通路，也是通信中实际传送信息的载体。其性能评价指标包括传输距离、抗干扰性、带宽、衰减性、性价比。根据传输媒质形态的不同，传输媒质可分为有线传输媒质（主要是双绞线）和无线传输媒质（主要是光纤）。双绞线是目前局域网中使用最多的传输媒质。光纤具有很高的传输带宽，损耗极低，抗干扰能力强、保密性好，但其价格高，安装复杂，发生故障时难以诊断和修复。

（4）工作站。工作站的主要功能是向各种服务器发出服务请求并从网络上接收传递给用户的数据。工作站有普通工作站和无盘工作站两种类型。普通工作站是一台安装有网络接口的完整计算机，其性能比用作服务器的计算机要低，单机运行可以完成用户的基本工作，接入网络可以访问网络资源。无盘工作站不包括磁盘驱动器，只包括键盘、显示器、内存和 CPU 等部件，这种工作站是为了便于在网络中使用而特别设计的。使用无盘工作站可以提高网络的安全性，如防止病毒感染等。

2. 软件系统

校园网上运行的软件主要有两类：系统软件和应用管理软件。

（1）系统软件。系统软件由网络操作系统软件和网络应用系统软件构成，它是保证校园网硬件正常工作的支撑服务系统。

操作系统是网络的底层基础设施和系统运作的核心，它运行在网络硬件基础之上，是为网络用户提供共享资源管理服务、基本通信服务、网络系统安全服务及其他网络服务的软件系统，是校园网软件的核心部分，其他应用系统软件需要网络操作系统的支撑才能运行。网络操作系统有两类：面向任务型和通用型。前者是为某一特殊网络应用要求设计的；后者能提供基本网络服务功能，支持各个领域的应用需求。

网络应用系统软件是校园网的重要组成部分。常用的应用系统软件有服务器软件、数据库软件、客户端网络浏览器软件以及电子邮件服务器软件等。

（2）应用管理软件。应用管理软件是指依据特定的校园网所要实现的功能而配置或专门设计开发的一类软件，如学生成绩管理软件、图书管理软件等。

（二）校园网的特点及功能

1. 校园网的特点

校园网具有用户数量大、网络负荷高、利用率高的特点。校园网是一个相对较大的局域网，要同时支持成千上万的用户上网。由于要实现视频点播及多媒体网络教学，多媒体信息量大大增加。因此，对网络的带宽要求比较高，网络管理及维护的工作量也比较大。由于校园网是学校信息化的基础设施，频繁用于学校日常教学、科研和管理中，所以网络的利用率很高。

2. 校园网的主要功能

校园网的功能作用主要体现在信息交流服务、多媒体报告厅（教室）、多媒体网络教室、教师备课室、电子图书馆、电子阅览室等方面，具体如表 2-1 所示。

表 2-1　校园网的主要功能

功能项目	功能相关表述
信息交流服务	互联网信息服务、校内信息服务
多媒体报告厅（教室）	利用声、光、电技术营造出一种生动的氛围，利用网络技术把校园网的资源引入课堂，同时利用多媒体技术调动学生的听觉、视觉等各种感官，达到惟妙惟肖的教学效果
多媒体网络教室	灵活适应于学生个体学习、分组讨论和集体学习需要，让学生利用校园网的资源或互联网上的资源
教师备课室	给教师提供网络资源和工具。可以是学校提供的一个集中环境或在现有的教研室安装校园网信息点和计算机，也可以是在教师家中
电子图书馆	将大量的图书资料以信息化的形式存储在磁盘上。目前有超星、万方、维普等电子书库，还可以通过校园网访问中国期刊网，查询相关的资料
电子阅览室	为学生提供查询、阅览电子图书以外的所有多媒体教育资源
教学实时监控室	可以实时了解各个教室的教学情况，便于监控和评估，制作精品课件和实现网络实时教学
信息化办公室	可以使每个办公室通过校园网进行办公、管理和获取校内外的信息，同时能够通过网络进行即时通信和协同工作
校园卡环境	多采用智能卡技术（IC卡），结合校园网的应用，开发了一整套校园卡系统。该卡可以作为学生证、上机证、借书证、就餐卡等，全面实现信息化管理

（续）

功能项目	功能相关表述
教师（学生）、教育主管	部门远程接入系统。通过远程接入系统，教师、学生及行政人员可以在家进行交流、备课、学习和管理
网络远程教育	学校在网上提供教学服务，供学生远程学习；学校把信息放到网上，让全社会共享自己的教学资源

（三）校园网的教育应用

一般而言，校园网的功能有内外之分，对内以教学、科研和行政管理为主，对外则通过 Internet 建立远程访问系统，实现师生的远程访问以及远程教学。具体来说，校园网的教育应用主要体现在以下几点。

1. 应用校园网对教学过程提供直接支持

校园网可以为教师制定教学计划和开展备课、授课活动提供网络环境。教师可以通过校园网进行网上教学，与学生进行互动，在网上给学生布置作业以及网上答疑等。学生可以在网上接受指导和获取新知识，而且可以通过网络课件进行自主学习，与教师和同学进行网上交流。

2. 应用校园网支持学校的日常办公和管理

建立在校园网络基础上的学校管理信息系统可以为学校在人事、教务、财务、日程安排、后勤管理等方面提供一个先进的分布式管理系统，使学校内部真正实现无纸化办公，节约开支。利用校园网学校各部门均能方便、快捷地获得其他部门的信息，提高工作效率。利用校园网学校各部门实施信息共享、融合，增强透明度。

利用校园网络提供的通信功能，向学校各部门和教职工、管理人员发布各类通知、布告等信息，甚至可以召开电子会议。

3. 可以与互联网连接

与互联网的连接是校园网的重要应用之一。校园网不仅能提供区域性的教育资源传输和共享，还能实现与 Internet 的连接，实现基于 Internet 的通信与资源共享；将教育部门、学校、家庭连接起来，实现三者的相互沟通；提供多种网络信息服务，包括 Internet 服务与教育卫星、电子公告和视频会议、IC 卡服务及校外服务（PSTN）等。校园网与互联网连接极大地扩展了师生获取信息的途径，增强了校内外的沟通，并且可以自由地发布教育信息。

此外，利用校园网还可以建立数字图书馆，为学校的教学、科研及管理提供图书情报资料服务，使师生很方便地共享各种资源。

总之，使用互联网和校园网的最终目标是优化教学过程和教学资源，以达到教学效果的最优化。

三、教育信息技术与信息化学习资源中心

随着网络的发展，信息化学习日益成为一种新的学习趋势，信息化学习资源成为学习者获取知识的重要来源。在信息技术的支持下，学习资源经过信息化处理，依据学习者特征进行编辑，可以在多媒体计算机上或网络环境下运行，供学习者自主、合作学习，且可以实现共享，由此形成信息化学习环境。在这个环境中，信息化学习资源中心存放着一大批有合理编目和索引的各种学习媒体资源，并配有视听设备、计算机终端、外连接口和其他支持多媒体的设备，如数字图书馆、虚拟实验室等。利用信息化学习资源中心可以开展多样化的学习活动，有利于培养学生个体化自主学习和研究性学习的能力。

（一）数字图书馆

数字图书馆是用数字技术处理和存储各种图文并茂文献的信息库，几乎所有的图书信息都能以信息化形式获得。数字图书馆把各种不同载体、不同地理位置的信息资源利用数字技术存贮，以便于跨越区域、面向对象的网络查询和传播，读者可以通过网络访问图书馆的文献数据库系统。数字图书馆又称虚拟图书馆，即在本地图书馆之外，还有许多外地图书馆可联机访问，电子信息中心和电子杂志中心也成为数字图书馆的重要成员。数字图书馆对应于各种公共信息管理与传播的现实社会活动，它借鉴图书馆的资源组织模式、借助计算机网络通信等高新技术，创造性地对知识进行分类，为用户提供精准的检索。

1. 数字图书馆的主要功能

（1）基本功能。数字图书馆提供的对外服务是以先进的网络环境为基础的开放服务。数字图书馆系统采用浏览器/服务器的方式，向终端用户提供

数字图书服务。从理论上而言，数字图书馆是一种引入管理和应用数字化的物理信息对象的方法，具有以下几项基本功能：第一，将各种信息资源的载体数字化。例如，对各种文化遗产的珍本、善本用扫描仪进行数字化处理。第二，可以储存大量的数据，并进行有序、有效的管理。面对大量的数据，采用一种接近于联机的技术，将数据存放在光盘自动存取装置或自动化的磁带。新出现的因特网数据中心，使用存储局域网（SAN）、附网存储（NAS）或集群存储等，均适合于海量存储。通过图书馆服务器管理数据的目录、索引和查询。第三，组织有效的访问和查询。寻找和访问的技术从文本扩展到多媒体文件。分类功能、内容查询和导向工具均可用于多媒体数据。第四，将数字化资料通过网络进行发布和传送。第五，采用系统管理，对版权进行保护。

（2）社会功能。数字图书馆是传统图书馆的创新与发展，是传统图书馆自动化发展的高级阶段，因而也具有传统图书馆的社会功能。第一，为个人以及社会的发展提供动力。一方面，数字图书馆就像传统的图书馆那样，能够成为个人学习、实现终身教育的平台；另一方面，数字图书馆的数字技术为知识的储存提供海量的空间，也打破了知识传播的时空限制，使人们更有效地利用知识，从而推动社会的进步发展。第二，有助于消除信息鸿沟，实现信息公平，使不同区域得到均等化的发展。数字图书馆实现了信息资源的共享，这使不同区域、不同国家的人可以跨越时空限制，公平、公开地获取信息，有效消除信息鸿沟。第三，开展网络导航，净化网络信息资源环境。网络信息资源来源多种多样，繁多而浩大，但大部分信息都没有经过规范的加工整理，使用户在浩瀚的信息海洋里无法快速寻找到目标信息。而数字图书馆则承担了信息组织加工的整理工作，把杂乱无章、分散的网络信息集中起来，有规律地对其进行分类、过滤，将有价值的信息传递给用户。第四，开发智力资源，进行网络资源利用教育。智力资源的开发，主要是开发馆藏文献资源；开发网上信息资源；开发用户的智力，培养用户科学思维的能力。数字图书馆将有用的网络资源传递给读者，充当了信息传递的中介角色，由此应担负起教育者的角色，即向读者介绍网络信息的概况，传递与信息相关的法律规章制度，介绍信息检索方法等，帮助读者快速地检索到目标信息。另外，数字图书馆还指导读者如何使用检索工具、软件，如何使用新型媒体。第五，开展社会教育。数字图书馆存储的知识信息几乎包括所有的学科专业，包括不同深度的内容，能满足各类专业、各种职业、不同文化程度用户的需要。它通过信息化、网络化的传递手段，进行网上教学、远程教育，因而可以真正成为“无围墙的大学”。从这个意义上讲，数字图书馆不仅是一种重要的社会教育机构，也是学校教育的重要组成部分。第六，传递适用信息。数字图书馆收藏的各种各样信息，包括政治、经济、文化、科技、生活等普通信息。通过对信息加以整理，开发信息产品，数字图书馆还可以面向领导机关传递决策信息，面向生产技术、科研单位传递科技信息（含工艺、标准、专利、图纸等），面向投资、营销企业传递市场信息；面向城乡居民传递投资、消费、商品质量信息，面向农村农业发展传递种养与加工技术信息。第七，提供文化休闲。数字图书馆中的各种知识，可以满足各类人群的广泛兴趣。文学艺术类知识可以使人们获取审美效果、精神享受。用户还可以利用数字图书馆听音乐、看电影，以获取精神愉悦。此外，数字图书馆还具有通信功能与宣传功能，以及保存人类文化遗产等功能。

2. 数字图书馆的特点

数字图书馆具有以下特点：

（1）信息处理的信息化。传统图书资源一般存储的是印刷品，而数字图书馆的所有资源均以数字形式存放在物理介质上。经过信息化处理的信息，保存期长，并且可以在互联网上传递，方便用户远程检索。

（2）信息传递的网络化。计算机网络是数字资料传输的通道。基本的传输网络是数字资料有效传输的环境。只有在高速的网络环境下才能进行多媒体传送乃至视频点播等数据量非常大的服务。用户可以通过本地局域网、有线电视网和互联网来获取各种数据信息。尤其是通过国际互联网，在任何时间，从任何地点都可以进入数字图书馆，获取符合自己需求的信息内容。

（3）管理的信息化。数字图书馆是计算机管理与网络管理的有机结合，每一个图书馆使用者都具有一个对应号码，每一本图书、每一份资料都具有一个对应号码，这样利用数字就可以管理所有的使用者及所有的图书馆资源。

（4）信息检索查询方便有效。数字图书馆的信息获取方式是通过现代化技术手段并使用专门的读取设备，将用户和各个信息服务中心连接起来，提高检索效率和传播效率。图书查询服务利用各种查询方式方便地帮助读者查询图书。如果不知道书名，还可以用作者查询，或模糊查询，还有主题词、关键词及书号等其他查询方式，查询结果会以尽可能详细的分条目形式展现给读者。如果某家图书馆没有所需资料，重新输入一个网址，即可到另一家图书馆查找。

（5）信息资源的开放性。数字图书馆是基于网络的系统，由于网络的开放性，有相应权限的用户可以在任何地方、任何时间通过上网获得查询信息、预约文献及漫游浏览各种信息等多种服务。这些服务是多方面、多形式及多层次的，还可以在网上与相关学者、专家探讨交流。数字图书馆可以为所有人服务，没有人数、开放时间的限制。

（6）信息资源的及时性。数字图书馆可以让读者了解到最新的科技动态，学习最新的科技内容，而传统实物图书馆则因为图书出版周期等问题，往往使读者不能及时了解最新的发展动态。

（7）信息的安全及用户权限管理。为防止非法访问，确保资源不被滥用，数字图书馆非常重视各种用户权限的管理及版权问题，如标记信息化图像的技术和类似水印的加密技术等。

（8）系统的局限性。数字图书馆也有一定的局限性，如信息化文献必须借助一定的硬件设备和软件才能被用户所利用。因为数字图书馆是一个开放性的系统，复制成本低，所以知识产权容易受到侵犯。

3. 数字图书馆的教育应用

数字图书馆在教育领域应用，主要服务于科研、教学、素质教育、远程教育这几个方面。

（1）科研。科研课题的开展需要大量的信息资源作为支撑。而通过数字图书馆，研究人员可以快速地获取最新的、最前沿的研究动态和研究进展资料，从而使零散无序的信息变成整体有序的宝库，让数字图书馆充分发挥其科研服务的功能。

（2）教学。数字图书馆中丰富的学科资源是教师备课和开展教学研究活动的主要教学资源，教师从学科资源中下载自己所需要的素材，经过加工整理，最后形成 PowerPoint 课件或者基于网络的 CAI 课件、专题学习网站及网络课程等网络教学资源，用于教学或供学生在线学习。

（3）素质教育。数字图书馆为开展自主探究式学习、专题研究式学习和小组项目协作式学习等多种学习模式提供了丰富的资源，为开展多种素质教育活动提供了良好的环境，有利于培养学生的信息素养、学习能力、合作能力和创新能力。比如，利用数字图书馆开展问题探究式的学习模式，可以充分发挥学生的主观能动性，培养学生的探究能力、自学能力及协作能力等多方面的能力，使学生发掘和掌握的知识量呈倍数增加，而且易于记忆和理解。

（4）远程教育。大型联网图书馆有丰富多彩的网络学习资源，如网络期刊、电子图书、参考工具资料、政府信息、新闻、图书馆网上公共目录、学位论文数据库、电子论坛及各类网络学习资源指南等，为人们终身学习和实施远程教育提供了丰富的信息资源，学生在如此海量的信息中将会如鱼得水。

从教育角度看，数字图书馆是一个巨大的教育资源库，同时也是一个学习环境。数字图书馆不仅给学生带来学习资源，而且还带来了信息时代的学习观念、习惯和模式。在新学习理念的指导下，学生的探究性学习、自主性学习及合作性学习等学习模式将日益普及与流行，学生的科研、协作、自学等能力将得到有效的培养。

4. 我国主要的数字图书馆

我国主要的数字图书馆有中国数字图书馆、超星数字图书馆、中国期刊网。

（1）中国数字图书馆是目前我国规模最大的数字图书馆。该网站内容覆盖经济、文学、计算机技术、历史、医药卫生、工业、农业、军事及法律等22个门类。该网站图书的数量还在不断增加，每天约增长20万页。

（2）超星数字图书馆设文学、历史、法律、军事、经济、科学、医药、工程、建筑、交通、计算机和环保等几十个分馆，目前拥有数字图书十多万种。覆盖范围包括51个学科分类，涉及哲学、宗教、社科总论、经典理论、民族学、经济学、自然科学总论、计算机等各个学科门类。

（3）中国期刊网是中国学术期刊电子杂志社编辑出版的，以《中国学术期刊（光盘版）》全文数据库为核心的数据库，目前已经发展成为“CNKI中国知网”。其中收录了1994年以来10 000多种期刊全文，并对其中部分重要刊物回溯至创刊，并收录了大量的优秀博硕士学位论文，覆盖了理工、社会科学、电子信息技术、农业、医学等专业。数据每日更新，支持跨库检索。中国期刊全文数据库采用有偿服务的方式，为人们提供资料和大量的信息。

除以上几个规模比较大的数字图书馆，我国很多单位、教育机构建立的数字图书馆也在不断完善与发展中。

（二）虚拟实验室

虚拟实验室是指在软、硬件结合的前提下，用户通过网络访问虚拟系统，运用各种虚拟实验仪器仪表等设备，对建立起来的实验室模型进行实时仿真的虚拟教学环境。虚拟实验室不但可以为实验类课程的教学改革及远程教育提供技术支持，还可以随时为学生提供更多、更新、更好的虚拟设备环境。

1. 虚拟实验室组成

虚拟实验室由虚拟实验台、虚拟器材库和开放式实验室管理系统组成。虚拟实验台与真实实验台类似，可供学生自己动手配置、连接、调节和使用实验仪器设备。教师利用虚拟器材库中的器材自由搭建任意合理的典型实验或实验案例。虚拟实验室也是由硬件体系、软件体系构成的。

（1）硬件体系结构。硬件体系结构由服务器、数据库系统、实验仪器及合作工具、客户端终端机组成。

①服务器。服务器用于处理大量模拟操作数据，可以选用 PCServer 或 SUNJBM 小型机等，具体配置可根据实验室的建设规模、实验室类型及经费等决定。

②数据库系统。用于存储模拟数据初始条件、边界条件以及实验结果数据。

③实验仪器及合作工具。具有计算机接口并且连接于网络。

④客户端终端机。任何连接到网络的用户通过客户端浏览器可以方便地进入虚拟实验室管理界面，根据不同的训练内容或课题内容需要进入不同的实验室空间，实现在线浏览、在线仿真、在线控制及下载软件至客户机。在本地进行仿真或进行远程控制，还可上传文件至服务器，实现与其他用户的在线交流等。

（2）软件体系结构。虚拟实验室的软件体系结构包括管理系统、实验系统及帮助系统三类，每个系统又由很多子模块构成。

①管理系统。管理系统包括系统管理、工程管理、用户管理、教学管理这四个功能模块，具体如表 2-2 所示。

表 2-2　管理系统下各模块的功能

模块	功　能
系统管理	实现虚拟实验室软、硬件系统的资源管理
工程管理	对协作体内的协作项目进行全过程管理
用户管理	对使用该系统的用户权限进行管理
教学管理	包括学籍管理、成绩管理和实验教学过程管理等

②实验系统。这是实验教学的核心，包括六个功能模块：共享资源模块、实验教学工作模块、教师工作模块、学员置疑模块、讨论区、网上考核系统，具体如表 2-3 所示。

表 2-3　实验系统下各模块的功能

模块	功　能
共享资源模块	实现信息资源和软件资源的共享
实验教学工作模块	包括实验内容、实验要求、实验平台及实验结果提交等
教师工作模块	供教师批改作业、回答学生问题
学员置疑模块	供学生提问，以备教师查看和使用
讨论区	提供一个共同探讨技术问题的空间，学生和学生之间、学生和教师之间可以进行“面对面”的技术交流
网上考核系统	包括试题库、注册系统、试题生成模块、考卷批阅系统、成绩查询系统等

③帮助系统。帮助系统的构成要素包括系统用户手册、实验模块功能使用帮助等，其主要功能是根据用户的水平自动提供一些在线问题解答或指导。

2. 虚拟实验室的主要功能

虚拟实验室主要有以下几方面的功能。

（1）学习功能。让学生通过使用虚拟仪器或模拟装置来熟悉实验过程，掌握相关技术，从而在单独使用模拟环境时能进行各种实验操作。

（2）辅助设计功能。在分布式网络环境下，运用辅助设计软件进行系统的设计与分析。例如，EDA模拟软件就可以将仪器、仪表、模拟器件、数字器件等直观地反映在计算机屏幕上，可以灵活地改变电路结构和参数，反复观察实验的结果，并动态显示实验结果。

（3）协同实验和研究功能。网络虚拟实验室利用当前网络技术和设施，使参与试验的人员在远程相互合作，进行实验研究，为分布在各地的研究人员提供共同从事一个项目的分布式问题解决环境。

（4）仿真研究功能。虚拟实验室可以根据人们的设想完成现实实验无法完成或者成本很高的实验项目，如武器效能评估、车辆碰撞效果分析等。

3. 虚拟实验室的主要特点

（1）开放性。网上虚拟实验室建成后，网上实验具有了很大的开放性，实验者不再受空间的限制，在很大程度上也不受时间的制约，可随时随地进入虚拟实验室网站开展各种实验活动。

（2）经济性。传统实验需要借助于具体的实验设备，这些实验设备大多价格昂贵，且损耗大，是一般学校难以承受的。而网络中的虚拟设备则克服了这些不足，能够供教学反复使用，提高办学效益。

（3）共享性。基于网络的虚拟实验室，不仅可以供本校学员使用，也可以供其他学校学员使用，从而使不同学校之间可以共享资源、优势互补以及交流经验。

（4）交互性。学员与教师之间、学员与学员之间可以充分利用网络通信功能，进行实时或非实时的交流，便于解决问题和协同实验。

（5）协作性。在协同虚拟环境技术下，可以实现合作实验、远程实验、协同研究等。

（6）安全性。实体性的实验室危险性比较高，一旦操作出现失误就很容易对人身造成伤害，造成财产损失，而虚拟实验室能够有效地避免这个问题。

4. 虚拟实验室的教学应用

虚拟实验室的教学应用主要表现在以下几方面：

（1）开发高新技术的虚拟实验。由于虚拟实验室不受现实设备环境的限制，可以采用基于网络的虚拟技术开发现实中由于受经费或场地限制一时无法实现的高新技术实验，引导学生接触新知识、新技术，开发学生的智能。

（2）建立新型实验场所。虚拟实验利用多媒体技术、仿真技术与虚拟仪器技术相结合的方法，设计（“生产”）各种仪器设备。这些仪器设备并不是实体的，而是根据教学需要“生成”的，并能跟上教学内容的不断更新，使实践操作训练能及时跟上测试技术的发展。

（3）进行远程实验教学。在有限的资金下，基于网络虚拟实验室为学校创造了一个先进而又灵活的实验教学环境。课堂教学不再局限于有形的实验室中，学生动手操作实践的空间和时间得到无形地扩展，这样便使得远程教学中的实验教学内容通过互联网得以实现。

对于一些高校扩大招生后所设置的分校和远程教育教学点，创建基于网络的虚拟实验室，是少投入多产出、资源共享的一种全新的实验教学方式，是高校未来发展的必然。

四、教育信息技术与计算机网络教室

计算机网络教室是目前国内各类学校广泛使用的一种网络教学系统，它利用网络技术和多媒体技术将若干台多媒体计算机及相关网络设备连接成一个小型局域网，集普通的计算机房、语音室、视听室、多媒体教室等功能于一体，为提高教学质量、建构协作化学习环境创造了良好的技术基础。

（一）计算机网络教室的构成

1. 硬件构成及分类

计算机网络教室的硬件构成主要包括服务器、多媒体教师机、多媒体学生机、交换机等。网络机房中教师机和学生机等网络设备的布局方式一般有普通教室型、U字型、小组协作型、综合型等。具体实施时可依据教学需要和教室的空间结构等因素设计摆放格局。

（1）普通教室型。普通教室型计算机网络教室是在普通机房中安装一台投影机、一个大银幕以及一台多媒体教师机，如图2-6所示。这种类型的网络教室大多用于以教师为中心的课堂讲授和演示，也可用于创设支持学生自主学习的情境。这种类型的网络教室结构简单，投资较少。

（2）U字型。U字型计算机网络教室打破了普通机房的布局，将学生机布局为：两边机器靠墙，中间机器并排，如图2-7所示。这样教室里可以有宽敞的过道，便于教师与学生交流，进行个别辅导。

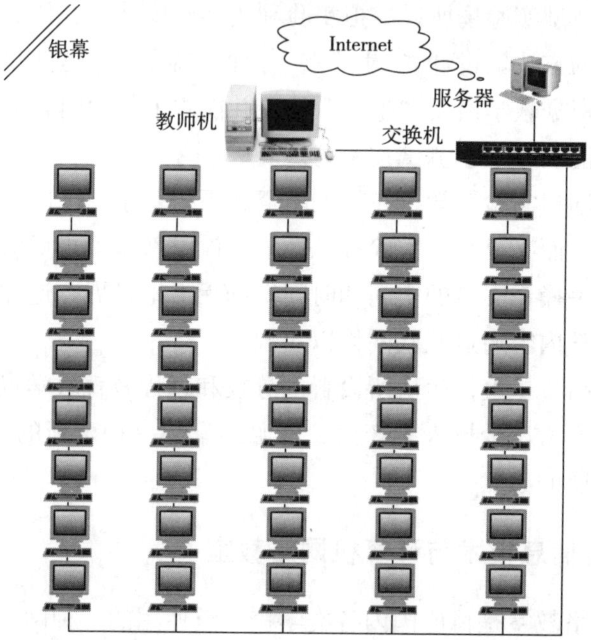

图 2-6　普通教室型计算机网络教室

图 2-7　U 字型计算机网络教室

（3）小组协作型。小组协作型计算机网络教室是以方便学生开展小组协作学习为目的，依据教室的面积和结构，将若干台学生机布局成环状结构，如图 2-8 所示。

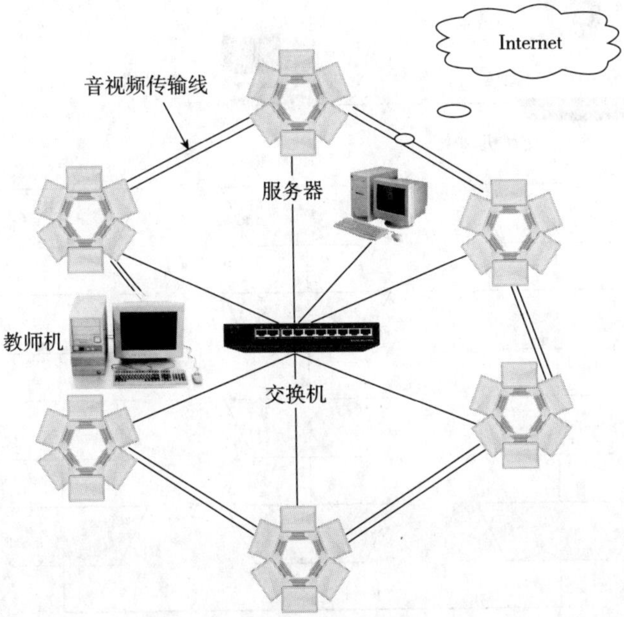

图 2-8　小组协作型计算机网络教室

（4）综合型。综合型计算机网络教室综合了普通教室型和小组协作型网络教室的优势，如图 2-9 所示。这种类型的网络教室既可以支持以教师为中心的课堂讲授和演示，又便于开展小组协作学习。

2. 软件构成

（1）系统软件。系统软件主要是师生使用的操作系统。服务器还应安装代理软件，使学生机用户可以通过服务器访问校园网或 Internet。

（2）网络教学系统。网络教学系统是指在计算机网络系统的基础上为开展网络多媒体教学所提供的控制系统，按照控制信号传输方式的不同，可以将计算机网络教室的教学系统分为以下两种类型。

①基于软件方式的多媒体控制。这种方式是在计算机局域网的基础上，利用专用的软件进行教学控制和数据传输，是目前网络教学系统的发展方

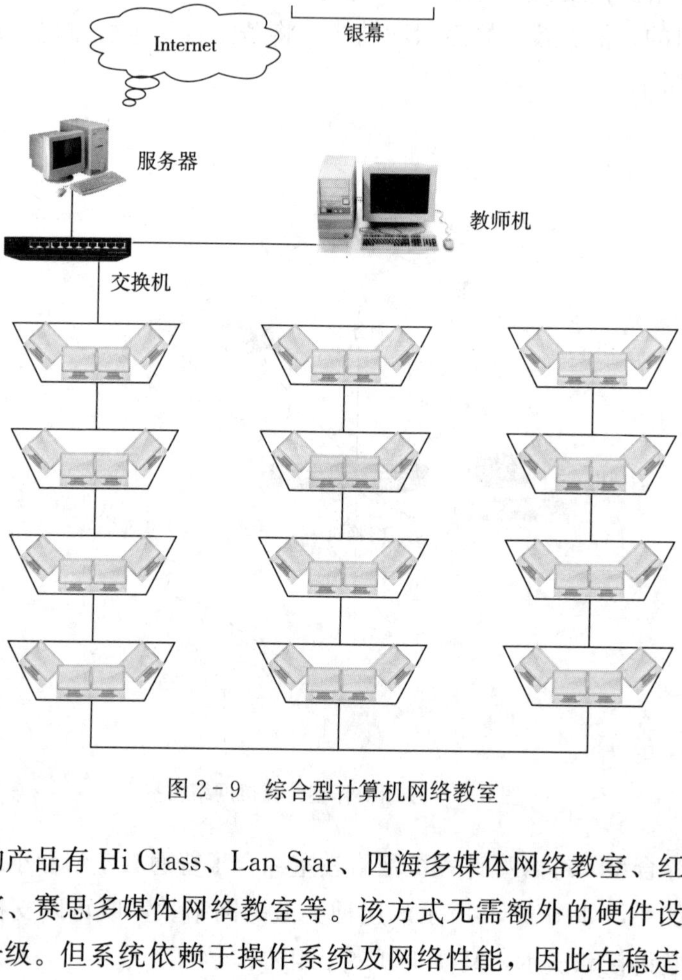

图 2-9　综合型计算机网络教室

向，常见的产品有 Hi Class、Lan Star、四海多媒体网络教室、红蜘蛛多媒体网络教室、赛思多媒体网络教室等。该方式无需额外的硬件设备，成本低、容易升级。但系统依赖于操作系统及网络性能，因此在稳定性上稍有欠缺。

②基于硬件方式的多媒体控制。这种方式需要给每台计算机安装多媒体传输卡。在各计算机之间直接铺设多媒体线路传输音视频信息，配置专用的控制面板，用于教学控制。不过，基于硬件方式的多媒体控制费用较高，目前已逐渐被软件方式所代替。

（二）计算机网络教室的功能

虽然计算机网络教室既有基于硬件的，也有基于软件的，但是从用户的角度来看，它的功能主要有教学功能、示范功能、交互控制功能、监视功能、学生控制功能、分组讨论功能、电子举手功能、快速抢答功能等。此外，还有学籍管理功能、联机考试功能、专业化网络连接考试功能、媒体控制功能、数码录音功能、自动辅导功能等。

（三）网络教室的典型类型——语言实验室

语言实验室又称语言学习系统，主要用于语言教学、训练和研究等，最早是由录音机、耳机等听觉设备与教师工作台组合而成的，如今已由最初的听音型语言实验室向视听型、网络型语言实验室发展。

1. 语言实验室类型

语言实验室有很多不同的种类，常见的有以下几种类型。

（1）听音型。听音型语言实验室只有单向语音传输功能，通常有两种组成方式：有线听音式、无线听音式。在听音型语言实验室里，教师通过控制台上的话筒进行讲授，而师生之间、学生之间不能进行互动，学生也无法检测自己的发音是否正确，但是其设备简单、使用方便，因此在教学中的应用比较广泛。

（2）听说型。听说型语言实验室兼具放音和师生对话功能，师生均有耳机和传声器，一般还设有隔音座位。但是学生座位上没有录音机，所以学生无法自录，无法完成听说对比练习。

（3）听说对比型。听说对比型语言实验室除师生能够对话外，学生可以录制教师播放的录音教材和自己的口头练习，以进行对比。

（4）视听型。视听型语言实验室其实就是多媒体学习型语言实验室，它在听说对比型的基础上，在多种多媒体教学软件的支持下，可同时播放幻灯、视频等视觉信息，语言情景真实、生动。

2. 语言实验室的教学功能

基于网络教室的语言实验室具有多种功能和交互作用，学生可以选用不同难易程度的教材，教师通过监听学生的学习，有针对性地个别通话辅导，实现因材施教。由于多媒体系统具有交互性，可以直接进行双向交流，可以促进学生进行探索式、发现式学习，能创造一个不断提出问题的气氛，能充分调动学生学习的积极性。此外，语言实验室教学还具有即时反馈与评估的功能。具体而言，基于网络的语言实验室的教学功能在于其可以展开语音语调训练、听力训练、会话训练、句型训练、跟读复述训练、口译训练等。

第二节　新时代教育信息化的资源及其特点

在人类的发展过程中，学习资源无处不在。随着数字媒体技术的发展与成熟，信息承载、传播与呈现的水平也得到了飞速提升，学习资源从形式到内涵得到了全面的改造，信息化学习资源由此诞生。这里将对信息化学习资源进行全面探讨，以求对信息化学习资源有一个清晰、准确的认识。

一、信息化学习资源的内涵与未来发展

（一）信息化学习资源的内涵

1. 信息化学习资源的概念

信息化学习资源是随着信息技术的发展而产生的新概念，是在信息技术发展的前提下学习资源的变身与进化。换句话说，信息化学习资源是指经过信息化处理，依据学习者属性规划好的，能通过电脑、手机及任何连接网络的工具供求知者学习，且可以实现多用途共享的信息化材料。

2. 信息化学习资源的特点

（1）信息形式信息化。信息化学习资源是信息化的信息数据，它不是以纸质化或其他介质为载体的传统信息资源，而是可以把大数量、多类型、多媒体、非规范的信息以信息化形式进行融合，经过处理，各种媒体文件就变成了结构、大小、输入输出条件不同的信息化文件，它们就能在电脑、网络上进行传阅分享。

（2）信息分布的广泛性。信息化学习资源以不同的形式分布在世界各地，如FTP服务器、电子图书馆和电子期刊等都是信息化学习资源分布的常用形式。

（3）信息获取的便捷性。通过各种计算机和移动智能设备可随时随地获取互联网上的信息，摆脱了时间和空间的束缚。

（4）信息呈现的多媒体化。信息化学习资源内容通常以多媒体的形式来表现，这就使信息的表现更加生动形象，如网络上的报纸杂志、教学软件等，它们都有各自独特的表达方式，而不是趋于雷同。

（5）信息更新的时效性。信息化学习资源拥有更加快捷迅速的特征，最

新的消息通过互联网就可以即刻传达，这样的更新速度是传统纸媒如报纸、杂志等可望而不可即的。

（6）信息资源的开放性。信息化学习资源的开放性表现在两个方面：一方面，众多的求知者可以反复地利用学习资源，不受任何的限制；另一方面，求知者可以无拘无束地发表自己的观点看法，同时上传自己的资源，与其他学习者分享。

3. 信息化学习资源的价值属性

（1）信息化学习资源的使用价值。同其他知识成果一样，信息化学习资源的使用价值是指人类劳动创造的能够节省人类劳动时间或增强生产生活能力以及满足精神需求的有用性或效用，具有多效性、衍生性、共享性、扩展性以及重复性的特点。信息化学习资源的多效性和衍生性是指同一个资源可以有多种使用价值，可以根据不同的情况进行选择使用。资源在使用过程中，经过某些适应性改变之后，便可以不断地衍生出新的资源。共享性和扩展性是指一个资源可以同时供多人使用（共享），却不会影响资源的完整性和质量。因此，资源的使用价值可以从个人扩展到组织，再从组织扩展到整个社会。重复性一方面是指信息化学习资源可以很容易地复制传播，重复使用；另一方面是指资源的使用价值并不会随着转移而消失。

（2）信息化学习资源的多重价值。信息化学习资源交换以后，买方得到的是资源的使用价值，卖方得到的是资源的价值。当然，由于资源的共享性，卖方自己也可以使用这一资源，资源的使用价值并非像实物商品一样一去不复返。

（3）信息化学习资源的交换价值。在信息化学习资源共享的时候，这个过程中的劳动消耗和劳动转移可以创造不同的价值：资源是可以复制并可以共享的，能够用较小的传播去谋取更大的经济效益，实现边际收益递增；利用资源的教育性和转化性促进智力资本的形成，就具有发展性和效益性。

（二）信息化学习资源的未来发展

1. 未来信息化学习资源的特点

（1）未来信息化学习资源是具有生成性与开放性的资源。传统的信息化学习资源是单一的，其内容一旦被创建也就意味着被固定了，更新不及时，改造不容易。这是一种常态，即便是符合 SCORM 标准的课程包也不能幸免，对于它的改造只可能是就内容而言的分解与重新组装，对其进行个性化编辑难度很大，这样的情况就会使学习过程中产生的生成性消息随着学习进程的结束而消失，用户对特定文本的注释信息、添加的学习内容、讨论信息、答疑信息等无法留下痕迹。而依赖未来信息化学习资源就不必面对上述问题。未来的信息化学习资源是动态的、持续更新的，它改变了传统学习资源静态封闭的结构，生成了动态开放的新结构，当用户学习时，可以实现生成性消息在使用的用户间随时共享，这样信息资源能得到持续性发展。另外，还可以通过元数据标识借助语义分析技术，实现资源节点间的动态链接，自动构建资源智能网络空间，让每个资源通过资源的共享而不断更新。通过这样的方式，学习者在获取学习资源时就能不受时间、空间的限制，使学习过程中的生成性学习资源得到持续性发展。

（2）未来信息化学习资源具有高度适应性与智能性。未来信息化学习资源的高度适应性与智能性表现在以下几个方面：第一，可以从无限的资源网络中挑选有限量地适合学习者需求的资源；第二，可以根据显示终端的物理特性动态调整内容格式从而适应多种显示终端与平台；第三，可以根据用户的学习记录对学习内容呈现的先后顺序做出合适的调整，整理用户在学习过程中的评价；第四，可以通过服务接口自动去搜索整理发现知识网络中的内容相似的知识点，并能够根据用户的不同需求调整学习的内容。学习内容本身的动态聚合以及格式自适应的实现，就要对传统学习资源的静态化结构模型进行创新，从而保证学习内容的各方面既有固定的面向学习过程的逻辑结构，同时又可以借助互联网服务技术从海量的学习资源中筛选出最适合学习者的资源。

（3）每个学习资源不仅是知识的载体，是独立完整的学习单元，还可以作为资源网络以及人际网络和社会认知网络的节点。人际网络是基于存在于人们生活各个方面的资源网络和通信网络，在学习相同或相似学习内容的学习者群体之间构建的关系脉络；社会认知网络是在人际网络基础上建立的聚集了所有学习者认知的智慧网络。资源网络是根据用户的不同需求，按照某种规则建立链接而构建的个性的知识网络。不同学习者可以通过媒体共同分享联系，组建并共享可以扩张的人际网络和社会认知网络，收获持续获取知识的渠道，满足各种学习的需要。

2. 未来信息化学习资源的技术标准

（1）资源在各种终端和异构平台之间的连通互换。分布式网络存储是对海量资源进行存储的一种模式。物理空间中存在无数的资源存储节点，例如个人电脑、数据库服务器、公共信息平台等。

这些资源节点通过网络实现资源共享，创造一个更广阔的资源空间。通过一定的规定和协议，各种学习终端互相连通、传递信息，实现异构平台信息化资源的交换。

（2）学习片段粒度大小的科学划分。未来信息化学习的基本单元就是学习片段，现阶段的人们都普遍接受了"颗粒化学习片段"这样一个观点。片段粒度的大小决定了可重用程度的高低，粒度越大，越不可被重用；颗粒过小，则不易形成更好的网络资源。信息化学习资源的颗粒到底多大才能满足泛在学习的需求，需要根据不同资源分别评定。

（3）学习片段间的逻辑聚合。学习者是一个学习片段接着一个学习片段学习的，完成了一个学习片段才能进行下一个学习片段，如何寻找下一个学习片段就成了主要问题。学习片段按照学科内容的内在逻辑关系来实现承接，最终构成节、章（单元）、课程。这种承接关系是以学科知识体系为中心的，表现形式主要是先后、上下的关系。

（4）学习片段的动态智能排序。在未来的学习中，处于中心位置的将是学习者，所以应强调个性化学习。各科专家在确定学习顺序的时候，都是以学习片段的逻辑聚合来定义的，在此基础上，根据学习者在学习过程中的表现灵活地调整学习片段的顺序。当学习者在某个学习片段遇到困难了，系统便会以此重新调整学习内容的顺序，以保证适应每个学习者的自身水平。

（5）学习片段推送方式的适应性。信息化学习资源的内容是十分庞大的，一旦它成了现实，便可能面对一个新问题，即同一个知识点会有多种表达形式，每种表达形式都有各自的特点、优势、缺陷。选择何种形式的表达方式服务学习者，就体现了学习片段的适应性。

（6）支持过程性信息的检测和共享。学习者在学习过程中，会通过各式各样的方式与他人共享自己的资源以及学到的知识，这些信息不光是学习者个人的学习成果，同时也是一种新的学习资源，可以被检测，从而添加到已有的知识片段中，有利于学习者过程性的信息的共享。

（7）支持学习者对学习片段的贡献。在未来信息化学习中，学习者既可以使用资源，同时也可以建设资源，这里的建设既包括新资源的补充，也包括改进原有学习片段。如何更好地使用学习者对学习片段的积极贡献是技术标准应解决的问题。

（8）支持自动更新、优化排序。在未来信息化学习中，应有一定的模式来替换掉过去的旧资源从而出现更新的资源。对于同一知识点的同一种媒体格式的内容，更新的、更加完整的、更高质量的学习片段应及时替代旧有的、不完整的、较低质量的学习片段，不然会有旧资源对那些新的、更完善的资源造成破坏。对于不完全是替代关系的学习片段，可以进行筛选排序，保证最优质的资源更加快捷地被选到。

（9）支持智能快速检索。随着未来学习向信息化学习发展，检索质量和效率也势必要提高，例如检索方式可以更改为按照媒体格式检索或者按照学习片段的关键词检索。在海量资源库中进行快速智能搜索要求资源的分类和排序都是优化的，所以要对信息化学习资源进行有序标引，依据资源本身所具有的各种属性进行分类和关键词标引，否则资源就有可能成为无法被人们搜索和使用的无用资源。

二、信息化学习资源的整合与管理

随着互联网的普及以及越来越多人的基本学习方式由纸质阅读转向数字阅读，必然要求网络学习由单纯的浅层学习向深层学习跃迁，而这种跃迁要以网络学习资源的创新、优化建设作为保障。① 因此，做好信息化学习资源的整合与管理至关重要。

（一）信息化学习资源整合

1. 信息化学习资源整合的主要方法

（1）基于 OPAC 系统的整合。OPAC（Online Public Access Catalogue）即联机公共检索目录，是一种通过因特网对馆藏资源进行检索的工具，也是读者查找图书馆资源的主要途径。它不仅整合传统书目信息，而且将传统书目信息与电子全文期刊、电子全文图书及视听资料建立链接，将书刊

① 殷旭彪，等．促进深层学习的网络学习资源建设研究［J］．电化教育研究，2011（12）．

与其评论信息、来源信息建立链接，从而形成以纸质资源为核心，向全文、目次、文摘、书评、音频、视频等多媒体信息资源扩展得更全面的资源体系。

（2）基于资源导航的整合。基于资源导航的整合是比较成熟的一种整合方式，它实现了不同来源的数字资源按照学科、主题、资源类型等类别进行组合，为用户提供导航。根据整合的资源类型多少，可以分为整体导航和部分导航。整体导航是将所有的资源当作对象，为用户导航；部分导航只是对其中的一种或者一部分导航。导航整合通常只能提供数字资源的浅层次服务，不能提供其表达主旨上的服务。因而导航形式的资源整合是数字资源整合的过渡期。

（3）基于跨库检索系统的整合。基于跨库检索系统的整合是导航整合的进阶，它是检索界面的整合，在求知人查询后表现为共享众多资源的整合，即实现对分布式资源的一站式访问。基于跨库检索系统的整合模式实现了在多个数据库内的统一检索，为不同资源访问提供统一的检索入口，但这种整合系统受到不同数据库系统搜索引擎的限制，不易实现。在跨库整合检索中，分布式检索系统是比较理想的模式，但实现起来需要较大范围的协作、需要遵循必要的元数据标准及互操作协议，有一定的困难。

（4）基于链接的整合。基于链接的整合是将图书馆所有的资源通过参考引文知识连在一起，形成一个具有内在联系的有机系统，主要提供基于内容层面的知识服务。换句话说，就是利用网络超文本链接特性，将所有资源串在一起，使其形成一个有联系的网络，这样用户就能更快捷地找到自己所需要的数字资源。

（5）基于知识管理的整合。知识管理包括启发、包装、管理及知识在各种形式下的重用，“是一种基于知识本体和语义的信息集成，基于本体的知识网格为用户提供基于语义的服务，大大提高了信息加工和服务的知识含量，为知识创新提供了坚实的基础。”知识管理的服务系统为输入、输出参数和类型定义了良好的接口，涉及服务和客户。服务提供者并不将他们的服务向所有人开放，因此由一个中央服务器提供语义服务门户，允许服务提供者制定自己的访问政策。它还提供一种简单的、语义驱动的方法调用服务，不论接口来自任何一个访问点位。

2. 信息化学习资源整合的技术

（1）分类技术。

①智能自动分类。智能自动分类技术有三个突出特点：一是立体性，对文本内容可以从不同方位进行考察，从而找出侧重点不同的信息。二是动态性，指分类法可以灵活地随信息内容概率的分布而进行改变，努力做到分类法的树形结构达到平衡，能更加高效地体现快捷性能。三是面向用户性，指分类系统的实时调节能力，即“自动分类系统本身的识别用途，能够根据用户的需要，在用户指导下对分类体系做出各种人性化的调整，以满足用户的需求。”①

②分众分类。分众分类即自由分类法，是 Web2.0 的重要特征。它依据人们生活中常用词汇对信息进行标记，其结果表现为系列的标签总图，给人一目了然的感觉，在组织和共享信息方面的便捷性都得到了很大的提升，在数据库浏览、热点聚类、个人信息组织方面可以提供更加切实有效的方法。但就信息组织而言，因为自由分类法取消了严格的词汇控制和等级结构，所以存在模糊、检索不够全面等缺点。

（2）知识管理技术。

①本体和语义。本体本来是一个哲学性的概念，是研究实体存在及其本质的通用理论，后被引入人工智能领域。它定义基本词汇以及它们之间的关系，组成主题领域的词汇表以及将它们结合在一起成为包括对象、属性和关联的规则体系。其中，“对象代表概念或知识领域中的实体；属性揭示反映对象的特性或值，或者是对对象的某种限定；关联则代表实体对象之间存在的关系、联系，包括概念定义、等同/同义关系、层次关系、相关关系等。这些关联将本体有机地连接成为一个具有语义的整体。”② 本体论在 Web 上的应用直接导致了语义 Web 的诞生，试图解决 Web 信息共享中的语义问题。

语义是指“数据（符号）”所指代的概念的含义，以及这些含义之间的关系。语义通过人类赋予与计算模型两种途径产生。根据实体资源（如文本

---

① 杨建良，王永成．自动分类技术的发展与展望［J］．中国索引，2013（1）.

② 刘植惠．本体（Ontology）与语义网（SemanticWeb）［J］．重庆图情研究，2006（3）.

和图像）来产生语义是一个很有难度的任务。基于统计的聚类分析、共词分析、信息抽取和挖掘技术可以帮助实现语义的自动抽取。语义 Web 的目标是使 Web 上的信息具有计算机可以理解的语义。

②叙词与叙词表。叙词（描述词或叙述词）是主题词的一种，是一些以概念为基础的经过规范化的具有组配性能、显示词间语义关系和动态性的词或词组，是描述文献主题的一种标识符。

叙词表是使用最为普遍、发展最为充分、最具有典型性的主题标引工具。作为一个规范化的词汇集合，它以概念为基础，在对词汇进行严格控制的基础上，形成表达概念间等同、等级、相互关系的词汇集。

③分词技术。网络信息极大丰富，但也存在着大量芜杂信息，信息过滤不可避免。实现信息过滤需要进行文本处理，文本处理就要利用分词技术。英语、法语等欧美语言在书写时以词作为基本构成单位；而汉语在书写时以一大串汉字的字符串作为基本构成单位，这就导致从形式上无法表达其中概念。因此，中文信息处理的特有问题就是如何将汉语的字符串分割为合理的词语序列，切分成一个一个单独的具有实际意义的词，即中文分词。

（3）互操作技术。网络教育资源及其所处环境之间存在许多异种异构的特性，例如软硬件系统的冲突、媒体格式的异同等。对此，要找到一种更加完美有效的方法来解决上述问题，而互操作技术恰好能够切实有效地解决这些问题。互操作出现在系统层、文法层、结构层及语义层四个不同层面上，每一层面都有其各自的问题：系统层有硬件和平台操作系统不兼容的问题，文法层有不同语言和数据表达问题，结构层有不同数据模式问题，语义层有信息交换中术语的意义差别问题。目前，已有许多能够实现上述不同层面互操作的技术，比如有中间件、XML、知识本体、资源标准等。[①]

（二）信息化学习资源的管理

1. 信息化学习资源管理系统

（1）资源库管理与应用系统。

①信息化学习资源管理解决方案（EN Compass）。EN Compass 是 Endeavor 公司推出的信息化资源管理解决方案，可以对远程和本地的多种

① 胡小勇，祝智庭．网络教育资源整合的技术观［J］．中国远程教育，2012（10）．

类型数据库实现统一检索，包括联机公共目录查询系统（OPAC）。该系统具备资源编目和资源整合的功能，支持多种元数据，特别强调对 XML 和 XSL 的支持，也有用户权限和授权管理模块，用户访问多种资源无需多次认证。

②动态链接工具（OL2）与跨平台检索工具（Zportal）。OL2 采用了一种动态、开放的链接原理。支持 Open URL 协议，该协议原理上允许所有支持该协议的数据库都成为 OL2 的链接源。所以，OL2 既可以以 Zportal 的检索结果为动态链接的开始，也可以在其他数据源之间实现链接。数据库、电子期刊或 OPAC 目录都可以成为它的链接源和链接目标。与 SFX 相比较，OL2 的链接应用并不是很普遍，重要用户有 EBSCO 和 CAS 等。FDI 作为 CrossRef 的加入成员机构，也为 CrossRef 系统提供动态链接技术。

Zportal 可以实现对所有资源的统一跨平台检索。在 Zportal 中可以对已有的资源进行整合，从而帮助用户在使用该系统时，随时了解自己可以选择应用的情况，选定自己的检索范围；拥有用户检索权限管理模块，由系统管理员来决定用户与资源的权限；拥有管理和统计模块，可以帮助了解更加全面的使用情况，也考虑到用户随心所欲的检索需求。

（2）相关动态链接（SFX）和信息门户（Metalib）。SFX 是 ExLibris 公司推出的上下文相关动态链接，可以基于图书馆的电子资源情况动态配置。这些资源包括：全文数据库（知识仓库），文摘、索引和引文数据库，联机图书馆目录，论文的引文，e - print 和其他 Web 资源等，当然该公司的 ILS 系统 A - LEPH500 也包含在内。上述各类型资源既可以作为链接源，也可以作为链接目标。

MetaLib 是 ExLibris 公司的一个信息门户产品。它的核心功能就是对图书馆的书目库和各种电子资源库提供统一检索的功能，兼顾资源组织和管理，引导、帮助用户有效地使用资源。可供检索的资源包括全文、引文、文摘索引数据库、本地馆藏等。MetaLib 通过对知识库的配置，可以实现复杂的资源使用，控制哪些资源可以被哪些用户使用，掌控用户验证和版权管理。

（3）数字图书馆/数据库管理系统。

①清华同方 TPI 系统。清华同方 TPI 系统是我国目前覆盖数字信息整

个生命周期、功能比较成熟的数字资源管理系统，应用也最广泛。目前的最新成果是“清华同方数字图书馆平台 TPI4.0”。作为清华同方 TPI 数字图书馆平台的升级版本，TPI4.0 由数字资源采集系统、数字资源加工系统、数据库发布与检索系统、数字资源管理系统、数字参考咨询系统、网上用户教育与培训系统、个人数字图书馆系统七大功能模块组成，具有更强大的信息开发和管理功能。

②万方数据资源系统。万方数据资源系统是建立在互联网上的大型科技、商务信息平台。用户既可以单库、跨库检索，也可以在所有数据库中检索，同时可以实现按行业需求检索。在功能上，该库能够帮助教师备课、教学，也是学校自主学习的信息化学习平台，研究性学习的支撑平台，学校教学科研的支撑平台，校本资源开发工具，图书馆参考咨询和个性化推送工具，以及学校管理的智囊库。

(4) 学习平台。

①Blackboard。Blackboard 在线教学管理平台是目前市场上唯一支持百万级用户的教学平台，它以网络教学为中心建立教学环境。教师借助平台，可以在网络进行授课，学生可以自主学习，按照自己的学习能力和学习需求选择学习内容以及学习课程。即便是不同的学校、不同的地区，学生与学生之间、老师与学生之间都可以根据教学的进程与教学的效果进行探讨。总之，“Blackboard”为教师、学生提供了交流、学习的平台，是师生之间有效沟通的桥梁。

②Course mill。Course mill 是一个基于网络的学习管理系统，通过网络浏览器传授课程，它可用于创建电子教学内容，追踪学生课程进度，提供课程目录、课程细节及课程报告的访问权限。Course mill 能够让教师、学生和管理员简单而高效地实施管理、跟踪和参与在线课程，给学生提供了自动注册、课程下载、购物车支持、等待列表等功能。对于企业用户，Course mill 提供 MySQL 数据库支持、电子商务支持、第三方课程内容支持、AICC 和 SCORM 相容性、以教室为基础的混合学习培训支持及其他。

2. 信息化学习资源管理技术

(1) 信息化学习资源存储技术。

①存储技术与存储设备。直接连接存储（DAS)。DAS 是指将存储设备

通过 IDE、SCSI 接口或光纤通道 FC 等 I/O 总线直接连接到服务器上的方式，是一种以服务器为中心的存储结构。由于受服务器总线技术和所连存储设备数量的限制，使得 DAS 的可扩展性差，难以满足现代存储应用大容量、高性能、动态可扩展的要求，而且服务器本身是整个系统的“瓶颈”。目前 DAS 已经开始逐步淡出网络存储市场。

网络连接存储（NAS）。NAS 是可以直接连到网络上向用户提供文件级服务的存储设备。NAS 将存储设备通过标准的网络拓扑结构（例如以太网）连接到一群计算机上，提供数据和文件服务。

存储局域网（SAN）。SAN 真正地将存储子系统从服务器上分离出来独立地连接在高速专用网上，是一种以网络为中心的存储结构，目前两种典型结构是基于光纤通道的 FC-SAN 和基于 IP 网络的 IP-SAN。

ISCSI 技术。这种技术结合现有 SCSI 接口与以太网络（Ethernet）技术，实现了服务器与使用 IP 网络的储存装置的资料互换。这项技术有两个主要的优点：第一，它的价格相对较低，这是相对目前使用的业界技术标准 Fibre Channel 而言的；第二，系统的管理者可以在相同条件下管理所有网络。

内容寻址存储（CAS）。内容寻址存储的提出是基于这样的一种统计：存储的信息化信息中，除了不断改变的之外，还有一部分是以固定形式存在的最终信息，如媒体已经播放的广播、影视，医学诊断中使用的 MRI、X 光、检查图像等，已经完成的文档等。应用 CAS 技术存储的数据都含有一个全球唯一的标识符。用户访问该信息的时候，只需要在网络上发出这一标识符的信息即可，至于该资源的具体位置，系统去自行追踪，然后将结果呈现出来。

云存储（Cloud Storage）。它是指通过网络技术等各式各样的具体功能，用一种软件将网络中大量各种不同类型的存储设备进行整合，共同实现对各种数据进行存储、业务访问。

②网络存储安全。网络存储安全涉及网络安全和存储安全。存储安全和网络安全既存在一定的关系，又对各自有特殊的要求。存储安全既要防止不可靠的网络传送出现问题，又要提高存储设备上的存取过程的安全性；存储安全借鉴网络安全领域中已发明的验证技术，如身份验证、验证码等，对密

钥管理、访问控制、数据分布、数据访问模式等有不同的要求。网络存储安全的基本要求是具有数据备份和容灾恢复能力、抗病毒能力、数据加密能力、数据恢复能力等。

(2) 信息化学习传输技术。

①互联网传输技术。资源库导入导出与同步复制。由于设计理念、开发技术以及建设机构的不同，资源库有同构和异构之分。同构资源库多为分布式资源库，各分布式站点间大数据量的资源传输，通过导入导出、同步复制来实现；异构资源库间的大数据量的资源传输，通过开发异构资源导入与转换工具，实现资源的快速征集与整合。

基于 VPN 的文件传输。VPN 是指利用开放的公众网络建立虚拟专用通道，实现资源的安全可靠性传输与管理。VPN 技术的可控性较强，资源传输可在带宽较为充足的夜间进行，传输协议主要采用 FTP 和 P2P，能够在后台监控资源传输的状态，实现断点续传。

IPTV。IPTV 是一种基于 Internet 的一种个性化、交互式服务的崭新的媒体形态。它以网络为基础，通过互联网协议传送数字信息资源，以电视和 PC 电脑作为主要终端，能够提供包括广播、影视等在内的不同种类的交互式服务。

CDN＋VOD。将 CDN 与 VOD 技术相结合，在互联网的基础上通过内容分发服务，根据预先定义的分发策略和全局调度机制，将资源从中心服务节点发到边缘服务节点，用户可以随时、随地更加便捷地获取资源，实现分布式视频点播服务。

②卫星传输。卫星流媒体直播。卫星主站每日实时播发流媒体数据，基层网点可使用计算机或机顶盒，接收卫星直播的流媒体数据，并通过投影、电视机、计算机进行播放，直播数据不能进行存储。卫星直播的节目码率为 1.5Mb/s，其清晰度高于网站视频（300Kb/s）。卫星传输适用于网络不发达地区在集中区域提供公众服务。

③卫星投包。卫星主站将各种类型的资源，以 IP 数据包的形式投递，基层网点可使用相应的设备，接收、解析、还原投递的数据文件，并存储到本地数据库中。卫星投包适用于网络不发达地区通过主站接收其他地区提供的资源。

（3）个性化服务技术。

①Push 技术。Push 技术是一种基于客户服务器机制，由服务器主动地将信息发往客户端的技术。它能够通过一定的技术标准或协议，而不是所用者的即时请求，主动地按时发送一些客户感兴趣的信息到用户的接收软件中。用户接到信息后，还可以离线浏览。用户在首次设置好自己所需的信息频道后，在以后的使用过程中就不用再去进行别的操作，便可快捷获得自己所需的信息，更新后的信息被随时 Push 给用户。

②RSS。RSS 是一种聚合方式，是 Web2.0 的主要应用之一，只要是能够被分解的内容都可通过 RSS 进行聚合，如新闻站点、社区站点和个人互联网博客等。它是一种互联网站点间共享内容的简易方式，是一种基于 XML 描述的 Web 内容和元数据的聚合格式。

三、信息化学习资源的开发与应用

（一）信息化学习资源的开发

1. 信息化学习资源开发的技术

（1）交互式主页的实现技术。计算机 Internet（因特网）、多媒体和信息高速公路等技术的出现引发了远程教育的革命。基于网络的远程教育就是利用 Internet 实现学生和教师的交互，教学资源被放置在网页上，达到了教学的目的；学生通过寻找资源，从而可以学到自己想学的知识。

要实现一个可以与用户交互信息的系统服务，需要增加交互式主页和用户输入信息处理程序两项，交互式主页内含用户输入信息编辑框、选择菜单按钮之类，以供用户输入信息，能提供给用户更多体验。实现交互式主页主要通过脚本语言、Java 语言、CGI（通用网关接口）、JDBC Java（数据库连接）、ASP（动态服务器页面）五种方法。

（2）虚拟现实技术。在网络技术发达的今天，在线的学习者可以通过图像看到远方的机器设备，并通过动画等形式让人们更加全面、方便地了解其内部结构和工作原理，还希望能够随心所欲地操控机器，这就需要为这些机器设备建立三维模型，构造一个虚拟设备的环境，增加人机交互的功能。这就要用到“虚拟现实”技术。“虚拟现实”的定义虽然在不断发展，全球至今还没有一个统一的标准说法。但基本上是指一个以用户为中心的、主观的、互动的、由计算机制造的多感官环境。因此这种科技包含了两部分：一部分是“虚拟环境”，是指由计算机图像、声音、三维模型等结合而成的环境和空间；另外一部分是人，是关于如何把用户放置于虚拟环境之中，如何通过计算机和传感器得到多种感觉，使用户可以在虚拟环境中活动和工作的技术。“虚拟现实”概念上最大的突破是把用户由旁观者变成参与者。在计算机上构造一个虚拟环境，主要有调用 OpenGL 函数库、利用 VRML（虚拟现实建模语言）构建虚拟场景、电脑组合 2D 图实现全景虚拟、利用传感器实现沉浸型的虚拟现实世界等方式。

（3）流媒体技术。流媒体技术是使音频、视频和其他多媒体以智能流的形式进行数字信息的传送。流媒体文件格式支持流式传输及播放，流式传输方式是将各式各样多媒体文件经过各种形式压缩处理后分成一个个压缩包，由视频服务器向用户计算机不断地发送有效信息，使人们在低带宽和高带宽环境下都可以在线欣赏到连续不断的具有较高品质的视音频节目的技术。在采用流式传输方式的系统中，用户不必等待全部下载完整后观看，只需经过几秒或几十秒的启动延时即可在用户的计算机上利用对应的软件对压缩的动画、音频、视频等多媒体文件解压后欣赏，多媒体文件的剩余部分将在后台持续下载。

利用基于流媒体技术的网络课程，采用高级流技术，避免了播放中断或出现间隔的现象；采用流媒体同步集成技术，实现了友好的交互界面。

（4）远程控制技术。远程控制技术在辅助培训教学中起着明显且重要的作用，通过远程控制技术可以实现诸如远程办公、远程技术支持、远程交流、远程维护和管理等，对远程教育尤其是远程培训意义重大。远程控制机制是客户机通过网络连接远程的服务器，并控制服务器。客户机只需发送控制指令，服务器端实时地返回更新。远程控制的实现是基于客户机和服务器之间的网络应用协议。

2. 信息化学习资源开发工具

（1）三分屏录制工具。将教师授课视频和 PPT、图片等素材整合为三分屏课件（又称流媒体视频课件或 IP 课件），如微软公司的 Producer、速课等产品。

（2）PPT 转换工具。以 PPT 素材为基础，加上声音、视频、习题等，转换为交互性强、符合 SCORM 标准的课件制作工具，如 Snap、Articulate，iS-pring、Captivate、Stream Author（串流大师）。

（3）网络课件创作工具。这种类型工具可以用于各式各样的软件开发要求，常见的有 Lectora、Tool Books、Raptivity 等。

（二）信息化学习资源的应用

1. 信息化学习资源在课堂教学中的应用

（1）展示教学内容。需要指出的是，课堂教学中并非要全部使用信息化学习资源，非信息化学习资源在课堂教学中同样具有独特的魅力和作用，学习资源形式的选择关键要看是否适合教学内容的传递与表达。

信息化学习资源在课堂教学中可以作为教师讲授知识点、演示、实验项目等内容的展示，通过教学课件、视频、音频等形式呈现。这种应用方式适合“传递—接受”的教学模式，适合教师对知识点的讲授，能很好地发挥教师的主导作用，这种应用模式在目前我国的教育中仍然是主流。

（2）创设学习情境。信息化学习资源的生动形象、现实模拟等技术优势让其在创设学习情境中有着得天独厚的优势。在低年级的课堂中，相比于传统资源，信息化学习资源的“有声有色”“图文并茂”更容易吸引学生的注意力，调动其学习的积极性和兴趣，利用信息化学习资源创设学习情境，营造立体化、接近真实的学习环境，在相对直观的情境中，引导学生快速进入学习思考状态，产生求知的愿望；在高年级的课堂教学中，借助信息化学习资源创设学习情境，可以启迪学习者深层次地思考和认知，这里关注的重点不是“图文并茂”，而是资源内容的深度、广度。信息化学习资源的选择要全面而有重点，要把握课程教学的同时兼顾及时更新，能够把信息后面深层次的学习探究需要表达出来。

（3）为自主学习提供支持。自主学习是与传统的接受学习相对应的一种现代化学习方式，自主学习是指以学习者为本，通过学生独立的方式以多种多样的方法来实现学习目标。在自主学习中，学生可以根据个人的兴趣、爱好选择学习主题，这些学习主题未必就是书本所提供或者能够完全提供的，学生的学习内容需要扩展，信息化学习资源就成为其很好的补充。借助互联网进行的学习资源传递、共享，借助搜索引擎完成的资源搜索，借助相应的教学平台、课程中心提供的主题资料等能够很好地满足学生个性化学习的需要，培养学生独立分析、探究、创造的能力。值得注意的是，自主学习不意味着放任自流、无拘无束，利用信息化学习资源进行自主学习（尤其对于低年级的学生）必须强调教师的引导作用，在不良信息的过滤、信息迷航的纠正、相应技术的指导、正确价值观的引导等方面，教师的作用不可忽略。

（4）为协作学习提供支持。协作学习是通过将学生分成小组或团队的形式组织学生学习的一种方式，小组成员以 2～4 人为宜，每个小组都应有一个明确的学习目标，大家围绕同一个学习目标，相互配合解决问题，完成学习活动。协作学习有利于促进学生高阶认知能力的发展，在学习过程中学生的判断、分析、思辨、决策等能力得到了充分的培养；有利于学生健康情感的形成，通过彼此配合完成学习目标，提升学生的群体意识和协作能力。在协作学习中，信息化学习资源一方面扩充了学习内容，为学习活动的进行提供了大量可供选择的内容，组内成员根据分工可以选择性地关注某一方面的知识点；另外，信息化学习资源的数量和深度可以无限扩充、延伸，为学习的深入进行提供了可能。相比于传统资源，信息化学习资源的传递轻松、快捷，组内成员信息交流的渠道更通畅，资源的整理、总结与汇报可借助计算机、网络完成，信息实时到位，沟通通畅自由，让协作变得更轻松。

（5）为探究性学习提供支持。探究性学习是指先有目标再通过对目标的理解进行深一步的探究，使学生更好地达到自主学习与目标完整融合的学习方式。探究性学习通常包含五个环节，几乎就是上述各种学习方式的融合，其中信息化学习资源扮演的角色十分关键，倘若没有了信息化的资源呈现方式，探究性学习的效果肯定要大打折扣。

在“创设情境”环节中，可以借由视频、图片、虚拟现实等信息化学习资源导入教学主题，启发学生的学习兴趣和动机，充分调动学生探究学习的驱动力和欲望。在“启发思考”环节，教师根据创设好的情境，提出启发性问题，引导学生思考，形成初步的学习计划方案，信息化学习资源的作用可以在这一环节弱化显示。进入“自主探究”“协作交流”阶段，信息化学习资源的作用得到真正的发挥，其优势充分彰显。在“自主探究”阶段，学生利用教师提供的认知工具和学习资源去收集与当前所学知识点有关的各种信息；学生主动对所学的东西进行评价整合，并在这一切基础上形成对当前所学知识的认识与理解（由学生完成对当前所学知识的自主建构）。在“协作交流”阶段，教师组织学生以讨论的形式开展小组内或班级内的协作与交流，通过将学习资源与学习成果生成信息化资源的方式完成共享，并借助信息化手段将交流过程的结果保留。在“总结提高”环节，通过师生评价、学生自评等多种方式的结合，完成对探究问题的总结、归纳，得出结论，并将结论用于指导实践和进一步提高，可以要求学生将结论用于新问题的解决、新内容学习中。

2. 信息化学习资源在新型学习方式中的运用

（1）混合学习中信息化学习资源的应用。混合学习既包含传统学习方式的优势也包含信息化学习方式的优势，在这个过程中既要发挥教师的引导作用，也要兼顾学生的自发性与主体性。目前国际教育技术界的共识是，结合二者的优势并很好地利用，从而使学习效果趋于完美。[①]

信息化学习是一种基于信息化学习资源而进行的学习方式，自 20 世纪 90 年代末以来，在教育领域得到了迅速的应用与发展。信息化学习克服了传统课堂教学时空的局限，给予学习者更多自主学习的时间和空间，有利于学习者提高对知识的理解，完成知识建构；为学习者提供了丰富多样的学习资源，改变了传统课堂中教师控制信息来源和数量的被动局面，学习者可以根据个人兴趣选择自己喜爱的内容进行深入了解和学习；为学习者营造了一个全新的网络学习环境，在这个环境中学习者可以自主交流，不受任何外力干扰。

混合学习强调把传统学习方式的优势和信息化学习的优势结合起来，充分发挥教师的主导作用和学生的主体地位。课堂教学的人性化弥补了信息化的冷漠，而信息化学习为研究性学习提供了相对更为广阔、自由的学习环境，能够充分发挥学生的主动性，两者相得益彰。

混合学习中的数字资源以 Web2.0 提倡的“以人为本，群建共享”精神为指导方针，就资源内容看，在保证资源以知识点为中心的完整性、正确性的前提下，资源的外延在不断扩大，相关优秀的辅导材料、补充材料不断被纳进教育体系中，更好地扩充了学习者课外学习空间，满足其深层次学习的需要；就资源的形式看，资源“图文声像并茂”更加突出，资源的清晰度、

① 何克抗．从 Blending Learning 看教育技术理论的新发展（上）[J]．电化教育研究，2014（3）.

逼真度得到提高，虚拟现实、普适计算为学习者的学习营造了近乎真实的情境，和课堂教学有效地整合；就资源的组织看，资源的呈现更加人性化、便捷化，以人为本的教育理念深入融合到资源组织中，相应的技术手段以开源的形式提供，学习者可以根据个人的学习需要对资源进行有效的组织和管理。

（2）移动学习中信息化学习资源的应用。随着信息化学习的深入开展、移动计算技术和移动通信技术的融合，基于移动技术的各种移动显示终端逐渐被引入信息化学习中，学习机、手机、平板电脑等多媒体终端逐渐被引入教育系统中，充当了移动学习的重要工具。移动学习指在无线通信技术支持下，通过利用具有便携性的移动通信设备进行的学习。“移动”一方面指学习者处于移动之中，学习环境也是不断变化的；另一方面，学习设备和学习资源也处于“移动”的状态。针对这种情况，有必要选择快捷简单、省事省时的学习设备。①

移动学习的进行完全依赖信息化学习资源，信息化学习资源的建设成为移动学习的核心内容之一。

就资源的内容而言，移动学习的信息化学习资源包括基于互联网的所有资源，这些资源通过手机、笔记本等移动设备连入互联网即可访问。另外还有大量特有的、专用移动学习资源，基于不同类型的移动学习设备研发，有利于发挥移动学习的功效。移动学习资源的研发，根据移动载体的不同、品牌的不同，一般由专业的开发团队完成，其设计能更好地融合先进的教育理念，采用先进的开发技术，资源的容量、时间长短、画面效果、学习策略都是研发的重点。常用的开发平台有 iPhone 平台、Android 平台、Windows Mobile 平台等。随着技术的进步，不断有新的移动开发平台和工具出现，在选择优秀、恰当的开发工具的同时，也要注重教学设计的创新，将技术和教学充分融为一体。移动设备所承载的信息化学习资源绝不是书本的搬家，绝不是书本的简单电子化，选择吸引学习者的学习策略、明确学习目的、选择生动的资源呈现形式、提供相应的学习方法、提供必要的评价结果，所有这些都是在资源设计、开发时必须考虑的问题。

① 李卢一，郑燕林．泛在学习环境的概念模型［J］．中国电化教育，2006（12）．

就资源的应用而言，移动学习的信息化资源一方面可以和传统课堂结合，作为课堂的组成部分之一，共同帮助学生完成知识建构，完成信息技术和课堂的整合，提高课堂的学习效率；另一方面，也是其主要的应用方面，可以作为学习者课余学习、业余学习重要的学习对象，学习者可以方便地利用移动设备进行个性化的学习。学习资源依托手机、平板电脑等移动设备，可以在地铁、机场、卧室等任何场所呈现，学习的进行可以在学习者其他活动的间隙开展，可和其他活动同时发生。

（3）泛在学习中信息化学习资源的应用。泛在学习是普适计算环境下的学习方式，是一种任何人可以在任何地方、任何时刻获取所需的任何信息的方式，是允许学习者可以随时随地使用自己可以找到的移动设备来进行学习活动的“4A（Anyone、Anytime、Anywhere、Anything）学习”。

知识越来越受到人们的重视，“终身学习”的概念也越来越深入人心，泛在学习可以让不同阶层、不同年龄的每一个人获得源源不断的学习机会，从某种意义上来说，泛在学习为“终身学习”提供了实现的环境和基础。泛在学习时代的到来将有利于终身学习社会体系的构建，同时，泛在学习对学习资源有更高的要求。

①要求改变当前的资源存储模式为分布式网络存储。

②泛在学习环境中的学习资源要能够实现不断地变化、生成、发展，把静态封闭的资源结构变得动态开放灵活起来。用户可以进行个性化编辑，学习过程中的生成性信息也能实现共享，实现信息资源的持续性链接。另外，通过元数据标识，借助语义分析技术，实现资源节点间的动态链接，自动构建更加广阔的空间，让每个资源“细胞”通过资源链的下线、重生、丰富、共享而获得更长久的生命力。

③泛在学习环境中的学习资源，一方面要能够被情境感知设备（数据手套、头盔式显示器、手控或声控输入设备等）方便地获取，学习者要与环境充分结合，避免学生对虚拟环境的不适应，在这样的情况下，学生掌握的知识会更加全面；另一方面要包含丰富的学习知识，大量的情境问题是其根本性问题，用户不只可以获取特定的知识，还会获得与特定知识相关的内容，这样的形式会鞭策用户更加积极地获取知识，形成全面性和系统性的知识。

④泛在学习环境下学习资源的粒度要更细，用户并不需要浪费太多时间

即可在不知知觉中获得知识。另外，通过设定主题词，借助一定的语义分析功能，可以查到同类的资源，并自动建立链接，从而使资源实现基于语义的自然聚合。未来泛在学习资源设计与建设会越来越倾向于内容微型化和基于语义的自然聚合。

⑤未来的泛在学习不只局限于基于资源的自主学习，还应与学习网络空间中的任何其他实体进行交互结合。学习资源要成为人际交往的桥梁，设计上，一方面，要能够跟随并记录该资源共享使用者的信息，自动构建基于该资源节点的学习群体空间；另一方面，要能够与别的雷同的资源自动发生关系，使学习的群体空间交融互补，最终实现整个泛在学习网络系统的全面结合。①

第三节　新时代教育信息化的资源建设策略

信息时代的到来，大量信息技术的不断推出，信息化教学资源的出现，为教师的教育和学生的学习提供了一个广阔的舞台。实践证明，传统教学方法与信息化教学资源的有效融合，不仅极大地提高了课堂教学效率，有效地激发了学生的学习兴趣和认知主体的能力，唤起了学生学习的积极性和主动性，而且在学习过程中更有助于学生形成新思想、新观念、新方法，增强了学生的创新意识，培养了学生的观察能力、思维能力和创新能力，较好地提高了教学质量。因此，在信息化教育中进行科学而又富有创造性的教学资源建设已成为学校教育发展不可缺少的重要内容。

一、信息化教学资源的分类及特点

（一）信息化教学资源的概念

随着教育事业的发展，教学资源建设已成为学习与教学活动中必不可少的组成部分，成为各个学校教学工作的重点之一，且日益受到教师们的关注。广义的教学资源是指在教与学的活动中进行服务的各种人和物，它既包

① 余胜泉，杨现民，程罡．泛在学习环境中的学习资源设计与共享——“学习元”的理念与结构[J]．开放教育研究，2009（12）．

括非生命的实物和信息，也包括具有能动性的有生命的人力资源，如教师的言语、动作表情、电视、EVD、图像等。狭义的教学资源是指在教与学的过程当中所使用的各种硬件媒体以及承载信息的各种软件媒体，如图书、投影仪、视频展台、VCD、录像机、教学挂图、教学模型、网络上的各种音频、视频、动画等。

通常认为，信息化教学资源属于信息资源的范畴，是从狭义上理解的一种特殊的教学资源，是一种经过合理选取、组织之后形成有序化、有利于学习者自身发展的有用信息的集合。

这里所讨论的信息化教学资源，主要指蕴涵了大量教育信息，在教与学的过程中通过使用者的使用能创造出一定教育价值，且以信息化形式存在并可在互联网上进行传输的信息资源。

（二）信息化教学资源的分类

从信息技术的角度看，我们可以把教学资源分为媒体素材类教学资源、集成型教学资源、网络课程教学资源三大类。

1. 媒体素材类教学资源

媒体素材类教学资源是教学信息传播的基本材料单元，可分为文字资源、图形/图像资源、音频资源、动画资源和视频资源五大类。

（1）文字资源。文字是进行信息交流的一种重要手段，它是通过一定的符号来表达信息的一种工具，其根本作用在于承载信息与传递信息。在日常生活中，文字随处可见，如报纸、杂志、图书、网络上的各种文章等。在教与学的过程中，教科书、练习册等主要以文字进行信息传播。因在网络信息传播中使用文字时，不仅有字体、字号大小、颜色的变化，而且还有新的拓展，因此一般用“文本”这个词来代表网络上的“文字”这个词。

（2）图形/图像资源。图形是教与学的过程中比较特殊的一种资源，因其较抽象，所以在传播中承载的信息量较少。图形有数据量小、不易失真的特点。因此，图形在多媒体教学和网络传播中应用较多。从最终的呈现来看，图形与静态图像没有太大区别。

图像也是一种比较特殊的教学资源。在信息技术环境下所使用的图像，与报纸、杂志和电视使用的图像相比，有如下特点。

①信息量大。信息技术环境下所用的图片色彩丰富、层次感强，可以真

实地重现生活环境（如照片），因此其承载的信息量较大。一般情况下，我们都是用数字技术把图片压缩并存储在服务器中，容量巨大。

②选择性强。静态图像非常逼真、生动、形象，可以提供较高质量的感知材料。图片多，传递的信息也多，受众在通过图片来获得信息时的选择余地就很大。受众可以根据自己的需要和爱好来挑选图片，将其保存到自己的计算机上，或者将图片打印出来，以后慢慢欣赏。

③受众可以对图片进行放大、缩小和编辑。报纸、杂志在刊登图片时，其大小是固定不变的，受众更不能对图片进行编辑。信息技术环境下所使用的图片，受众可以点击将图片放大或缩小，也可以用专门的软件对其进行编辑和修改，如用 Photoshop 可将图片处理成油画效果、水彩画效果、浮雕效果等。显然，这是报纸杂志在使用图片时无法做到的。

（3）音频资源。音频即声音。音频包括波形音频、CD－DA 音频和 MIDI 音频。波形音频是记录声音的最直接形式，对记录与播放的环境要求不高，因此在媒体教学软件中应用最多，缺点是数据量比较大。CD－DA 音频又称数字音频光盘，是高质量立体声的一个国际标准。MIDI 音频的播放需要借助解释器，因此对环境要求较高。但由于其数据量比较小，非常适合在呈现背景音乐的场合使用。

音频属于过程性信息，有利于限定和解释画面。音频在教学中如果应用得当的话，不仅能用于传递教学信息、调动学生积极使用听觉接受知识，还有利于集中学生的注意力、陶冶学生的情操、激发学生学习的潜力。

（4）动画资源。动画是通过连续播放一系列画面，给视觉造成连续变化的图画，是对事物运动、变化过程的模拟。它的基本原理与电影、电视一样，都是视觉原理。一般来说，用来传递信息的动画都需要借助专门的工具进行制作。这些动画，按动作的表现形式来区分，大致分为接近自然动作的“完善动画”和采用简化、夸张的“局限动画”；如果从空间的视觉效果上看，可分为平面动画和三维动画；从播放效果上看，可以分为顺序动画（连续动作）和交互式动画（反复动作）；从每秒播放的幅数来讲，有全动画和半动画之分。

动画在制作过程中，忽略了事物运动、变化过程中的次要因素，突出强化了其本质要素。因此，有利于描述事物运动、变化过程。此外，经过创造设计的动画更加生动、有趣，有利于激发学习者的学习兴趣和积极性。

（5）视频资源。同动画媒体相比，视频是对现实世界的真实记录。视频具有表现事物细节的能力，适宜呈现一些对学习者感觉比较陌生的事物，它的信息量较大，具有更强的感染力。通常情况下，视频采用声像复合格式，即在呈现事物图像的时候，同时伴有解说效果或背景音乐。当然，视频在呈现丰富色彩的画面的同时，也可能传递大量的无关信息，如果不加鉴别，便会成为学生学习的干扰。

2. 集成型教学资源

集成型教学资源一般根据特定的教学目的和应用目的集合而成，也有一种将多媒体素材和资源进行有效组织的“复合型”资源。按照这些资源的实际应用形态，又可以将其分为课件与网络课件、案例、操作与练习型、虚拟实验型、微世界、教育游戏类、电子期刊类、教学模拟类、教育专题网站、研究性学习专题、问题解答型、信息检索型、练习测试型、认知工具类和探究性学习对象等。

下面就常用的集成型教学资源做一个简单介绍。

（1）试题库：试题库是按照一定的教育测量理论，在计算机系统中实现的某个学科题目的集合，是在教学模型基础上建立起来的教育测量工具。

（2）试卷：试卷是用于进行多种类型测试的典型成套试题。

（3）课件与网络课件：课件与网络课件是对一个或几个知识点实施相对完整教学的用于教育、教学的软件。根据运行平台划分，可分为网络版和单机运行的课件。网络版的课件需要能在标准浏览器中运行，并且能通过网络教学环境被大家共享；单机运行的课件可通过网络下载后在本地计算机上运行。

（4）案例：案例是指由各种媒体元素组合表现的有现实指导意义和教学意义的代表性事件或现象。

（5）文献资料：文献资料是指有关教育方面的政策、法规、条例、规章制度，以及对重大事件的记录、重要文章、书籍等。

（6）常见问题解答：常见问题解答是针对某一具体领域最常出现的问题给出全面的解答。

（7）资源目录索引：列出某一领域中相关的网络资源地址链接和非网络

资源的索引。

3. 网络课程类教学资源

网络课程是指通过网络表现的、某门学科的教学内容及实施的教学活动的总和。它包括两个组成部分，即按一定的教学目标、教学策略组织起来的教学内容和网络教学支撑环境。其中网络教学支撑环境特指支持网络教学的软件工具、教学资源以及在网络教学平台上实施的教学活动。网络课程顺应人们需要终身学习这一趋势，给人们随时获取新知识提供了便利的强有力的支持。

（三）信息化教学资源的特点

传统的教学资源易受环境、条件的限制，如图书、报纸、杂志等时间长了易发黄；录像带或录音带上的内容，时间长了会因环境过于干燥而磁粉脱落，或因环境过于潮湿而发生黏结等。随着信息技术的发展，现代信息技术环境下的教学资源，改善了传统教学资源的不足，尤其是在网络技术高度发展的今天，信息化教学资源具有以下特点：

1. 存储与传播的信息化

信息化是计算机数据处理和网络传播的本质特性。当今世界，各行各业的信息处理趋于信息化，由计算机和计算机网络构成的信息处理系统和信息传输系统已将世界的各个角落连为一个“村落”，在这个世界中，人们在信息处理、加工、传输等方面，都是以信息化方式进行的。正如构成物质世界的基本单元是原子一样，计算机处理的数据是以 0 和 1 两种状态存在的比特，构成网络信息世界的基本单元也是以 0 和 1 两种状态存在的比特。无论是形式多样的图像，还是悦耳动听的声音，归根到底都是通过 0 和 1 这两个数字信号的不同排列组合来表达的。这使得信息第一次不仅在内容上，而且在形式上获得了同一性。

2. 教学资源的丰富性

网络空间无限，通过网络可传送多种媒体教学信息，如文字、声音、视频、动画等，这不但打破了传统教育中单一的教学信息局面，而且极大地丰富了教学资源的种类，满足了不同层次学习者对学习的需求。同时，网络在信息传送方面非常迅速、快捷，这使得其能够快捷丰富地反映当今科技的教学内容，不拘泥一地一校一专业的范围，可以通过模拟图书馆或教学资料库的形式，收集大量相关的专业知识资料，反映学科最新的发展动态，提供同一学科不同的教学内容。学习者可以及时获得适合自己的教学资源，如最新的教学大纲与构思、教学资料、网络教程、各种教学软件、各种参考文献、全国各地教育管理部门的各种教育政策和措施、研究项目、网络期刊、各种出版物、各种动态信息（如新闻、会议通知、消息）等。

3. 教学资源的开放性

网络的飞速发展，使得硕大的地球变为地球村。因此，教学资源也具有了前所未有的开放性。教学资源的开放性主要表现为，教学资源完全打破了传统的或者说物理上的空间概念。从北京到上海与从北京到纽约的距离，在网络上是一样的，真实的地理隔离不存在了，国界等限制也不存在了，网络上的教学资源可以随用随取。

4. 教学资源的可扩展性

传统的教学资源可加工性、处理性较弱，且不易推广应用，如教学挂图、教学模具等，很难进行再加工。信息化时代完全打破了传统教学资源的这种弊端，使得教学资源具有较大的可扩展性，学习者可以在现有资源的基础上进行横向扩展和纵向的精加工，以满足不同学习者或同一学习者不同时期的学习需要。

5. 教学资源的再生性

信息时代是一个富有创造性的时代。信息时代的教学资源可以在学习者的积极参与下，通过学习者利用信息技术对知识的整合、再创造来实现教学资源的再加工、再创造，从而丰富其内容。

6. 教学资源使用的灵活性

计算机网络打破了传统教学资源在使用时的时空瓶颈，学习者在学习时可以自由选择课程、教师、学习进度和学习时间，可以从网上查询自己想学的课程和资料。学习者在网上学习既可以是实时的，即异地教师、学习者在同一时间进行教学活动；也可以是非实时的，即教师预先将教学内容及要求存放在服务器中，学习者根据自己的时间安排，在网上下载进行学习。只要有计算机、电话线及调制解调器的地方，都是学习的场所。同时学习者还可以通过网络向教师提出问题、和其他学生进行讨论。

7. 师生在学习活动中的交互性

传统教学中，师生虽可进行同步交流活动，但受到时间、地点的限制。

信息技术环境下，网络资源一改以往书籍、报刊等印刷品以及广播电视等电子信息的单向传递方式，也不同于电话的必须同步的双向交流方式，利用网络工具进行教与学，打破了时空的界限，学习者可以用同步或不同步的方式进行学习，教师与学生、学生与学生之间可以进行双向和多向信息交流，双方可以采用文字、声音、视频等媒体进行信息交流。

二、信息化教学资源的检索与获取

（一）信息化教学资源的获取途径

信息化教学资源的来源主要有三个途径：一是将现有的教学资源进行信息化改造；二是师生创作的电子作品；三是由专业人员开发建设的教学资源。

1. 将现有的教学资源进行数字化改造

目前已有大量的媒体素材，但不同媒体素材的表现方式不同，特性也不一样，为了能将这些资源存储于教学资源库进行合理的应用，对它们的处理方式也不一样。

（1）文本素材类：如果是传统的文本素材，我们可以通过直接录入、利用OCR（Optical Character Recongnition，光学字符识别）技术输入、语音识别、手写识别录入等方式将其转换为信息化素材，然后将其录入教学资源库进行存储。对于信息化文本，我们只需将它进行简单的加工处理，录入教学资源库即可。

（2）图像/图形类素材：对于传统的图形/图像类素材，我们可以通过扫描仪、数码照相机等将其转换为数字图像、图形素材，然后借助相关的图形、图像处理软件进行处理，再将其存储于教学资源库中。需要计算机抓图（即截图）的可以通过一些抓图软件进行抓取，如红蜻蜓抓图精灵、Easy Captur 等软件。

（3）音频素材：对于模拟音频，我们可以通过播放转录的方式将其信息化，或者通过相关的音频采集设备进行采集转换之后将其信息化，再转存至教学资源库。

（4）视频素材：已有的视频素材，如果是信息化的素材，可将其直接存入教学资源库；如果是非信息化的，可以通过视频采集设备将其转换成数字资源，再存入教学资源库。

2. 师生创作的电子作品

师生创作的电子作品，内容丰富，可以是教学课件、图像、图形、音频、视频等，这些作品如果是非信息化的，则按照前述方法进行转换存储；如果是信息化的，将其直接存入教学资源库。

3. 专业人员开发建设的教学资源

由专业人员开发建设的资源是信息化教学资源的主要来源，它的开发和建设步骤如下：首先，搜集各种形式的媒体素材，对素材进行分类与描述；其次，将各种零散的素材集合成完整的教学资源单元；第三，对资源内容进行标引；第四，进行质量检查；第五，当资源制作完成后，需要将全部信息化文件归档，存入资源库。

中小学自建资源库中的教育资源主要来源于因特网、各类教育光盘、电教资料和教育软件、教师积累的软件资料等几个方面。

（1）网上众多的教育网站是自建资源库重要的资料来源。尤其是一些有同步教学资源且资料优质的网站，如中央电教馆资源中心、K12中国中小学教育教学网等。

（2）各类教育光盘是由各出版社出版的正式电子出版物，如教育论文、多媒体课件等，不但品种较多，而且比较权威。各学科附带的教学观摩光盘和教学课件光盘，都是教师和学校不可忽视的资料，可以选择一些适合学校实际情况的教育光盘，将其中的资源导入资源库。

（3）每所学校都积累了大量的电教资料，如教学示教录像片、教学录音带和各种扩展学习的音像资料等。平时，由于受学习场地和时间的限制，这些音像资料的利用率是比较低的，现在可以将这些音像资料转化成数字文件加入资源库中，教师通过校园网就可以随时地调用这些教学资料供教学使用，学生也可以在个性化的学习中随时使用这些音像资源。

（4）教育软件主要有补助教学软件和教学管理软件两大类，其中的一些资料性软件可以导入资源库。

（5）由学科老师协作开发的教育资源。教学资源库的建设必须由全体教师共同完成。通常学科教师是这类资源建设的主力军，他们经过教育理论与技术培训，掌握计算机操作技能，再结合丰富的学科教学经验，可以制作出教学所需的各类课件。

（二）网络教学资源的检索

互联网上的信息资源广泛地分布在整个网络中，没有统一的组织管理机构，也没有统一的目录，更没有统一的分类标准。下面我们从万维网（World Wide Web，WWW）和非万维网两种类型的信息资源的角度来探讨网络信息资源的检索。

1. 万维网信息资源的检索

万维网信息主要以万维网站点（Web）上的资源为主。万维网检索工具常被称为搜索引擎。

（1）搜索引擎的概念。互联网的迅速发展，使得网上信息以爆炸性的速度不断丰富和扩展，然而这些信息却散布在无数的服务器上，就像散乱在海滩上的珍珠没有被“串”起来，使你无法收集甚至无法发现它们。如果你想将所有计算机上的信息进行一番详尽的考察，无异于痴人说梦。所以我们面临的一个突出问题是如何在上百万个网站中快速有效地找到想要得到的信息。

搜索引擎（Search Engine）正是为解决用户的查询问题而出现的。如果说互联网上的信息浩如烟海，那么搜索引擎就是海洋中的导航灯。只有通过搜索引擎的查询，用户才会知道信息所处的地点，才能去该网站获得详细资料。

（2）搜索引擎的主要作用及工作过程。搜索引擎是互联网上的一个系统，它的主要任务是在互联网上搜索 Web 服务器信息并将其自动索引，其索引内容存储于可供查询的大型数据库中。当用户输入关键字（Keyword）查询时，该网站会告诉用户包含该关键字信息的所有网址，并提供通向该网站的链接。

对于各种搜索引擎，它们的工作过程基本一样，包括以下三个方面：

①“网页搜索程序”负责在网上搜寻所有信息，并将它们带回搜索引擎，每个搜索引擎都使用绰号为“蜘蛛（Spider）”或机器人（robots）的网页搜索软件在各网址中爬行，访问网络中公开区域的每一个站点并记录其网址，从而创建出一个详尽的网络目录。各搜索引擎工作的最初步骤大致都是如此。

②将信息进行分类整理，建立搜索引擎数据库。在进行信息分类整理阶段，不同的系统会在搜索结果的数量和质量上产生明显的不同。有的系统是把“网页搜索软件”发往每一个站点，记录下每一页的所有文本内容；其他系统则首先分析数据库中的地址，以判别哪些站点最受欢迎（一般都是通过测定该站点的链接数量），然后再用软件记录这些站点的信息。记录的信息包括从 HTML（超文本标记语言，Hyper Text Markup Language）标题到整个站点所有文本内容以及经过算法处理后的摘要。当然，最重要的是数据库的内容必须经常更新和重建，以保持与信息世界的同步发展。

③通过 Web 服务器端软件，为用户提供浏览器界面下的信息查询。每个搜索引擎都提供了一个良好的界面，并具有帮助功能。用户只要把想要查找的关键字或短语输入查询栏中，并单击 Search 按钮（或其他类似的按钮），搜索引擎就会根据用户输入的提问，在索引中查找相应的词语，并进行必要的逻辑运算，最后给出查询的命中结果（均为超文本链形式）。用户只需点击前往搜索引擎提供的链接，马上就可以访问到相关信息。有些搜索引擎对搜索的范围进行了分类，查找可以在用户指定的类别中进行，这样可以提高查询效率，搜索结果的“命中率”较高，从而节省了搜寻时间。

（3）优秀搜索引擎的特点。目前各种各样的中西文搜索引擎有十几种或更多，比较著名的搜索引擎有百度、Yahoo、Excite、Info seek、Lycos、Alta Vista 等。每个搜索引擎都有其各自的特点，有的以查询速度快见长，有的以数据库容量大占优。总而言之，一个优秀的搜索引擎应具有以下几个特点：

①支持全文检索（Full Text Search）。全文搜索引擎的优点是查询全面而充分，用户能够对各网站的每篇文章中的每个词进行搜索。当全文搜索引擎遇到一个网站时，会将该网站上所有的文章（网页）全部获取下来，并收入到引擎的数据库中。只要用户输入查询的“关键字”在引擎库的某篇文章中出现过，则这篇文章就会作为匹配结果返回给用户。从这点上看，全文搜索真正提供了用户对互联网上所有信息资源进行检索的手段，给用户以最全面最广泛的搜索结果。全文搜索的缺点是提供的信息虽然多而全，但由于没有分类式搜索引擎那样清晰的层次结构，有时给人一种繁多而杂乱的感觉。

②支持目录式分类结构（Directory）。分类搜索引擎的优点是将信息分

类，当遇到一个网站时，它并不像全文搜索引擎那样，将网站上的所有文章和信息都收录进去，而是首先将该网站划分到某个分类下，再记录一些摘要信息（Abstract），对该网站进行概述性的简要介绍。最具代表性的目录式分类搜索引擎是Yahoo网站。分类搜索引擎可以使用户清晰方便地查找到某一大类信息，这符合传统的信息查找方式，尤其适合那些“希望了解某一方面或范围内信息，并不严格限于查询关键字”的用户。但目录式搜索引擎的搜索范围较全文搜索引擎要小许多，尤其是当用户选择类型不当时，有可能遗漏某些重要的信息源。

③能够区分搜索结果的相关性（Pertinency）。搜索引擎应该能够找到与搜索要求相对应的站点，并按其相关程度将搜索结果排序。这里的相关程度是指搜索关键字在文档中出现的频度，最高为1。当频度越高时，则认为该文档的相关程度越高。但目前的搜索引擎还不完全智能，除非你知道要查找的文档标题，否则排列第一的结果未必是“最好”的。所以有些文档尽管相关程度高，但并不一定是用户最需要的文档。

④检索方法多样、查找手段完备。有些性能完善的搜索引擎不仅能检索互联网上的文献，还能查找公司和个人的信息；不仅能检索Web页面，还提供对新闻组内文章的查找服务；不仅能输入单词、词组或句子进行检索，还能指定多个单词之间的逻辑组配及其位置关系；不仅能以词语查询有关主题的页面信息，也能以特定的域名、主机名、统一资源定位符URL（Uniform Resource Locator）等查找有关信息。此外，还可以对被检索文献发表的语种、日期等进行限制。

⑤其他性能。一个优秀的搜索引擎产品还必须查询速度快、具有较好的可维护、可更新性能。系统必须稳定可靠，具有完整的容错、备份、崩溃修复机制，系统即使出错，也可以迅速地恢复。如果作为商业投资，希望以尽量少的投资和较高的性能营运一个搜索引擎，性能价格比也是重要的方面。

（4）搜索引擎的语法规则。搜索引擎一般通过搜索关键词来完成自己的搜索过程，即输入一些简单的关键词来查找包含此关键词的文章或网址。这是使用搜索引擎最简单的查询方法，但返回结果并不是每次都令人满意。如果想要得到最佳的搜索效果，就要使用搜索的基本语法来组织要搜索的条件。

①使用逻辑运算符。搜索引擎中常用的逻辑运算符是AND、OR和NOT。AND表示逻辑与，可用“&”表示。AND运算符用于搜索包括两个以上关键词的情况，可以帮助改善并限制搜索结果。例如，“计算机AND设计”，则查询出既包含“计算机”也包含“设计”的文档。OR表示逻辑或，可用“I”来表示。OR运算符与AND运算符相反，OR寻找用OR连接的几个关键词中至少包含一个的文档。当使用OR运算符时，通常返回大量的结果。例如，“图形or图像”，则查询结果为或者包含“图形”或者包含“图像”的文档。NOT表示逻辑“非”，可用“!”来表示。使用NOT寻找包含NOT前的关键词但排除NOT后的关键词的文档。例如，“新闻NOT经济”，则查询结果为包含“新闻”但排除其中有“经济”这个词语的文档。在使用运算符时建议最好用AND、OR、NOT而不用符号来表示，因为单词容易记忆而且对其他的搜索要求也通用。

组合逻辑运算符时，还应当考虑它们的顺序规则。因为逻辑操作符优先级不同，执行时便有一定的顺序，“与”和“非”命令通常在“或”命令前执行。

②使用＋、连接号和通配符。如果要求特定单词包含在索引的文档中，可以在它前面加一个＋号，并且在＋号和单词之间不能有空格。

排除的单词：如果要排除含有特定单词的文档，可以在它前面加一个“—”号。例如，想查找联想的计算机产品而不含有“天琴”系列，应这样写“＋联想—天琴”。

通配符：进行简单查找的时候，可以在单词的末尾加一个通配符来代替任意的字母组合。通配符一般为＊＊＊号，如Compu＊可以代表Computer、Compulsion等，星号不能用在单词的开始或中间。

③NEAR操作符。有些搜索引擎提供了<NEAR>操作符，它用于寻找在一定区域范围内同时出现的检索单词的文档。但这些单词可能并不相邻，间隔越小的排列位置越靠前。其彼此间距控制是：<NEAR>/n，n为数值，意为检索单词的间距最大不超过n个单词。例如：“computer NEAR/100 game”，即查找computer和game的间隔不大于100个单词的文档。

④使用逗号、括号或引号进行词组查找。逗号的作用类似于OR，也是寻找那些至少包含一个指定关键词的文档。不同的是“越多越好”是它的原

则。因此查询时找到的关键词越多，文档排列的位置越靠前。

括号的作用和数学中的括号相似，可以用来使括在其中的操作符先起作用。例如输入“（网址 OR 网站）AND（搜索 OR 查询)”，则实际查询时关键词就是“网址搜索”、“网址查询”，或者是“网站搜索”、“网站查询”。

使用引号组合关键词，可以告知搜索引擎将关键词或关键词的组合作为一个字符串在其数据库中进行搜索。例如，要查找关于电子杂志方面的信息，可以输入 electronic magazine，这样就把 electronic magazine 作为一个短语来搜索。相反，如果不加双引号，搜索引擎就会查出包含 electronic（电子）及“magazine”（杂志）的网页，会严重偏离主题。

⑤不要滥用空格。在输入汉字作为关键词的时候，不要在汉字后追加不必要的空格，因为空格将被认作特殊操作符，其作用与 AND 一样，如果你输入了关键词“飞　机”，那么它不会被当作一个完整词“飞机”去查询，由于中间有空格，会被认为是需要查出所有同时包含“飞”、“机”两个字的文档，这个范围就要比“飞机”做关键词的查询结果大多了，更重要的是它偏离了本来的含义，所以关键词输入应为“飞机”。

以上是使用各种搜索引擎的基本语法，但也有例外，具体可参考每个搜索引擎的在线帮助。

2. 非万维网信息资源的检索

非万维网信息资源包括：FTP（File Transfer Protocol，文件传输协议）资源、USENET/Newsgroup（新闻组）、LISTSERV（电子邮件群）/Mailing List（用户邮件组）、Telnet 资源、Gopher 资源、WAIS（Wide Area Information Server，广域信息服务器）资源。

（1）查询 FTP 文件的检索工具。FTP 是互联网使用的文件传输协议，主要用于传送程序软件和多媒体信息，它采用万维网作为用户界面，运作以大容量和高速度为特点，是获取免费软件和共享软件资源必不可少的工具。FTP 有两种不同的工作方式，一种是在互联网任意两个账户之间传送文件，这要求知道两个账户的口令；另一种是匿名 FTP，匿名 FTP 网点允许任何人连入此系统并下载文件，在匿名 FTP 中包含了庞大的有用信息，从中可以找到研究论文、免费软件、会议记录及其他信息。但信息定位较困难，可用专门的检索工具帮助定位，如 Archieplex、File Zilla 等。对于中文 FTP

信息的搜索可用北京大学的“天网搜索”中的“FTP 搜索”。

（2）查询 USENET 的检索工具。新闻组（USENET）由成千上万个兴趣小组（Newsgroup）组成，每个兴趣小组每天来往信息的总量可多达上百条至上千条，如此多的信息汇集在一起，构成一个巨大的信息库。因此，相当一部分综合型检索工具（例如 Alta Vista 和 Info Seek）都把 USENET 信息纳入了自己的收录范围，人们在使用时只需在预先设置好的检索范围内加以选择即可。用于检索新闻组的专门检索工具有 Deja News、Tile. net 等。

（3）查询邮件群 LISTSERV 和邮件列表 Mailing List 的检索工具。虽然邮件群（LISTSERV）和邮件列表（Mailing List）的规模都不如 USENET 大，但它们日积月累的信息也非常可观，具有很大的参考价值。专用的检索工具有 Liszt、L-Soft 等。

（4）查询 Telnet 的检索工具。Telnet 信息资源指借助远程登录（Remote Login），在网络通信协议（Telecommunication Network Protocol）的支持下，登录远程计算机，可以访问、共享远程系统中对外开放的资源。Telnet 系统虽然已呈逐步被万维网系统所取代的趋势，但作为网络信息资源一个历史悠久的部分，仍具有了解和使用的意义，特别是在许多公共性质的信息检索系统中，如图书馆系统等。Telnet 的主要检索工具是 Hytel net。

（5）查询 Gopher 的检索工具。Gopher 是一种简单的网络服务，它提供丰富的网络信息，允许用户以一种简单、一致的方式快速找到并访问所需的网络资源。

（6）查询 WAIS 的检索工具。WAIS 是一个分布式信息检索系统，可检索 500 多个索引数据库，涉及的内容范围极大，适合检索文本文件、阅读世界各地的报纸、扫描各种专业数据库。查询 Internet 的 WAIS 资源可用 WAIS Search Directory 等。

3. 网络信息检索策略

信息检索策略，是为实现检索目标所制定的对检索全过程具有指导作用的整体计划、方案和安排，其中包括提问式分析、检索词及其关系的确定、检索步骤安排等。检索策略对整个检索过程会产生重要影响，并直接决定检索效率和检索质量。无论是普通用户还是专业用户，掌握并运用网络信息检索策略，将花费最少的时间、精力、金钱，获取最有用的信息。网络信息检索策略的制定方法如下：

（1）确定检索目标。网络信息的查询应该具有明确的查询目的和对象，目的不同、查询对象不同，往往需要选择不同的检索工具和检索方法。只有更多地分析并了解检索对象、明确检索目标，才能更好地确定所需信息的类型、学科范围、内容特征、查询方式、查询范围、查询时间及采用何种限制条件、使用何种检索提问式等。

（2）选择检索途径。通过对检索对象的分析可以获得明确的检索目标，就可以选择以下一种或综合使用几种检索途径来获取所需信息。

①直接访问相关站点：在平时上网的过程中注意收集一些专业性网站的网址，在需要时直接进入网站查询。

②使用网络资源指南（Resource Guide）：网络资源指南基于专业人员对网络信息资源的产生、传递与利用机制的了解，还基于对网络信息资源分布状况的熟悉以及对各种网络信息资源的采集、组织、评价、过滤、控制和检索等手段的全面把握，由此开发出的可供浏览和检索的网络资源主题指南。综合性的主题分类树体系的网络资源指南，如 Yahoo 等是广为人知的，还有 The WWW Virtual Library，The Argus Clearinghouse 等都具有广泛影响，并受到普遍欢迎。而专业性的网络资源指南就更多了，几乎每一个学科专业、重要课题、研究领域的网络资源指南都可在互联网上找到。

③使用搜索引擎：是较为常规、普遍的网络信息检索方法。可为用户提供关键词、词组或自然语言检索，根据用户提出的检索要求，搜索引擎代替用户在数据库中进行检索，并将检索结果提供给用户。

利用搜索引擎检索的优点是省时省力、简单方便、检索速度快、范围广、能及时获取新增信息。其缺点在于搜索引擎采用计算机软件自动进行信息加工、处理，且检索的智能性不是很高，检索的准确性不理想。

④使用非万维网检索工具：对同一查询目标，尽量选择多种检索工具从不同的角度去检索。如用北大的“天网搜索”直接进行“FTP 文件搜索”。

⑤使用光盘数据库检索和国际连机检索：光盘数据库国内的有《中国学术期刊（光盘版）》《万方数据库》《人大复印资料系列光盘数据库》等，可供查找较专业性的资料。国际连机检索 DILOG 系统，无论是数据量还是使用频率均居世界各检索系统的首位，其检索软件成熟、学科范围广、数据质

量可靠且权威性高。对专业信息的查询使用光盘数据库和国际连机检索可以获得较为准确而且全面的信息。

（3）运用检索技巧。无论使用搜索引擎还是非万维网检索工具进行信息检索，运用一定的检索技巧是非常必要的。

①选择合适的检索词有利于提高检索的精确度、准确性，如选专指词、特定概念或非常用词等。

②构造恰当的检索提问式，如使用布尔逻辑运算中的“AND、OR、NOT”或使用双引号将需要检索的词组或短语标出。

③使用加权检索限制必须出现的检索词和必须不出现的检索词；利用同义词、近义词进行扩检；就同一检索采用提问式访问多个数据库。

④概念查询使用 Excite：细节查询或强调获取较为具体、特定的信息时，使用 Alta Vista 等索引性较强的检索工具。

⑤中文信息检索使用中文搜索引擎。如天网搜索侧重于学术信息；中经网导航是较系统全面的经济、法规搜索引擎；中国网友 Chinapartner 提供中文、经济、娱乐方面的导航等。这些都是比较实用的中文信息检索工具。

⑥尽量使查询条件具体化，根据需要选择网页搜索、网站搜索等。

⑦寻求网上帮助。使用 BBS 电子公告牌、E-mail、QQ，或者访问专门回答问题的网站。

⑧关闭 Internet Explore 高级属性中的多媒体选项，采用纯文本传输以提高网络传输速度等。

三、教学资源库建设的原则与保证

（一）信息化教学资源库概述

教学资源库概念的提出至今有 20 多年了。1998 年，教育部制定《面向 21 世纪教育振兴行动计划》，提出要重点建设全国远程教学资源库和若干个教育软件开发生产基地，自此揭开了我国教学资源库建设的序幕。2000 年我国校园网建设掀起热潮，资源库建设被正式纳入议事日程。随着我国远程教育的迅速发展，许多企业意识到了资源库建设所带来的巨大市场潜力，纷纷参与到资源库建设中来。然而最初的教学资源库只是将多媒体课件中包含的内容进行简单的资源组合，由于未按严格的标准对资源库中的资源进行筛选和控制，使得资源库中的资源质量低，未能达到预期的使用效果。自2000年5月教育部现代远程教育资源建设委员会颁布《现代远程教育资源建设技术规范》后，建设者才开始按照国家标准进行标准化教学资源库建设。近几年，一些开发者又提出将计算机智能、数据挖掘等信息技术手段融入资源库的开发中，创建出具有知识管理功能的教学资源库。

目前，教学资源库开发的重点从最初的内容开发转移到了资源平台开发，以资源管理平台和资源应用平台两方面内容为主。在技术标准上也开始逐步与国家资源建设标准接轨，采用与国家资源技术标准统一的数据结构，同时也使用一些先进的开发技术，增强了新产品的兼容性和先进性。

信息化教学资源库的建设有四个层次的含义：第一层是素材类教学资源建设，主要包括媒体素材、试题、试卷、文献资料、课件与网络课件、案例、常见问题解答和资源目录索引；第二层是网络课程建设；第三层是资源建设的评价；第四层是教育资源管理系统的开发。在这四个层次中，网络课程和素材类教学资源建设是基础和核心，第三层是对教学资源的评价和筛选，第四层是工具的建设。

纵观教学资源库的发展历程，我们可以看出，教学资源库的发展具有以下特点：

1. 资源库建库理念以服务为中心

教学资源库建设的最终目的是服务于教学，树立以“服务”为中心的开发理念，将是教学资源库的一大特征。当前网络教育中存在着种种弊端，因此人们对“服务”的呼声越来越高。资源库开发作为开展网络教育的基础，应不断加强这种意识。

2. 资源库建设越来越趋于智能化

分散零乱的资源给人们带来的是诸多的不便，这些不便不仅是对使用者的不便，同样表现在管理者的不便。目前，人们对资源库的依赖程度还不高，但随着对资源库认识的不断深化，人们对资源库的依赖程度不断增强，势必对资源库的开发提出更高的要求。只有把一些智能化的技术融入资源库开发中，才能满足用户不断增长的需求。智能化的教学资源库将为人们提供更加高效、方便、个性化的服务。

3. 资源库建设更加系统化、标准化和规范化

现有的教学资源库建设规范与标准的推广、试用将极大地促进资源库开发的系统化、规范化和科学化。按照相同的标准开发建设的资源库系统遵照相同的定义和准则，所以能够方便地实现数据资源交换与共享，有效地解决资源库扩展问题。

4. 资源库建设趋于协作式开发

与用户需求脱节是现有资源库存在的一个普遍问题。为使所开发的教学资源库得到更广泛用户的接受，与用户协同开发无疑是一种非常有效的解决方式。通过网上交流平台，开发者可以实时了解用户的需求，而一些具有丰富教学经验的教师用户也可以通过资源发布平台将自己的资源方便地发布到网上，这对教学资源库的内容将是很好的扩充。

5. 资源库建设更加普及化、特色化

信息时代，我国各级各类学校的教学方式和学习方式发生了很大的变化。特别是信息化教学资源已得到了越来越多的应用。开发更多的教学资源库将是未来教学和学习所必需的。因此，教学资源库开发的普及化将是大势所趋。与此同时，应将信息技术教育融入资源库应用中，以提高用户的信息技术能力，使教师能顺利使用各种技术工具对一些有用、好用的教学素材进行创造性、个性化和智能化的组合，设计出大量富于创意的多媒体教学资源。

（二）信息化教学资源库建设的意义

信息化教学资源库建设是一项功在当代、利在千秋的好事。正确认识信息化教学资源库建设的意义将有助于信息化教学资源库的开发建设。信息化教学资源库建设的意义体现在以下几个方面：

1. 信息化教学资源库建设是教育信息化的重要组成部分

教育信息化是指在教育过程中，较全面地应用以计算机多媒体和网络通信为基础的现代化信息技术，促进教育的全面改革，使之适应正在到来的信息化社会对教育发展的新要求。教育信息化建设是一个关系到整个教育改革和教育现代化的系统工程，它包括信息化的基础设施及硬件环境建设，教育、教学资源库建设，信息化人才培养和培训，以及信息化政策、法规和标准制定。其中，教学资源库建设是教育信息化的基础，教学资源库的建设质量在很大程度上决定了信息技术与各学科教学相结合的水平，即教育信息化的水平。

2. 信息化教学资源库建设促进了教育观念的更新

信息化教学资源库建设能为学生提供网状的信息环境和丰富生动的多媒体世界，打破了学生传统思维的线性逻辑，促进了非线性思维观的发展。信息化教学资源的网络化提供了多样化学习和跨学科、跨文化的交流，促进了开放式学习。丰富的教学资源使学生接受知识的范围大大拓宽，改变了人们接受教育的形式，促进了自我教育观的形成。信息化教学资源网络可以成为人们终身学习的课堂，促进终身教育的发展。

3. 信息化教学资源库建设促进了教学模式的重塑

教学模式是指在一定的教育思想和理论指导下，在某种环境中展开的教学活动进程的稳定结构形式。信息化教学资源库的发展使适用于网络环境的教学模式不断应用于教与学，如网络化协作学习模式、探索式学习模式等，而且应用信息化教学资源重新设计教学过程，为真正实现“教为主导，学为主体”的教学目标创造了客观条件。

（三）信息化教学资源库建设的原则

教学资源库建设必须符合基础教育改革与发展的总体规划，必须服务于素质教育的整体目标，必须全面支持信息技术与课程整合。为实现这样的目标，教学资源库的建设必须要对资源库建设的目的性、科学性、先进性和知识服务的完备性等进行深入考虑。

1. 教学性原则

教学资源库的建设是为教师的教与学习者的学服务，因此资源库建设首先应考虑的就是其目的性问题，即资源库建设的教学性问题。

教学资源库建设的根本目标是推进教育改革，使教育符合现代社会发展的需求，提高教育教学质量。为此，在建设资源库时，要根据教学设计对各种资源进行选择、处理，强调“质”，使资源有用、适用，还要“瘦身”。同时，必须支持创造性教学和探究性学习，建构生动科学、多向互动的教与学环境，把教师从繁重的重复性劳动中解放出来，把学生从灌输式教育和题海中拯救出来，充分激发教师和学生两个主体的创造性。

2. 科学性原则

教学资源库建设必须具有科学性，无论是引导学生学习自然科学或人文科学，还是掌握如何学习的科学，培养自主探究和创新的能力都离不开“科学”两个字。教学资源库的建设，要在允许误差的范围内准确地表述知识的内容。这是教学资源与一般娱乐性、游戏性资源的重要区别。

资源库建设应能正确反映科学知识原理和现代科学技术，并做到“生动活泼、喜闻乐见的形式与科学、健康内容的统一”，克服以往不少教学中仅仅“一张嘴、一支笔”的弊端，摒弃缺乏科学性的资源。

3. 理念先进性原则

首先是教育理念上的先进性，因为除了知识的科学性之外，教学逻辑模型是否符合教学规律、是否符合学生的认识规律，也有科学性的问题。当前的某些资源库还在重复以往教学中存在的落后理念，例如不能体现“教师为主导、学生为主体”的模式，不能培养学生自己通过观察获得信息和通过自己思考加工信息、建立概念和发现规律的能力。

此外，优秀的教学资源库可以发挥计算机的信息处理与图像输出功能，以生动的动态形象信息来揭示复杂的过程，这就在感觉与思维之间架起了桥梁，激发学生的学习兴趣，提高学习的主动性、积极性。用科学动态模拟技术和智能化技术，才能使资源库保证满足科学性和教育理念的先进性，也才能保证资源库的标准化。

4. 开放性原则

教学资源库建设目的在于服务于教师的教和学习者的学，因此要确保资源库在任何时候、任何地方，任何师生都可以将自己的电子作品纳入其中。

5. 知识服务完备性原则

教学资源库建设要提供全面的知识服务。优秀的资源库不但向教师提供离散的信息，提供一般的“信息服务”，而且还要向教师和学生提供更高层次的“信息服务”，也就是“知识服务”。资源库提供给教师的不应该只是“收集”到的信息和将收集到的信息进行简单“组合”的服务，而应该是根据学科教育目标，按照教学设计、教育改革需求对信息进行“整合”。

6. 经济性原则

教学资源库的建设是一项非常耗时耗力的工作，需要投入大量的人力、物力和财力，它既有前期的整理、开发等工作，还有后期的维护、更新和管理等工作。教学资源库开发时就要经过精心的需求调查、设计，优化开发设计人员结构、资源组织管理结构等，尽量以最少的投入开发出高质量、高性能的教学资源。

（四）信息化教学资源库建设的保证

教学资源库建设是一项复杂细致的工作，要想开发出科学合理的教学资源库以满足教育教学的需求，需要做大量的工作。

1. 成立专门的管理班子

信息化教学资源库的建设和管理必须有专门的管理班子。在教学资源库的建设过程中，存在着许多问题，如各个部门的联系、各种资源的搜集、界面的设计、程序的设计、资源的整体把关、资料的电子化转换等，这些问题的解决都需要一个集分工、合作、开发、管理于一体的组织。科学合理地组建领导管理班子，是教学资源库顺利开发的关键。

2. 选择良好的资源开发模式

教学资源库为教学服务提供一个良好的访问平台。资源的组织有多种形式，可以用客户浏览器模式开发，也可以用客户服务器模式开发。客户浏览器模式只需要用户知道资源服务器的地址，就可以如正常上网一样浏览共享资源；而客户服务器模式需要分别编写客户端和服务器端程序，同时还要求客户会安装客户端程序，给用户的使用带来不便。本着一切为客户着想的理念，我们建议开发者尽量以客户浏览器方式进行开发，为用户提供更大的方便。如按专题建立网站，以 Web 教材形式对专题研究方法进行指导，这种网站既可作为课堂教学的补助，又可延伸到课外让学生自主学习。

3. 以校园网为依托，建立一个高效的功能完备的资源系统

如今各级各类学校都已基本拥有了自己的校园网，校园网对教学的最大好处就是快捷、方便、迅速。充分发挥校园网的功能和优势，是教学资源库建设应考虑的基本点之一。我们倡议建立一个高效的功能完备的资源系统，特别是建立起一个以校园网网站搜索为主的收集参考资料的查询系统，提高信息的收集加工能力，有效地整合因特网资源，形成快速高效的专题资料库。

4. 组建一个优秀的开发小组

教学资源库系统的开发不能由一个人来完成，需要组建一个合理且优秀

的开发小组。这个开发小组应包含一线的各学科教学骨干、程序开发人员、美术设计人员等多方面的人才，以便共同研究、共同探讨。例如，要求各科目老师按照科目将自己开发的课件存储于网络服务器中相对应分类位置，一定时间后再组织专家进行筛选、评定或整合，储存优秀课件。

5. 加强教师培训，提高教师信息素养

提高教师信息意识和提升教师信息素养是信息化教学的关键，同时也是教学资源库开发、应用的根本。因此，要完善教师培养体系、提升教师信息技术水平、提高教师信息素养，要帮助和要求教师认识到网络信息资源的特点和组织方式，以及以网络实现教学资源共享的途径和方法等，让他们踊跃地参与到这一进程中来。

（五）信息化教学资源库建设中应注意的几个问题

为了确保信息化教学资源库的顺利建成并保障其应用，我们特别强调，在资源建设的过程中应注意以下问题。

1. 明确指导思想

正如前所述，信息化教学资源库是本着为教学服务的思想开发建设的，而教学中对教学资源的使用效果主要体现在学生身上，这就要求我们在教学资源库建设时以认知学习理论为指导，特别是遵循建构主义理论。建构主义理论认为，学习是在教师的指导下、在特定的情境中通过学习者与教师、与其他学习者之间的主动协作交流进行知识意义的构建过程。它既强调了学生的学习主体作用，又重视了教师的指导主体作用。以建构主义理论为指导思想，既可以在教学中体现师生的双主体双边活动，有利于学习者学习效果的提高，同时又有利于学习者课后进行自学或协作式学习。

2. 倡导“利用现有、校本研发、企业合作、个人参与”的开发理念

教学资源库的建设是一个动态的不断完善的过程，不可能一蹴而就。因此，我们建议各级各类学校在进行教学资源库建设时注重四个方面：一是积极利用已有的教学资源。随着教育技术的发展，目前已有大批丰富的音频、视频、图像等教学资源，我们要充分利用这些已有的资源来开发新的教学资源。二是联合企业进行研发。随着知识经济时代的来临，许多高科技企业已经加入信息化资源库的开发和建设之中，如科利华集团、洪恩等。它们拥有雄厚的资金，同时还拥有大量的高水平科技人才，借助他们的优势可以开发出高质量、高水平的信息化教学资源，满足信息社会日益增长的学习需求。三是积极进行校本资源研发。对于校本资源的开发，可以组织专门的开发团队进行研发，也可以申报国家、省市教育部门资助的课题有组织有系统地开发，充分发挥各自的领域优势，合理地开发和建设。四是鼓励教师按知识点开发。信息化教育的一个显著特点，就是最大限度地调动每一位学习者的潜能，但学习者认知能力存有差别，再好的课件也难以满足每一位学习者的需求，因此有条件的学校应鼓励广大教师利用信息化工具，按学习者的知识点开发教学资源，以使得每一位学习者都成为学习的成功者。

3. 使用一些通用的标准对教学资源进行规范管理

教学资源库的建设应在合理的规划下进行，并遵循一定的建设规范。各级各类学校在建设本校教学资源库时，可以遵照国家制定的教学资源库规范进行开发建设，也可以在此基础上制定符合本校的教学资源库规范，凸显本校的特色、凸显资源的易用性、彰显资源的合理性。

4. 凸显教学特性

信息化教学资源库服务于教学，因此要凸显教学性。一是注重人的主体性。要想将教学资源合理应用于课堂，就要充分体现面向 21 世纪尊重人、以人为主体的教育思想，充分发挥师生的主体作用、主人翁意识，切实将教学设计和学习理论运用于教学实际，真正做到以不变（教学资源）应万变（教学实际）。这样才能使计算机成为课堂教学的有力工具，成为教师和学生个性与创造性充分发挥的技术保障。二是注重资源的通用性和灵活性。教学资源与教材版本无关，因为它以知识点为分类线索，因此，无论教材课程体系如何变化，教材版本如何变化，教学资源都可被师生应用于当前教学活动中。三是注重资源的基元性与可积性。教学资源素材越是基本的，附加的边界约束条件越少，其重组的可能性就越大。例如，一段下雨的素材（图片、动画、电视），语文教师可用来讲散文、古诗或作文意境；生物教师可用来讲生态；地理教师可插入到气候的课程演示中；物理课可讲水的状态变化和落体运动。如果让学生来发表意见，则可以提出上百种创意，甚至教师和专家们也意想不到。四是注重资源的开放性和自繁殖性。教学资源以基元方式入库供教师重组使用，因而在任何时候、任何地方，任何师生都可以将最新的信息和作品添加入库，只要确立了教学资源的信息标准和入库规范，教学资源在教学活动中就自然具有开放性和自繁殖性。随着计算机技术的发展和全体师生的参与，教学资源的迅速发展将不可思议，就像今天互联网上的信息爆炸一样。五是注重资源的实用性和易用性。教学素材和解决重点难点问题的微课件库与教学思想基本无关，每个教师都可以使用。一般教师只需掌握简单的组合平台软件，就能够将教学资源以插件的形式很方便地插入到课件当中，未来的组合平台软件会让教师在使用时像搭积木那样方便。

5. 知识产权的保护

知识产权，指权利人对其所创作的智力劳动成果所享有的占有、使用、处分和收益的权利。各种智力创造如发明、文学和艺术作品，以及在商业中使用的商标、名称、图像以及外观设计，都可被认为是某一个人或组织所拥有的知识产权。教学资源库建设中所涉及的各种图像、声音、视频等资源都应有相应的版权保护。开发者要提高自己的知识产权保护意识，注重在资源的开发和使用过程中，保护自己的正当权益，使所开发的资源得到合理正当的使用。

四、信息化教学资源库的建设标准

（一）国外主要的信息化教学资源标准

1. LOM 模型

LOM（Learning Object Metadata，学习对象元数据模型）由 IEEELTSC（Learning Technology Standards Committee）于 1998 年 3 月发布，2002 年 6 月成为 IEEE 标准。它是当前最重要的网络教育资源数据模型，具有很强的通用性和参考价值。主要用于规范以下九个方面的数据信息。

（1）通用信息（General）：对所有学习对象通用属性的描述信息，如标识、标题、关键字等。

（2）生存期信息（Life Cycle）：描述学习对象的历史与现状，以及对它的改变起到作用的个人或组织的信息，如版本号、状态、日期、创建信息等。

（3）元数据（Meta - Meta Data）：关于元数据记录本身的一些信息。

（4）技术信息（Technical）：有关学习对象的技术要求和特征的信息，

如格式、大小、位置等。

（5）教育信息（Educational）：有关学习对象的教育或教学方面特性的信息，如交互类型、交互程度、语义密度、难度、学习时间等。

（6）权利信息（Rights）：有关学习对象知识产权和使用条件方面的信息。

（7）关系信息（Relation）：描述一个学习对象与其他学习对象的关联信息，如相关类型、关联资源等。

（8）注释信息（Annotation）：描述学习对象在教育应用方面的有关评论信息，如评论人、评论时间等。

（9）分类信息（Classification）：描述学习对象在特定的分类系统中所处位置的信息。

2. Dublin Core 模型

Dublin Core 是一个致力于规范互联网资源体系结构的国际性联合组织。它定义了一个所有资源都应遵循的通用的核心标准，标准内容较少而且也较为通用，因此得到了其他相关标准的广泛支持。其他关于学习资源的数据标准，基本上都兼容 Dublin Core 标准，并对它进行了扩展。Dublin Core 规定了基于 Web 资源的 15 个方面的信息：

（1）标题（Title）：资源的名称。

（2）创建者（Creator）：资源的创建者。

（3）主题（Subject）：资源的主题内容。

（4）描述（Description）：资源的内容、介绍信息。

（5）出版者（Publisher）：正式发布资源的实体。

（6）贡献者（Contributor）：资源生存期中做出贡献的实体。

（7）日期（Date）：资源生存周期中的一些重大日期。

（8）类型（Type）：资源所属的类别。

（9）格式（Format）：资源的物理或数字表现。

（10）标识符（Identifier）：关于资源的唯一标识。

（11）源信息（Source）：资源的来源。

（12）语言（Language）：资源的语言类型。

（13）关联（Relation）：与其他资源的索引关系。

（14）覆盖范围（Coverage）：资源应用的范围。

（15）权限（Rights）：使用资源的权限信息。

（二）国家网络教育资源建设规范介绍

2002年教育部现代远程教育标准化委员会（现改为全国信息技术标准化委员会教育技术分技术委员会）制定了《教育资源建设技术规范》（CELTS-41）和《基础教育教学资源元数据应用规范》（XCELTS-42）。它们分别作为高等教育和基础教育的学习对象元数据规范，针对具体的教育资源建设，提出非常具体的资源属性标准，具有很强的实践指导意义。

《教育资源建设技术规范》是为了配合现代远程教育资源建设工程而制定的资源开发指导规范，其主要目的是统一各学校开发网络教育资源的行为，使各学校的资源能够在大范围内共享。其主要核心是按照资源类型的不同，制定一系列相关的资源属性标注标准，主要侧重点在于统一资源开发者的开发行为、开发资源的制作要求、管理系统的功能要求，而不是规定软件系统的数据结构。

《教育资源建设技术规范》主要从四个角度出发进行规定：一是基于资源的技术开发角度，提出一些最低的技术要求；二是基于使用用户的角度，为方便使用这些素材而标注素材属性，并从可操作性的角度出发规范属性的数据类型及编写类型，这一部分主要参考了IEEE的LOM模型，从制作素材简便性、使用素材方便性的角度选取了一些最为普通的元素，选取的属性基本上是LOM模型的一个小子集；三是基于资源评审者的角度，提出教学资源的评价标准，作为用户筛选资源的直接依据；四是基于管理者的角度，提出了管理这些素材的管理系统以及远程教育工程的教学支持平台所应具备的一些基本功能。

《基础教育教学资源元数据应用规范》是结合我国基础教育的实际，定义了一组面向基础教育的教学资源元数据元素。

1. 教育资源建设技术规范对教育资源的分类

《教育资源建设技术规范》所面向的资源主要包括以下几类：

（1）媒体素材：是指传播教学信息的基本材料单元，可分为文本类素材、图形/图像类素材、音频类素材、视频类素材、动画类素材五大类。

（2）题库（Item Bank）：题库是按照一定的教育测量理论，在计算机系统中实现的某个学科题目的集合，是在数学模型基础上建立起来的教育测量工具。

（3）案例（Case）：案例是指有现实指导意义和教学意义代表性的事件或现象。

（4）课件与网络课件：课件与网络课件是对一个或几个知识点实施相对完整的补助教学软件，根据运行平台划分，可分为网络版课件和单机运行课件，网络版课件需要在标准浏览器中运行，并且能通过网络教学环境被大家共享；单机运行课件可通过网络下载运行。

（5）网络课程：网络课程是通过网络表现的某门学科的教学内容及实施的教学活动的总和，它包括两个组成部分，即按一定的教学目标、教学策略组织起来的教学内容和网络教学支撑环境。

（6）文献资料：文献资料指有关教育方面的政策、法规、条例、规章制度，对重大事件的记录、重要文章、书籍等。

（7）常见问题解答：常见问题解答是针对某一具体领域最常出现的问题给出全面的解答。

（8）资源目录索引：列出某一领域中相关的网络资源地址链接和非网络资源的索引。

2. 教育资源建设技术规范的基本结构

《教育资源建设技术规范》共包括三大部分，分别为严格遵守的必需数据元素、作为参考的并对每类资源都适用的通用可选数据元素以及针对资源特色属性的扩展数据元素。

必需数据元素是学习对象元数据规范 LOM 的核心集，这类数据元素与学习对象元数据规范（LOM）中的必需数据元素一致，它是任何类型的资源都必须具备的属性标注，开发者应严格遵循。可选数据元素（通用可选集）是从学习对象元数据规范（LOM）的可选数据元素中抽取出的与教育资源密切相关并对各类教育资源都适用的属性集合。可以用户需求和开发者自身的工作过程为参考属性有选择地使用，如果本规范没有推荐的属性取值，要求与学习对象元数据规范（LOM）的取值相一致。扩展数据元素（分类扩展集）根据九类资源（媒体素材、试题、试卷、课件、文献资料、案例、常见问题解答、资源目录索引和网络课程）各自的特点，从 LOM 模型的可选集中选取与某类资源密切相关的属性，并补充了一些基本的、必要的特殊资源分类属性。

3. 元数据元素属性定义

《基础教育教学资源元数据应用规范》（以下简称《规范》）（CELTS-42）的元素定义方法采用ISO11179标准的元数据元素描述方法。这一正式的描述标准不仅改善了CELTS-42核心元数据与其他元数据描述的一致性问题，同时也对改善其元素定义的明晰性、范围以及内部的一致性问题都有很大帮助。ISO11179标准规定用10个属性描述元素，包括：

（1）名称（Name）：分配给数据元素的标签。

（2）标识符（Identifier）：分配给数据元素的唯一标识。

（3）版本（Version）：数据元素的版本。

（4）登记授权（Registration Authority）：数据元素授权登记的实体。

（5）语种（Language）：数据元素指定的语言。

（6）定义（Definition）：能清楚地表现数据元素内容和基本性质的描述。

（7）约束性（Obligation）：数据元素需特别表示的指标。

（8）数据类型（Date Type）：能表达数据值的数据元素的类型指标。

（9）最大值（Maximum Occurrence）：对数据元素可重复的限定指标。

（10）注解（Comment）：关于数据元素应用的注解。

4. 元数据的基本结构

《规范》规定的描述基础教育资源的数据元素集包括23个元素，其中必需元素11个，可选元素12个。规范的必须数据元素与《学习对象元数据规范》（CELTS-3）的全部必需元素对应。

《规范》的可选数据元素包含了CELTS-3的11个可选元素。《规范》允许用户根据各自需要扩充元数据元素，但必须符合《规范》元素定义格式和技术规范。

《规范》的核心元数据元素依据其描述的内容和类别分为三类：

（1）资源内容描述类，包括标题、学科、关键词、描述、来源、语种、关系、覆盖范围、适用对象、目录项10个数据元素。

（2）知识产权信息类，包括作者、出版者、其他作者、权限管理、版本

5 个核心元素。

（3）外部属性描述类，包括日期、类型、格式、标识、评价、评价者、元数据方案、目的 8 个核心元素。

（4）必需元素包括标题、学科、关键词、描述、标识、格式、日期、语种、类型、作者、适用对象 11 个核心元素。

第三章 基于顶层设计与系统规划的教育信息化发展路径

第一节 新时代教育信息化的顶层设计

“十三五”的教育信息化工作毫无疑问要继续坚持促进信息技术与教育教学深度融合的核心理念和坚持应用驱动、机制创新的两个基本方针，夯实基础，加速推进“三通两平台”建设，要全面促进信息技术在教育各个领域的深入应用。做好教育信息化规划的顶层设计，我们应该重点关注以下几点：

1. 教育信息化规划的主体

教育信息化的发展要考虑多元主体的利益。教育信息化规划的主体不能只是教育信息化部门，各级教育主管部门的教育信息化规划不但需要相关利益者的参与，更需要财政、科技等部门的支持。规划的内容必须取得相关业务管理部门的共识和支持，充分体现相关利益者的诉求和利益，要有较强的系统性。

2. 教育信息化规划的操作性

教育信息化规划要配套相应的项目实施方案，越往下越要具有可操作性。在规划制定后，后续要及时制定总体实施办法，或按领域、事务制定专门实施意见，明确规划目标的具体要求和操作路径。

3. 教育信息化规划的执行力

制定一个好的规划仅仅只是前提条件，良好的执行力才是规划得以落实的生命力。教育信息化要纳入教育现代化的重要评价指标，需要进一步完善教育信息化评估和督导机制。2014 年 10 月，国务院教育督导委员会在全国开展教育信息化工作专项督导检查，要求各地以教育信息化工作的体制机制、经费保障、组织措施、教学点数字教育资源全覆盖、教育信息化基础设施建设、教师信息技术应用能力提升等为主要内容，开展自查。笔者也参与了山西和内蒙古的专项督导检查工作，深感执行力之重要。各地“十三五”的教育信息化规划，应当将评估督导纳入工作体系，以确保教育信息化工作的效能。

4. 教育信息化规划的保障

教育信息化是一项需要持续投入的事业。规划中要确保继续加大资金投入和支持，资金投入要向应用、服务、培训等方面倾斜，不但要确保硬件设施维护、更新的投入，还要增加购买信息化服务、开展信息化培训、定制开发本级应用的经费。

5. 信息安全是保障教育信息化可持续发展的基础

一方面，我国教育信息化经过近几年的高速发展，众多信息化应用已经成为教育系统日常运行的重要支撑；另一方面也积累了海量重要数据。为了确保教育系统各项工作的正常有序开展，必须高度重视信息安全，切实维护教育数据安全。要坚持信息安全工作与教育信息化建设工作“统一谋划、统一部署、统一推进、统一实施”的原则，在建设中同步开展信息安全保障体系的设计与实施，软硬件措施都要得当。同时，还要进一步提升各级教育管理者、教师、学生的信息安全意识，在各级信息化建设队伍中增加信息安全的岗位设置。

第二节　新时代教育信息化的宏观政策解析

一、国家中长期教育改革与发展规划纲要（2010—2020年）

2010年3月发布《国家中长期教育改革与发展规划纲要（2010—2020年）》（以下简称《纲要》），明确提出：信息技术对教育发展有革命性影响，必须高度重视。《纲要》发布至今，国家每年都出台重要的教育信息化政策，在顶层设计、发展目标、重点任务、行动举措等方面提出明确思路和具体要求。

二、教育信息化十年发展规划（2011—2020年）

2012年3月，教育部发布《教育信息化十年发展规划（2011—2020年）》（以下简称《规范》），提出：以教育信息化带动教育现代化，是我国教育事业发展的战略选择，要把教育信息化摆在支撑引领教育现代化的战略地位。

《规划》提出，到2020年，全面完成《纲要》所提出的教育信息化目标任务，形成与国家教育现代化发展目标相适应的教育信息化体系，基本建成人人可享有优质教育资源的信息化学习环境，基本形成学习型社会的信息化支撑服务体系，基本实现所有地区和各级各类学校宽带网络的全面覆盖，教育管理信息化水平显著提高，信息技术与教育融合发展的水平显著提升。教育信息化整体上接近国际先进水平，对教育改革和发展的支撑与引领作用充分显现。

为实现发展目标，《规划》提出将实施“中国数字教育2020”行动计划，包含五大行动：优质数字教育资源建设与共享行动、学校信息化能力建设与提升行动、国家教育管理信息系统建设行动、教育信息化可持续发展能力建设行动、教育信息化基础能力建设行动。

三、关于加快推进教育信息化当前几项重点工作的通知

2012年9月教育部等9部门发布《关于加快推进教育信息化当前几项重点工作的通知》，推进“三通两平台”建设。2012年9月，时任副总理刘延东在全国教育信息化工作会议上提出：在当前和今后一个时期，要大力推进“三通两平台”建设。

为充分发挥“三通两平台”效益，教育部于2013年10月印发《关于实施全国中小学教师信息技术应用能力提升工程的意见》，提出将信息技术应用能力培训纳入教师和校长培训必修学时（学分）。次年5月，教育部又印发了《中小学教师信息技术应用能力培训课程标准（试行）》，依据能力标准对中小学教师信息技术应用能力提出基本要求和发展性要求，设置了“应用信息技术优化课堂教学”“应用信息技术转变学习方式”和“应用信息技术支持教师专业发展”3个系列课程。

同时，为推动“三通两平台”机制创新，教育部等五部门于2014年11月联合印发《构建利用信息化手段扩大优质教育资源覆盖面有效机制的实施方案》，首次提出“政府统筹引导、企业参与建设、学校购买服务”等创新机制。

2012—2015年是教育信息化发展的应用驱动阶段，“三通两平台”建设取得较为显著的成效，在环境创新、方法创新、教师培训创新、机制创新等方面奠定了发展基础，为下一阶段促进信息技术与教育的融合创新提供了重要支撑。

四、教育信息化“十三五”规划

2016 年 6 月教育部印发《教育信息化“十三五”规划》，明确发展目标和主要任务，教育信息化发展主线变得更加清晰。与十年规划提出的战略定位相匹配，《教育信息化“十三五”规划》提出教育信息化发展目标：到 2020 年，基本建成“人人皆学、处处能学、时时可学”的与国家教育现代化发展目标相适应的教育信息化体系；基本实现教育信息化对学生全面发展的促进作用、对深化教育领域综合改革的支撑作用和对教育创新发展、均衡发展、优质发展的提升作用；基本形成具有国际先进水平、信息技术与教育融合创新发展的中国特色教育信息化发展路径。

《规划》部署了八大主要任务：①完成“三通工程”建设，全面提升教育信息化基础支撑能力；②实现公共服务平台协同发展，大幅提升信息化服务教育教学与管理的能力；③不断扩大优质教育资源覆盖面，优先提升教育信息化促进教育公平、提高教育质量的能力；④加快探索数字教育资源服务供给模式，有效提升数字教育资源服务水平与能力；⑤创新“网络学习空间人人通”建设与应用模式，从服务课堂学习拓展为支撑网络化的泛在学习；⑥深化信息技术与教育教学的融合发展，从服务教育教学拓展为服务育人全过程；⑦深入推进管理信息化，从服务教育管理拓展为全面提升教育治理能力；⑧紧密结合国家战略需求，从服务教育自身拓展为服务国家经济社会发展。

五、教育信息化 2.0 行动计划

2018 年 4 月，教育部印发《教育信息化 2.0 行动计划》，标志着我国教育信息化转型升级进入 2.0 时代。《行动计划》提出“三全两高一大”发展目标和三项主要任务。

教育信息化 2.0 很重要的使命是要顺应国家新时代对创新人才培养的需求，智能环境下教育创新发展的需求，以及激发信息技术对教育革命性影响的需求。

教育信息化 2.0 八大行动进一步落实了“十三五”规划的八条任务主线，即：数字资源服务普及行动、网络学习空间覆盖行动、网络扶智工程攻坚行动、教育治理能力优化行动、百区千校万课引领行动、数字校园规范建设行动、智慧教育创新发展行动、信息素养全面提升行动。2.0 行动计划发布之后，还有一系列落地举措出台，层层落实推进。

2019 年 2 月中共中央、国务院印发《中国教育现代化 2035》和《加快推进教育现代化实施方案（2018—2022 年）》，这是第一个以教育现代化为主题的中长期战略规划。

教育现代化十大战略任务之一是“加快信息化时代教育变革”，重点任务聚焦在智能化校园建设、利用现代技术加快推动人才培养模式改革、创新教育服务业态、推进教育治理方式变革等方面，这些重点任务凸显教育现代化建设对教育信息化发展的核心需求。

继两个战略性、规划性文件出台后，教育部及相关部门密集出台一系列落实举措，如《关于“智慧教育示范区”建设项目推荐遴选工作的通知》《关于加强“三个课堂”应用的指导意见》《关于公布“基于教学改革、融合信息技术的新型教与学模式”实验区名单的通知》《关于引导规范教育移动互联网应用有序健康发展的意见》《关于促进在线教育健康发展的指导意见》《教育移动互联网应用程序备案管理办法》《关于严禁有害 APP 进入中小学校园的通知》等。在智慧校园建设、创新人才培养、创新服务业态、教育治理方式变革等方面加快推进。

2021 年既是“十四五”开局之年，也是新时代教育信息化开启新征程之年。“十四五”期间教育信息化面临的三大战略机遇是：①当今世界正处于“百年未有之大变局”，教育信息化要善于把握这一历史性的战略机遇，以信息化手段主动顺应并引领教育发展的时代潮流和国际大势；②世界范围内营造了良好的国际教育信息化政策规划环境和氛围，形成教育信息化文化；③从教育信息化发展的基本规律来看，教育信息化迈向 2.0 时代必将引发教育的系统性、整体性、协同性和颠覆性变革。

六、关于推进教育新型基础设施建设　构建高质量教育支撑体系的指导意见

2021 年 7 月，教育部等六部门印发《关于推进教育新型基础设施建设　构建高质量教育支撑体系的指导意见》，这是首个国家层面出台的关于教育新

基建的顶层规划。

该意见提出，到2025年基本形成结构优化、集约高效、安全可靠的教育新型基础设施体系，并通过迭代升级、更新完善和持续建设，实现长期、全面的发展。建设教育专网和“互联网＋教育”大平台，为教育高质量发展提供数字底座。汇聚生成优质资源，推动教育供给侧结构性改革。建设物理空间和网络空间相融合的新校园，拓展教育新空间；开发教育创新应用，支撑教育流程再造、模式重构；提升全方位、全天候的安全防护能力，保障广大师生切身利益。

该意见还提出了信息网络、平台体系、数字资源、智慧校园、创新应用、可信安全等六位一体的新型基础设施体系，明确了20条“十四五”期间政策的重点支持方向和建设内容。

教育信息化战略规划统筹、引领和规范教育信息化的未来发展，既是教育信息化未来发展的总蓝图，又是决胜教育信息化未来创新发展的关键。

为加快推进以信息化为支撑引领教育治理现代化，建议未来应高度重视教育信息化规划的战略价值，形成国家、省市、区县和学校四级协同的教育信息化战略体系；加强教育信息化战略研究，逐步建立完整的战略规划理论体系；加强高层次教育信息化战略规划人才的培养；充分发挥教育信息化战略研究基地和智库的作用，突破战略规划研制过程中面临的问题，如怎样做好短期、中长期战略愿景与目标、任务的衔接，如何实现教育信息化的颠覆性创新发展等；高度重视教育信息化战略规划的有效执行与评估，凸显其战略功能与价值。

第三节　新时代教育信息化的整体规划

一、总体思路与目标定位

在推进教育信息化建设的总的指导思想上，应深入贯彻落实教育部印发《教育信息化十年发展规划（2011—2020年）》《教育信息化“十三五”规划》和本地区教育信息化发展中长期规划，充分发挥教育信息化对教育现代化的支撑和引领作用，进一步完善“三通两平台”建设与应用，加强信息技术与教育教学的深度融合，全面贯彻“智慧教育”理念，推进智慧教育、智慧校园、智慧课堂一体化发展，打造“人人皆学、处处能学、时时可学”的区域智慧教育环境，促进学习方式变革和教育模式创新，为学生、教师和各级教育管理者提供适合、精准、便捷的智慧教育服务。

在目标定位上，推进区域智慧教育建设，就是要适应教育信息化区域推进和深化发展的要求，利用“互联网＋”的思维方式和物联网、云计算、大数据、人工智能等新一代信息技术，以教育数据的汇聚、分析与共享为核心，构建网络化、智能化、泛在化的智慧学习环境，推动基于智慧课堂、智慧校园的教育教学全面变革，实现个性化学习、公平化教育、智慧化管理，逐步建成区域智慧教育信息生态体系。教育信息化的总体发展目标包括以下三个方面。

（1）通过智慧教学完成学习重构，实现个性化学习。将智慧教育的核心与落脚点聚焦于课堂，运用大数据分析、人工智能等新技术，精准掌握学情及个体差异，重塑课堂教学模式与方法，真正实现个性化教学，解决困扰传统教育的个性化教学的难题。

（2）通过互联网打破学习时空界限，实现教育公平。构建政府统一管理与运营的智慧教育云平台，建立优质教育资源共建共享机制，建成“人人皆学、处处能学、时时可学”的网络化、智能化、泛在化学习环境，实现泛在学习和终身学习。

（3）通过大数据分析和动态评价，实现智慧化管理决策。收集、汇聚形成完整的区域教育大数据体系，构建多层次动态评价指标体系，开展数据挖掘、分析，实施全过程动态教学评价，实现标准化、精细化、智能化的教育管理和科学决策。

二、总体建设框架

教育信息化总体架构由区域智慧教育平台、智慧校园平台、智慧课堂三层体系架构组成。在这个架构体系中，有两个相向的信息流在不断地汇聚和传递，即从上至下的决策信息流传递和从下至上的教育教学数据流汇聚。课堂产生的教学相关个人小数据，向上汇聚为学校大数据，同时各个学校数据汇聚到区域平台，构建了区域大数据，为学校领导、区域教育主管部门提供多维度分析报告，为科学的教学管理和决策提供了依据。

教育信息化总体架构的三层体系具体内涵如下：

1. 智慧课堂位于三层架构的最底层

智慧课堂连接了一系列的教育感知系统，成为整体架构中的神经末梢部分，肩负着教育大数据的感知采集和教育决策的传递、落实的重要职能。智慧课堂覆盖学校的每一间教室，基于移动互联网为全体教师、学生提供跨平台立体化交互与动态学习评价等各类教学相关应用，收集和汇聚教学活动中各种备、教、改、考、导、管、学等全场景的个体数据。

2. 智慧校园位于三层架构的中间层

智慧校园是校级教育数据的汇聚中心和教育管理中心，对上与区域智慧教育平台对接，对下与智慧课堂对接，是连接上下两级教育信息的关键节点和重要桥梁，在三层架构中发挥着承上启下的重要作用。智慧校园以学校为单位，进行全校智慧课堂的教与学的各种数据汇聚，形成学校教育大数据，并据此进行科学管理和决策，构建适合学校的智慧教育模式。

3. 区域智慧教育平台位于三层架构的顶层

区域智慧教育平台是区域教育的数据汇聚中心和管理决策中心，对上可与国家、省级教育平台对接，对下可与校级平台对接。通过汇聚区域内所有学校教育教学数据，可以进行多个维度的科学分析，深度挖掘，形成区域科学决策，实现区域内教学资源合理调配与交流共享，提高区域教育教学质量与效率，既可保证各个学校特色发展，又能做到区域内的教育公平。

第四节　新时代教育信息化的系统设计

随着信息技术向教育领域的扩展，计算机多媒体化和计算机网络在教学过程中的应用越来越普遍，教育信息化的任务和关注的重心也在不断发生着改变，如何在信息化环境下进行教学设计，成为教师们当前面临的主要问题。作为教师，为适应教育信息化发展形势，在传统的教学设计的基础上，根据教育信息化发展的新变化，结合教育信息化的实际，应该能够进行信息化环境下的教学设计，即信息化教学设计。教师可以通过将信息技术有效地融于各学科的教学过程来营造一种新型教学环境，科学合理安排各要素，以实现一种体现学生主体地位的学习方式，达到教学效果的最优化。

一、教学系统信息化设计概述

（一）教学系统设计的概念

教学是一种多要素的、动态的复杂系统。教师、学生、教学内容、教学目标、教学媒体和方法等众多要素构成了教学活动。为使这些要素有机地配合起来，达到教学的最优化，就必须对它们进行整体的、系统的规划和安排，即进行教学系统设计。

教学系统设计（Instructional System Design，ISD）又称教学设计（Instructional Design，ID），是以传播理论、学习理论和教学理论为基础，运用系统论的观点和方法，分析教学中的问题和需求，从而找出最佳解决方案的一种理论和方法。不同的时代、不同的人对教学系统设计的含义有不同的观点、不同的理解。

1. 对教学系统设计的几种不同观点

一是“计划”说。美国学者肯普说“教学系统设计是一种运用系统方法分析研究教学过程中相互联系的各部分的问题和需求，在连续模式中确立解决它们的方法步骤，然后评价教学成果的系统计划过程。”由此可见，这种学说是一种主张用系统的方法分析教学问题、研究解决问题、评价教学结果的计划过程或系统规划。

二是“方法”说。此说法将教学系统设计看作是一种研究教学系统、教学过程和制订教学计划的系统方法。而这种方法与过去的教学计划不同，其区别就在于现在的教学系统设计有明确的教学目标，着眼于激发、促进、帮助学生的学习为目的。

三是“技术”说。持“技术说”的学者认为教学系统设计是一种开发学习经验和学习环境的技术，目的是促进学生获得特定的知识和技能。

四是“过程”说。这一观点认为教学系统设计是运用系统方法分析教学问题和确定教学目标的过程，而且是建立解决方案、评价试行结果和对方案进行修改的过程。这种观点在我国有较大的影响面，代表人物是乌美娜和何克抗。

五是“操作程序”说。该观点认为教学设计就是运用系统方法和步骤，对教学结果作出评价的一种计划过程与操作程序。

目前主流教学系统设计定义以“过程”说或“程序”说为主，即如何对教学进行任务分析、如何编写教学目标、如何选择教学策略和教学媒体、如何开展教学评价等。

总之，教学系统设计的目的是教学效果最优化，它以教学理论、学习理论、传播理论为基础，研究对象是教学系统中的资源和过程，强调运用系统方法对教学系统进行预先分析与决策，创设情境以促使学生更有效地学习。

2. 教学系统设计的基本内涵

从概念的表述上，可将教学系统设计的基本内涵归纳为：

（1）教学系统设计是对教学活动的过程和操作程序的设计。教学系统设计是连接教学理论与教学实践的桥梁，将教学理论运用于教学实践是教学系统设计研究的核心问题。教学系统设计主要研究解决教学问题的方案程序、各种具体的教学方法、教学策略、教学媒体的运用、教学效果的评价方法等，简言之，就是研究教师怎样教、学生怎样学、师生如何互动的问题。

（2）教学系统设计以系统方法为指导。教学系统设计把教学过程中各要素看成一个系统，探索教与学系统中要素间或要素与整体的本质联系，分析教学问题和需求，确立解决的程序纲要，使教学效果最优化。

（3）教学系统设计以学习理论、教学理论、传播理论为理论基础。教学系统设计以学习理论、教学理论、传播理论为理论基础，现已形成了自己的理论体系。它以系统方法为指导，将其应用于解决教学实际问题，形成经过验证、能实现预期功能的教与学系统，也可以直接应用于教学过程。

（4）教学系统设计的目标是教学效果最优，目的是促进学生更有效地学习。教学系统设计以帮助学习者学习为目的，运用系统方法设计的教学将创设有利的学习环境，促进学习者自身发展，达到教与学的优化。

（二）教学系统设计的发展

为了更好地了解教学系统设计，我们来回顾教学系统设计理论发展的历史轨迹。

1. 教学系统设计的发展历史

（1）教学系统设计的思想萌芽与早期发展（20 世纪初至 60 年代）。建立教学系统设计学的构想最初来源于美国哲学家、教育家杜威，他提出应建立一门所谓的“桥梁科学”，以便将教学理论和实践联系起来。但是受当时条件的限制，教学系统设计只处于思想萌芽状态。到了20世纪中叶，行为主义学习理论迅速发展，为教学系统设计的发展提供了理论支持，促使了“程序教学”和“教学机器”等概念在教学实践中的应用。

(2) 教学系统设计的大发展时期（20世纪60—70年代）。西方的教学系统设计研究在20世纪60年代进入大发展时期。当时主要是引入系统方法，对教学系统各要素进行综合考虑，以得到对教学策略优化与评价、教学系统特性的明确认识为主。行为主义在教学实践中的表现使得一些教师和心理学家开始对这一理论的有效性产生怀疑。在20世纪60年代末以及整个70年代，认知学习理论逐渐代替行为主义，成为教学系统设计的指导思想。

20世纪60年代末，教学系统设计便以它独特的理论知识体系和结构而立足于教育科学之林。20世纪70年代以来，教学系统设计的研究已经形成了专门的领域，成果日渐丰富，如基于建构主义的教学系统设计理论、强调人本主义的教学系统设计观点以及自动化教学系统设计理论等。

(3) 整合化的教学系统设计理论（20世纪80年代至今）。到了20世纪80年代，教学系统设计理论逐步完善，教学系统设计研究者开始倾向于将不同的教学系统设计理论综合形成一个行之有效的总体模式。如赖格卢特的精加工理论，藤尼森的概念教学理论等。我国于20世纪80年代中后期开始引入教学系统设计。

在20世纪90年代，建构主义对教学系统设计理论起了较大的作用。这一时期，学习者与教学媒体、教学情境的结合是教学系统设计发展的一个重要特征。

2. 教学系统设计的发展趋势

(1) 教学系统设计越来越注重跨学科研究和跨领域应用。教学系统设计的研究逐渐出现跨学科的趋势，教学系统设计的研究也越来越多地涉及了哲学、社会学、心理学、信息科学与技术、系统科学、教育技术学等学科。正是这些学科领域的交叉和渗透，才使得教学系统设计的思想有了验证和实现的可能，并出现了一些公认的成就。近十几年来，建构主义思想逐渐兴起，这对教学系统设计者产生了影响，同时也对学习者创新思想的产生发展有一定影响。另外，教学系统设计的研究和应用不是教育领域的专利，教学系统设计是一种有效设计和制造学习环境的方法。为了形成更好的学习环境，教学系统设计应该运用当代学习、测量、技术和管理等方面的理论来改进学习状况。教学系统设计从20世纪60年代就开始作为一种科学的计划过程，被广泛应用于工业、军事、政府部门、教育与培训机构中。

（2）教学系统设计越来越注重信息技术与教育理念的整合。教学系统设计的一个主要变化来自技术对教学内容和方法的影响。但如果没有一定程度的教学系统设计，技术就不会在本质上自动改进教育。事实上，在信息化时代，任务环境的丰富是通过利用多媒体的交互性和对刺激呈现的控制才得以实现的。技术提供的新能力包括直接跟踪和支撑问题解决技能、把学习者解决难题的行动过程可视化、建模和模拟复杂推理任务等。信息技术也便于对学生知识结构的其他方面的数据进行收集，并使他们参与讨论和小组项目的表征成为可能。

（3）教学系统设计越来越注重各种因素整合下的学习环境建构。学习不是传输的过程，也不是接受的过程。学习是需要意志的、有意图的、积极的、自觉的建构实践，该实践包括互动的意图—行动—反思活动。知识和技能通常是在个体运用知识和技能的环境（context）中获得的，这是一个与环境有关的问题。环境的发展与个体作为组织成员的发展密切相关。人类在特定群体中所能支配的知识和技能的总量是如此之大，以至于通常不可能在使用专业技术的特殊环境中进行个体到个体的传授。而且可以使用知识和技能的环境可能很复杂、很遥远或很危险，以至于必须创设一个为学习而设的特殊环境来代替“真实”的情况。

（4）教学系统设计越来越注重新的评估理念和方法。教学系统设计逐渐呈现出对课程、教学、实施和评估进行总体规划的趋势。需求分析、信息和方法的结构分析、个体差异的分析、社会文化差异的分析成为评估的重要内容；信息技术成为评估的主要工具。认知、观察和解释，这三个元素必须清晰地联系在一起并被设计成一个相关的整体。评估需要超越对局部技能和离散知识点的关注，要把推动学生进步的更复杂的方面包含进来，主要包括对元认知的评估、对实践和反馈的评估、对社会文化大环境的评估。

（三）教学系统设计的基本原理与方法

1. 教学系统设计的基本原理

（1）目标控制原理。在教学过程中，教师是教学信息的传播者，学生是教学信息的接受者，媒体是教学信息的载体。但教师的活动、媒体的选择、学生的反应都是受到教学目标控制的。根据这一原理，教学系统设计必须首先确定教学目标。教学目标包括总体目标和具体目标两个层次，总体目标就是优化教学的总要求，而具体目标则根据各门学科、各个教学单元的内容和学生的原有状态而确定。

（2）要素分析原理。教学过程可以被看作是一个开放系统，环境对学习者产生作用（输入），使学习者对环境做出反应（输出）。在进行教学系统设计时，必须对构成这个系统的各个组成部分进行分析，找出哪些是对系统性质、功能、发展、变化有决定性影响的部分，并将其为系统的要素加以研究，忽略次要的因素。

（3）优选决策原理。教学系统设计以分析教学需求为基础，以确立解决教学问题的步骤为目的。解决教学问题的步骤就是教学策略，主要包括媒体选择与教学过程结构的设计。在教学策略设计过程中，必须使用系统方法中的模型化方法、优选方法与决策技术等具体方法，对各种设计方案进行分析、比较、评价，从而选取最佳的策略。

根据这一原理，在教学系统设计的实际操作中，要使用媒体选择概率公式、媒体选择坐标判定决策模型、流程选择方法、等级综合评判方法等优选决策方法，使教学策略更能符合教学目标。

（4）反馈评价原理。反馈控制是系统科学的重要方法，它利用反馈信息对使系统的输出状态与预期目标做出比较，然后根据比较的一般结果，对输入值进行修正，以达到系统输出状态与目标要求相一致的目的。

根据这一原理，教学系统设计必须重视对反馈信息的收集，即必须进行学习评价，设计各种输出反应的测量工具，确立学习评价指标体系，以获得反馈信息，控制和调整教学过程。

2. 教学系统设计的基本方法

教学系统设计是应用系统对教学活动进行系统规划的过程，因此系统方法是进行教学设计的主要工作方法。

（1）系统方法。系统方法，就是按照事物本身的系统性把对象放在系统中加以考察的一种方法，即从系统的观点出发，在系统和要素、要素和要素、系统与其外部环境的相互联系、相互作用中揭示对象的性质和规律，以达到最优处理问题的一种方法，它的显著特征是整体性、综合性、历史性和最优化。

（2）系统方法的基本构成。系统方法是结构方法、功能方法和历史方法的辩证统一。

结构方法是一种向内的研究方法，它基于系统的内部描述，着重研究产生系统功能所能依赖的结构，也就是解决和处理系统内部各要素的关系。

功能方法是一种向外的研究方法，它基于系统的外部描述，把系统当作“黑箱”，通过研究系统与环境的相互作用去研究系统的功能，也就是处理系统的输入和输出问题。

历史方法是从系统的历史性及系统运行的规律出发，研究系统随时间的变化，即系统的产生、发展、老化和消亡过程，主要解决的是系统发展的目标问题。

教学设计就是辩证统一地运用上述三种方法，达到系统最优化。

（3）系统方法的特点。整体性是系统方法的基本出发点。系统方法把对象看作由各构成要素形成的整体，整体的性质不等于形成它的各要素性质的机械加总，它具有“突现”的特征，这种“突现”特征是由系统的结构决定的。因此，系统方法从思维方法上改变过去“局部—整体”“分析—综合”的认知，强调“整体—局部—整体”“综合—分析—综合”的思维方法。

综合性是系统方法的一大特点。系统方法的综合性有两重含义：一是认为任何系统都是以要素为特定目的组成的综合体；二是要求对任何系统的研究都必须从它的成分、结构功能、相互联系方式、历史发展等方面进行综合的考察。

历史性是系统方法的另一特点。历史性是指运用系统方法分析对象时，要研究系统存在和发生的背景、发展过程经历的阶段、目前达到的水平、成熟的程度、并预测其发展的前景。因此，历史性原则要求我们不仅力图从相互联系中，而且力图从发展中考察客体。把客体当作随时间变化的系统来考察，是完全符合唯物辩证法的。

最优化是指运用系统方法能达到的目标。最优化实施要求是从许多可供选择的方案中选择出一种最优方案，以便使系统运动处于最优状态，达到最优的效果。这一点是任何传统方法所不能做到的。系统方法要求根据需要和可能为系统定量地确定最优目标，这一最优目标不是样样最优，而是优化组合，达到整体目标的最优；还要求用最新的技术手段和处理方法把系统分成不同等级、不同层次，在动态中协调整体与部分的关系，使部分的功能和目标服从整体的目标，从而达到整体最优化的目的。

（四）教学系统设计的基本过程

1. 教学系统设计的基本环节

（1）分析学习任务和学习对象。学习任务的分析，是教学设计中最为关键的教学资源分析阶段。学习任务不仅是制定教学目标的依据，也是整个教学工作的核心内容。学习任务分析包括对学习内容的结构、如何有效组织学习内容、如何使学生掌握学科的基本结构等的分析。学习任务分析与学习对象分析是密切相关的，这个环节要做的工作就是用特定的方法分析教学内容和教学对象，并使用评价工具和方法对学生学习前的起点行为进行分析。起点行为是指学生已有的与新学习有关的能力或倾向性的准备水平。教学的起点总是以学生已有的水平为依据，起点过高或过低都不能收到好的教学效果。在教学设计实践中，分析学习者的工作常常与前一环节的工作交织在一起进行。

（2）确定教学目标。教学目标是师生活动的重要依据，也是建立教学评价标准的依据。这个环节要做的工作就是在分析教学内容和教学对象的基础上，参照学习者的特征确立和陈述教学目标。这既有利于教学模式、方法的设计和教学媒体的选择，也有利于教学评价的进行。学习目标应该说明学习的结果，要以明确、具体的术语来表述，在教学活动开始以前应把目标告诉学习者，使之心中有数，学习活动才能有的放矢。

（3）设计教学策略。教学策略是教师在教学过程中，为了达到某一特定的教学目标而采取的系统行为，它是教学体制或教学成果所要求的总括性的教学方法。教学策略具体指为实现教学目标而进行的思考、策划和谋略，因而教学策略是实现教学目标的一个重要步骤。

教学策略设计从宏观上来说，首先是设计者为达到教学目标，对教育价值观及各种教育、教学流派所提出的理论、原理、方法和模式的选择。从具体操作来说，包括了如下三个主要方面：①划分教学单元、课时，组织教学内容，设计教学顺序；②选择教学组织形式和方法；③组合运用教学媒体。

（4）教学媒体的选择与设计。媒体组合教学最能体现教学的直观性原则，合理地选择和组织运用媒体，使学生在最佳的条件下进行学习，是实现教学最优化的重要措施。由于不存在普适的万能媒体，因此对于不同的信息和环境，要对媒体进行合理的选择、安排和设计以实现对信息资源的查寻和传播。同时，媒体的选择与教学方法的运用也是密切相关的。

（5）教学结构的设计。教学结构设计就是根据教学目标和学生的特征，对教学中师生的活动过程、形式、涉及的教学媒体和方法等多种要素进行整体优化的安排，形成特定的教学结构或模式。这种整体优化安排的结果就是形成实施教学的综合性方案，即教学策略。可以说，教学策略是教学结构设计的产品，从安排教学的措施和方案的角度看，课堂教学结构、教学模式与教学策略均属同一概念。

这个环节要做的工作是根据学生现有的准备状态、要完成的教学任务、要达到的教学目标以及要学习的内容等情况，综合地、整体地选择教学方法和媒体，合理地确定教学组织形式和程序，形成行之有效的教学方案，即课堂教学结构或模式。

（6）实施教学评价。按照既定的教学方案或模式进行的教学是否有效、能否达到目标，都需要进行检验，这是学习评价的主要任务。此环节要做的工作是根据教学目标，运用评价的手段和方法，在教学过程中或过程后，对学习效果给予价值上的判断。前者属形成性评价，目的是检验教学设计的方案在实施中的效果如何，若存在问题，便及时调整、补充教学方案；后者是总结性评价，目的是对一个阶段的教学给予全面的评定，并依照学生的学习结果给出成绩。

教学评价的目的是获得教学设计产品的反馈信息，以对教学设计产品做进一步的修改，不断提高教学设计产品的质量。

2. 教学设计过程模式

教学设计的理论建设不应该只停留在理论研究阶段，而是要扩展到实践应用的领域。许多教学设计专家把教学设计的相关理论应用到实践中，形成了一系列的设计过程模式。设计过程模式一方面综合了理论和技术等各方面的因素，另一方面简化了复杂的教学过程以及教学过程各要素之间的关系。

（五）教学系统设计的要素分析与操作工具

1. 教学系统设计的基本要素

关于教学设计过程，目前有许多不同类型的理论模式。可以从各种理论模式中抽取出一些基本相同的组成部分，如学习需要分析、学习内容分析、学习目标的阐明、学习者分析、教学策略的制定、教学媒体的选择和利用以及教学设计成果的评价，这七个基本组成部分可以构成教学设计过程的一般模式。从这七个基本组成部分还可以进一步抽取出以下四个最基本的环节（或要素）：分析教学对象、制定教学目标、选择教学策略、开展教学评价。各种完整的教学设计过程都是在这四个基本要素（学习者、目标、策略、评价）的相互联系和相互制约所形成的构架上建立的。

教学设计过程的一般模式描述了教学设计的基本过程。这个过程可以分为四个阶段，即前端分析阶段、学习目标的阐明与目标测试题的编制阶段、设计教学方案阶段、评价与修改方案阶段。教学设计的四个阶段是相互联系、相互作用、密不可分的。

这里应强调说明的是，我们人为地把教学设计过程分成诸多要素，是为了更加深入地了解、分析、发展和掌握整个教学设计过程的技术。因此，在实际设计工作中，要从教学系统的整体功能出发，保证学习者、目标、策略、评价这四要素的一致性，使各要素间相辅相成，产生整体效应。

另外，还要清楚地认识到所设计的教学系统是开放的。教学过程是个动态过程，涉及的如环境、学习者、教师、信息、媒体等各个要素也都处于变化之中，因此，教学设计工作具有灵活性的特点。我们应在学习借鉴别人模式的同时，充分掌握教学设计过程的要素，根据不同的要求，决定设计从何处着手，重点解决哪些环节的问题，从而创造性地开发自己的模式，因地制宜地开展教学设计工作。

2. 教学系统设计的要素分析

（1）学习者特征分析。通过对学习者特征的分析，主要是为了说明所要进行的课题对学生的知识、能力等智力因素方面和非智力因素方面的要求，以及学生是否已具备了本课题学习的要求。

学习者特征分析就是要了解学生的学习准备状态和学习风格。学习准备包括初始能力和一般特征两个方面。初始能力是指学生在学习某一特定的课程内容时，已经具备的有关知识与技能的基础，以及他们对这些学习内容的认识和态度。学生的一般特征，指的是在学习过程中影响学生的心理和生理的特点，包括年龄、性别、年级、智力才能、学习动机、个人对学习的期望、生活经验、文化、社会、经济等背景因素。学习风格是指对学生感知不同事物并对不同事物做出反应这两方面产生影响的所有心理特征。

（2）教学目标分析。教学目标是师生活动的重要依据。教学是一个受多种因素影响的复杂活动，需要有一系列明确、具体的教学目标作为教学活动的参照点，教学目标可以用来指明教学活动运行的方向。它让教师知道学习者应学习哪些内容、学到何种程度，还能引导学生的活动，使他们明确要掌握的内容，减少学习中的盲目性。教学目标主要包括知识目标、能力目标、情感目标三部分。分析教学目标是为了确定学生学习的主题，即与基本概念、基本原理、基本方法或基本过程有关的知识内容。根据学科的特点，将教学内容分解为许多的知识点，可以按照一定的学习内容分类方法，确定每个知识点内容的属性事实、概念、技能、原理、问题解决等，然后进行学习内容与学习目标的分析，确定各知识点认知领域的教学目标，即识记、理解、应用、分析、综合和评价。

（3）学习内容分析。学习内容分析是根据总的教学目标，去规定学习内容的范围和深度，并揭示出学习内容中各个组成部分之间的联系，以实现教学效果的最优化。学习内容分析以学生的学习结果为起点，并以学习起点为终点，是一个逆向分析过程。

（4）教学策略分析。教学策略是对完成特定教学目标而采用的教学顺序、教学活动程序、教学方法、教学组织形式和教学媒体等因素的总体考虑。教学策略主要是解决教师“如何教”和学生“如何学”的问题。教学策略的选择与制定就是一项系统考虑教学要素并且总体上择优的富有创造性的设计工作，最能体现教学设计的创造性。教学策略一般有两种类型，即产生式教学策略和替代式教学策略。产生式教学策略强调让学生自己产生教学目标，学生自己对教学内容进行组织并安排学习顺序等，鼓励学生从教学中建构具有个人特有风格的学习。也就是说，学生自己安排和控制学习活动，在学习过程中处于主动处理教学信息的地位。这种策略的有效应用可以将学生的信息与其认知结构联系起来，实现对信息的进一步加工和处理，并且也可以允许学生自主地设计、实践和改善学习策略，提高自我学习能力，它还可以激发起学生对学习任务、学习过程和学习策略的积极性，培养学习兴趣等。替代式教学策略在传统教学中比较常用，它更多地倾向于为学生提出教学目标，组织、提炼教学内容，安排教学顺序，指导学生学习，主要是替学生处理教学信息，使学生在短期内学习到许多内容，使知识储备有限和学习策略不佳的学生更加有效地学习。

（5）教学媒体的选择。当确定了教学目标、选择与组织好教学内容后，教师就要考虑组织教学活动去实现目标。在教学活动的组织中，要做的一项重要工作就是对教学媒体的选择。如何才能在众多功能各异的教学媒体中选择出恰当、适宜的媒体来开展教学活动呢？这需要我们了解影响教学媒体选择的因素，掌握选择教学媒体的方法。对教学媒体的选择一般考虑各种教学媒体的功能特性和教学的实际需要，将两个方面结合起来加以分析，然后决定取舍。首先要考虑教学目标、教学任务和教学内容的要求，在教学中，不同的教学目标常需使用不同的媒体去传输教学信息，不同的任务要求教师采用不同的媒体和方法去完成，不同性质的教学内容对教学媒体也有不同的要求。其次要考虑学生的需要和水平，不同年龄阶段的学生有着不同的认识能力和思维特点。再次要考虑教学媒体的功能，每种媒体都有不同的功能和特点，它们应用在不同的教学环境下会产生不同的教学效果。此外，对教学媒体的选择还要考虑一定的教学条件，如技术问题、经费问题和教学环境问题等。

（6）教学评价分析。教学评价是教学设计中一个极其重要的部分。通过客观、科学的评价，教学设计工作将不断得以检验、修正和完善。教学评价已经形成一门独立的学科，有它自己专门的研究领域。教学设计过程中的评价以设计成果的形成性评价为主。教学设计成果评价的实质是从成果和影响两个方面对教学设计活动给予价值上的确认，使教学设计工作沿着预定的方向进行。

（六）教学系统设计的应用范围和层次

1. 教学系统设计的应用范围

教学系统设计发展的历史告诉我们，教学系统设计最早萌芽于军队和工业培训领域，到 20 世纪 60 年代才逐渐被引入到学校教育当中，并作为一门独立的知识体系得到迅速的发展。目前，教学系统设计在正规的学校教育、全民的社会教育和继续教育以及工业、农业、金融、军事、服务等各行业、各部门的职业教育和培训领域中，都得到了广泛的应用。如美国、加拿大和澳大利亚的职业培训，英国的开放大学以及美国、日本等国家的中小学教育，均在课程设置、培训计划和教材资源等方面开展了教学系统设计，并取得了许多成功的经验。我国在九年义务教育的文字教材与音像教材的编制中，在全国中小学计算机辅助教学软件的开发中，在职业高中、高等院校的部分课程设置和多媒体教材设计中，以及大、中、小学的课堂教学中，教学系统设计的理论和思想逐步被接受，教学系统设计的实践正越来越为人们所重视。

在学校教育中，教学系统设计常常以现存的课程文献或一个待完成的课程为出发点。在职业环境里，工作岗位是教学系统设计的参考和出发点，教学系统设计从具体的工作任务描述和分析开始，使职业岗位培训中的教学目标非常明确。某些教学系统设计者企图对教育和职业培训做同样的处理，这样一来就容易忽视遍布于教育决策中的政治、道德因素以及很重要但却难以具体化、任务化的基本思维方式。因此学校教育中教学系统设计的应用更加复杂，难度也相对更大。

2. 教学系统设计不同层次的应用

教学系统设计是一个问题解决的过程，根据教学中问题范围和大小的不同，教学系统设计也具有不同的层次，即教学系统设计的基本原理与方法可用于设计不同层次的教学系统。到目前为止，教学系统设计一般可归纳为三个层次：

（1）以“产品”为中心的层次。教学系统设计的最初发展是从以“产品”为中心的层次开始的，它把教学中需要使用的媒体、材料、教学包等作为产品来进行设计。教学产品的类型、内容和教学功能常常由教学系统设计人员和教师、学科专家共同确定，有时还吸收媒体技术人员参加，对产品进行设计、开发、测试和评价。

（2）以课堂为中心的层次。这个层次的设计范围是课堂教学，它根据教学大纲的要求，针对一个班级的学生，在固定的教学设施和教学资源的条件下进行教学系统设计。其设计工作的重点是充分利用已有的设施和选择，编辑现有的教学材料来完成目标，而不是开发新的教学材料（产品）。如果教师掌握教学系统设计的有关知识与技能，整个课堂层次的教学系统设计可由教师自己来完成。当然，在必要时，也可由教学系统设计人员辅助进行。

（3）以“系统”为中心的层次。按照系统观点，上面两个层次中的教学产品和课堂教学都可看作是教学系统，但这里所指的系统是特指较大、较复杂和综合的教学系统。例如，一所学校或一门新专业的课程设置、某行业职业教育中的职工培训方案等。这一层次的设计通常包括系统目标的确定、实现目标方案的建立、试行、评价和修改等，涉及内容面广，设计难度较大。而且系统设计一旦完成就要投入到范围很大的场合去使用和推广。因此，这一层次的设计需要由教学系统设计人员、学科专家、教师、行政管理人员甚至包括有关学生的设计小组来共同完成。

以上三个层次是在教学系统设计发展过程中逐渐形成的。当然，也可以把教学系统设计分为宏观和微观两个层次，规模大的项目如课程开发、培训方案的制定等都属于宏观层次的教学系统设计，而对一门具体课程、一个单元、一堂课甚至一个媒体材料的设计都属于微观层次的教学系统设计。

（七）教学系统设计的意义

教学系统设计是开展教学活动的前提和基础，它为教学活动的实施提供了可靠的“蓝图”。通过教学系统设计，教师可以清楚地知道学生要学的内容，以及学生将产生哪些学习行为，并以此确定教学目标；通过教学系统设计，教师可以依据教学目标和学生的特征，采用有效的教学模式，选择适当的教学媒体和方法，实施既定的教学方案，保证教学活动的正常进行；通过教学系统设计，教师可以准确地掌握学生学习的初始状态和学习后的状态，便于有效地控制教学过程。

1. 进行教学系统设计是信息社会发展的要求

信息时代知识的爆炸和科技的日新月异，对人才的需求提出了更高的要求，书架型人才、工匠型人才，已难以适应时代的发展，而素质全面、接受继续教育能力强，智能型、创造型人才在时代的激烈竞争中愈来愈表现出充分的活力，这也就对信息时代的教育提出了更高的要求。现代教育是“信息化、多媒化、多元化”的三化教育，也是“高效率、高效益、高质量”的三高教育，它能帮助人以较小的代价获得较大的收获，用较少的时间和精力获得较多的教育和学习效果。在信息社会中，只具有专门的技术知识是远远不够的，信息社会变化速度快，对信息社会适应能力的高低决定了人才水平的高低。在获取专业知识的同时，掌握一定的信息知识、信息能力，具备一定的信息意识、信息观念，可以促进人的个性的全面发展。信息社会，要求人必须具有利用多媒体计算机和网络技术进行学习和工作的能力，具有获取处理和存储信息的能力，具有利用多媒体计算机和网络技术进行信息交互的能力。现代教育的发展方向之一是终身教育，信息教育在人的每个发展阶段都是必不可少的，从小学、中学、大学到在职教育都离不开它，只有通过系统、完整的信息教育，社会成员才能更好地适应社会的发展、促进社会的进步。

综合分析以上信息社会的要求，可以看到教育、教学中迫切要解决的实质问题是我们应采取什么措施使人们接收到效率高、效果好的教育，采用什么策略教会人们“如何学习”，从而使生活在信息时代的人们适应社会的飞速发展，提高教学效率。促进每一个学习者自身的发展正是教学系统设计的根本思想，而对社会发展中出现的与教育有关的问题采取相应措施并进行解决，以满足社会的需要，也正是教学系统设计的主要内容。

2. 进行教学系统设计有利于教学工作科学化

传统教学中虽然教学系统设计的活动普遍存在于教师的教学实践当中，但只是把设计看作是一门艺术，其设计思想之精华也只掌握在少数优秀教师的手中，富有才华的老教师靠“师傅带徒弟”的传、帮、带的方式把自己的经验传授给其他年轻教师，但难以大范围普及他们成功设计的教学经验。

现代教学系统设计则是从教学的科学规律出发，把对教学问题的确定、分析，把解决问题方案的设计、试行乃至评价和修改等系列教学系统设计的内容和程序，都建立在系统方法的科学基础上，从而使教学活动的设计摆脱了纯经验主义，纳入到科学的轨道，使广大教育工作者容易学、乐于接受，并在教学中进行实践。教学工作的普遍科学化，可以大面积地提高教学效率和效果，提高教育、教学的投资效益，这正是教学系统设计的宗旨。由此可见，学习和运用教学系统设计的原理是推动教学工作科学化的有效途径。

3. 学习教学系统设计有利于提高学习者分析问题、解决问题的能力，培养科学思维能力和科学态度

教学系统设计是系统解决教学问题的过程，它提供的一套分析、解决教学问题的系统方法、逻辑思维和决策技术，具有很强的迁移性，也可用于其他领域和其他性质的问题情境。学习教学系统设计除了使学习者掌握教学系统设计基本原理和必要的知识以外，更重要的就是要让学习者学会创造性地解决问题的方法和技术，培养学习者创造性地分析问题、解决问题的科学思维能力和科学态度。

为了适应未来社会的激烈竞争，现代学生不仅要有良好的思想品德、扎实的专业基础知识和健康的身体，而且还必须掌握现代教育思想和现代教育技术，将来在具体的学科教学中才能应用先进的教育思想和理念指导教学，利用现代教学系统设计理论和现代教育技术手段培养学生。这样，才能胜任未来教师的工作，才能适应教育改革的挑战。

4. 学习教学系统设计可以促进教育技术的实践与理论的发展

教学系统设计是教育技术学科的重要组成部分，它是教育技术理论和思想方法运用于教学实践的一门应用性很强的新学问。教学系统设计的学习将进一步推动教育技术的实践，也必然会进一步检验教育技术的理论，从而使教育技术的理论在不断总结实践经验的基础上得到完善和升华。

二、信息化教学设计

世界各国和地区大都是在 20 世纪 90 年代后期进入教育信息化时期的，不同的国家和地区的教育理论工作者和一线教师都在探索网络时代的教学改革问题。各国和各地区的经济、政治、文化、历史背景不同，解决信息技术在教育应用上的思路和发展模式也就各有特色。因此，结合中国国情，充分吸收和借鉴各国和各地区在教育信息化环境下进行教学设计的方法，有助于发展适合我国国情的教学设计理论。IT 改变了信息的社会分布形态和人们对它的拥有关系，形成了信息的多元性、易得性和可选性特征，从而改变了人们之间的教育关系。信息化教学设计理论和实践融合了现代的教学理念、信息素养培养的目标和信息化的评价手段，体现了信息化教学的基本原则，代表了信息化教学的发展方向，其实践模式具有在不同学科的教学中复制迁移的可能。

（一）信息化教学设计概述

1. 信息化教学与信息化教学设计

（1）信息化教学的概念。信息化教学就是在信息化环境中，教育者与学习者借助现代教育媒体、教育信息资源和教育技术方法进行的教学活动。其特点是以信息技术为支撑，以现代教育教学理论为指导，强调新型教学模式的构建，教学内容具有更强的时代性和丰富性，教学更适合学生的学习需要和特点。信息化教学不仅在传统教学的基础上对教学媒体和手段进行改变，而且以现代信息技术为基础对整体教学体系进行一系列改革。

（2）信息化教学设计的概念。“信息化教学设计”这一术语由上海师范大学黎加厚教授提出，他将教育信息化环境下的教学设计简称为“信息化教学设计”，以区别于20世纪90年代以前没有使用计算机和网络等信息技术的教学设计。信息化教学设计就是运用系统方法，以学为中心，充分利用现代信息技术和信息资源，科学地安排教学过程的各个环节和要素，以实现教学过程的优化。应用信息技术可构建起信息化环境，便于学生获取、利用信息资源，支持学生的自主探究学习，培养学生的信息素养，提高学生的学习兴趣，最终优化教学效果。

2. 传统的教学设计与信息化教学设计

信息化教学设计是教学系统设计中的特殊一种，它在教育信息化环境下进行，是教学系统设计的一个发展方向。教学系统设计以客观主义为理论基础，例如行为主义理论和认知主义理论，整个设计过程是自上而下的，由教学专家制定严格教学行动计划，前线教师按计划有组织、有顺序地展开设计过程。由此可见，教学设计专家对于成功的教学系统设计至关重要。信息化教学设计则以建构主义为理论指导。建构主义学习理论强调以学生为中心，教学设计从“以学生为中心”出发，并强调培养学生的首创精神和高级思维技能，所以，以这一思想为指导的整个信息化设计过程是非线性的，有时甚至是混沌的。这种教学设计注重创设信息化的学习环境和提供学习资源。信息化教学设计并非仅仅指现代信息技术对教学领域的介入。传统的教学设计对信息技术持“媒体观”态度，即视信息技术为教学的媒体，用于辅助教师的讲解与演示；而在信息化教学设计中，现代信息技术是学生的认知工具，通过现代信息技术（以多媒体和网络为主）创设学习环境，为学生提供丰富的学习资源，支持学生的自主学习和协作式探索。信息化教学设计的基本特征之一是网络化，信息化环境需要网络技术的支持，网络能够为学生的学习提供丰富、开放的学习资源，具有极大可能的交互性和选择性。信息化教学设计的一个必要条件就是网络环境，区别于传统的教学设计，信息化教学设计不再是一个封闭的回路，而是一个开放的系统。

总的来说，信息化教学设计把静态的教学设计转变为动态信息设计，让课堂充满活力、激发学生兴趣；把传统的教学设计转变为网络教学设计，让解读教材变为引导知识学习；把集体、统一设计转变为个性化设计；从重视结果评价转变为能力评价，关注学生综合素质能力的培养和提高，使学生学会学习、学会创新。

（二）信息化教学设计的基本原则

在信息化教学设计中，要以建构主义理论为指导，充分利用信息技术手段进行基于资源、合作、研究等方面的学习，使学习者在意义丰富的情境中主动建构知识，它关注了学生能力的培养，关注了学生的学习过程。

为此，可以将信息化教学设计的基本原则归纳为以下几点：

1. 强调以学生为中心，注重对学习者学习能力的培养

信息化教学设计，强调和主张在信息技术环境中进行学习，教师作为学习的促进者，引导、监控和评价学生的学习过程。

在信息技术环境中进行学习时，学习者的自主性将发挥巨大的作用，包括对学习内容和学习方式的选择等，因此信息化教学设计十分重视学习者的主体作用。以学为中心，注重学习者学习能力的培养，不论以“任务驱动”还是“问题解决”等方式开展学习或研究活动，在相关的有具体意义的情境中教授学习策略和技能时，教师都应该充分尊重学生的主动性和自主选择。在这一过程中，教师作为学习的促进者，要引导、监控和评价学生的学习过程，帮助学生掌握主动学习的技巧，使学生能够更好地开展自主学习。同时，学生通过信息技术也可以找到更多的高素质“隐性教师”。

2. 充分利用现代信息技术，注重情境的创设与转换，使学生尽可能在真实情境中灵活应用知识

信息化教学设计强调学生的积极参与，而活动的参与需要一定情境的支持，因此，在信息化教学设计中应该注重情境的创设，使学生经历与实际相类似的认知体验。同时注重情境的转换，使学生的知识能够得以自然地迁移与深化。在情境的创设与转换过程中，可借助信息技术手段，选择和组合各种信息技术，创设一个学习者可以互相合作和支持的地方，在那里他们使用许多工具和信息资源参与解决问题的活动，而不是创设一个学习只能单独孤立进行、不重视知识的实际运用的场所。让学生的学习总是与一定的社会文化背景（即情境）相联系，在实际情况下学习，使学生利用自己原有认知结构中的有关经验赋予新知识以某种意义。

3. 充分利用多种工具和丰富的资源，为学生提供良好的学习环境，以保障学习活动的有效开展

信息化教学设计注重对信息技术工具和信息资源的使用进行设计。现代信息技术的发展，尤其是多媒体和网络技术的发展，能够为学习者提供信息化学习工具和丰富开放的信息化学习资源，为有效开展基于问题的学习和主动探究学习等提供了充分的条件。

这些工具和资源应当与学生的主题任务相关，能够帮助学生解决问题，促进学生的意义建构。例如，提供给学生与教学主题或问题相关的网络资源、典型案例，对学生的学习进行一定的指导和帮助等。信息技术工具和信息资源在信息化教学设计中具有不可替代的作用，因此，有关信息化学习工具和资源的提供与设计，也是教师在信息化教学设计中的一项重要任务。在信息化教学过程中，教师要充分发挥信息化学习工具的作用，利用各种信息资源支持学生的学习。

4. 以“任务驱动”和“问题解决”作为学习和研究活动的主线，鼓励学生自己体验学习和检验观点

以“任务驱动”和“问题解决”作为学习和研究活动的主线，主要用于说明学习活动的展开可以围绕某一问题或主题，这些内容来自现实社会和生活中的一些具体事例。同时，也说明了学习活动具有明确的任务性、目的性，学生知道为什么而做，教师的重点放在如何有效地引导学生。借助于现实中的任务与问题给学生制定学习目标，让学生进行探究性学习、解决问题或完成任务，这样学生可以在相关的有具体意义的情境中获得学习策略和技能，可以通过对问题和主题的主动探索活动，体验学习的快乐，培养学习兴趣。

5. 鼓励合作学习，强调学生间的协作，努力营造良好的心理环境

信息化教学中，协作学习不仅指学生之间、师生之间的协作，也包括教师之间的协作，如实施跨年级和跨学科的基于资源的学习等，但主要以学习者之间的协作学习为主。学习者通常以小组或其他协作形式展开学习，在学习过程中互相帮助，共同完成某一项任务目标，实现“问题解决”。每个学习者在中间承担一定的任务、担当一定的角色，学习活动过程成为“学习者身份和意义的双重建构”。在合作学习的过程中，学生之间相互协作，共享他人的知识和背景，共同实现了组织目标。

6. 学习过程中突出环境资源的开放性，要注意学习内容的适量，保持学习内容的灵活性

整个学习过程的开放性是信息化教学设计的一个特征，也是学习环境、学习资源等信息化教学要素的重要特征。开放性包含了丰富性和多样性，信息技术本身为开放性提供了实现的条件。信息技术也为教师和学生提供了形式多样的沟通方式和内容呈现形态，如同步与异步的一一对话、一对多广播与多对多讨论等，这些都为学生进行开放的学习创造了可能性。就学习指导者而言，除了教师，各行各业的专家都可以对学习者的学习予以指导和帮助。但在凸显资源环境开放性的同时，需要注意学习内容的适量，并且要使学习内容具有一定的灵活性。

7. 学习结果通常采用灵活的、可视化的方式进行阐述和展现

在学习活动结束时，学生应当对自己的学习结果进行总结和展示，同他人进行讨论和协商，以加深对学习过程的理解和反思，这些内容通常以研究报告、演讲、讨论等形式展开。在这些过程中，教师应当对学生的学习成果进行必要的指导和帮助，使学习者更好地将学习成果展示出来。

8. 充分发挥评价功能，强调针对学习过程和学习资源的评价

信息化教学设计是一个连续的、动态的过程，在学习过程中，教师通过不断研究、质量评估和收集数据，使过程性评价达到改进设计的目的。同时，信息化学习资源种类繁多，为了有效地利用信息化学习资源，必须对资源进行优化选择。

（三）信息化教学设计的步骤与方法

信息化教学设计基本上可以分为单元教学目标分析、教学任务与问题设计、信息资源查找与设计、教学过程设计、学生作品范例设计、评价量规设计、单元实施方案设计、评价修改 8 个步骤。在整个教学设计过程中，对于各步骤的分析和操作通常是按照这样一个顺序进行的，但必要时也可以跳过某些步骤或重新排序。

就整个教学过程而言，首先要分析确定单元的教学目标，即确定通过教学以后学生应该达到的水平和获得的能力。目标的实现需要有效而适合的教学方法或策略，而方法和策略的选择在每个学习单元中都应各有侧重。这种选择需要相应的技术工具和资源的准备，要查找和设计信息资源。在信息化教学中比较注重任务驱动或是基于问题的教学，这样的教学需要根据教学目标，精心设计和准备真实任务和针对性强的问题。之后根据任务和问题以及学生的学习水平来确定资源的提供方式，例如让学生自主探索，还是教师事先收集和整理等。在教学过程中，信息技术的介入使学生的学习成果也可以通过一定的电子作品来体现，这样教师还要事先提供电子作品的范例及相应的评价标准。另外，在教学设计和整个教学实施的过程中，评价与修改必须贯穿始终，并作用于教学设计和教学实施的各个环节，不断地评价与修改能够保证整个信息化教学设计的开放性和动态性。下面就分步来介绍一下信息化教学设计中各步骤的具体要求。

（1）分析单元教学目标。分析教学目标是为了确定学生通过教学应该达到的水平或获得的能力，即教学活动展开后对目标的一个整体描述。例如，学生通过这节课的学习将学会什么知识和能力、会完成哪些创造性产品以及潜在的学习结果。

（2）学习任务和问题设计。学习任务和学习问题（包括疑问、项目、分歧等）的设计是整个信息化教学设计的关键，这个环节主要是根据已阐明的教学目标，设计真实任务和有针对性的问题，让学生在信息化学习中通过解决具体情境中的真实问题来达到学习的目标。

（3）信息资源的查找与设计。学习资源对学习活动是一种支撑作用，不同的学习活动可能需要不同的学习资源和学习工具。因此，在信息化教学设计中就要根据任务和问题以及学生的学习水平，确定提供资源的方式。可以要求学生自己按照学习目标查找资源，也可以提供现成的资源给学生。前者需要教师设计好要求、目的，后者需要教师寻找、评价、整合相关资源或提供资源列表。

（4）教学过程设计。教学过程设计是信息化教学设计的核心环节之一，通过教学过程设计，可以梳理整个教学过程，使之有序化，一般情况下应写出文字的信息化教案。

（5）学生作品范例设计。信息化教学设计中都有具体的成果，其形式多种多样，为了更好地帮助学生以完成电子作品的形式来进行学习，在教学过程中就应该提供电子作品的范例，使学生对将要完成的学习任务有一个感性认识。

（6）评价量规设计。运用结构化的评价工具量规来评价信息化学习（特别是电子作品）。量规的设计应当具有科学性，以确保评价的可操作性和准确性。

（7）单元实施方案设计。具体实施方案设计内容包括实施时间、分组方法、上机时间分配、实施过程中可能出现的软硬件问题等。

（8）教学设计过程的评价和修改。在教学设计过程中，评价修改是随时进行的，伴随设计过程的始终。

（四）信息化教学设计过程的关注点

教师在进行信息化教学设计的过程中，需要把握好以下几个要点。

1. 问题或主题的设计

问题设计的水平是衡量教学设计水平的重要标志，是信息化教学设计的核心。设计问题或主题是指在对整门课程及各教学单元学习目标进行分析的基础上，确定当前所学知识的“主题”，然后围绕这个主题进行意义建构，最后由教学者或指导者总结，并考虑学习者的实际水平，对所有目标达成的可能性进行筛选，从而最终确定主题，作为对学习内容的规划和设计的主线。教师进行问题或主题的设计时，要求能够重新组织大量知识，激发学习者全身心进行探究学习，深刻理解所学知识，促进学习者高级思维的发展。

2. 学习情境的创设

学习情境的创设要以促进学习者的积极性和主动性为前提，尊重学习者探究的需要、获得新体验的需要、获得认可与欣赏的需要、承担责任的需要，充分利用网络技术，尽可能创设各种情境，包括问题情境（以激发学生强烈的求知欲、发现欲）和应用情境（让学习者能有多种机会在不同情境下应用所学知识，将知识外化），从而构造出一个有利于学习者开展自主学习的网络化学习环境。

对于可创设的情境，主要包括故事情境、问题情境、模拟实验情境、协作情境等。

（1）创设故事情境。如在学习“我国的行政区”时，运用多媒体教学软件，设计制作动画片《机器猫假期旅游》的故事情境。

（2）创设问题情境。在教学内容和学生求知心理之间设障立疑，问题应该真实化、生活化。

（3）创设模拟实验情境。如物理、化学、生物、历史一些学科中的虚拟实验等。

（4）创设协作情境。利用网上多种交流工具如BBS、可视化语音聊天室、电子邮件、Net Meeting等工具，通过竞争、协作、伙伴和角色扮演等方式进行学习，针对某一个问题展开讨论交流，共同完成学习任务。

创设一些结合学习者实际的情境，只有在这样的学习情境中进行学习，才便于学习者对新知识的建构。

3. 学习资源的设计

学习资源的设计主要是为了支持学习者主动探索和完成意义建构，它是指确定学习主题所需信息资源的种类和每种资源在学习主题过程中所起的作用。对于应从何处获取有关的信息资源，如何去获取（用何种手段、方法去获取）以及如何有效地利用这些资源等问题，如果学生确实有困难，教师应制作相关的资源列表，以方便学生查阅，提高学习效率。支持主题学习任务的学习资源多种多样，因此需要通过学习资源的设计使学生获得可靠、有用的信息，以避免学生漫无目的地查找信息资源，浪费学习时间。

4. 自主学习的设计

建构主义学习环境下的学习所追求的最终目标，就是让学生能建构知识意义。“意义的建构”要由学习者在适当的学习环境下通过主动探索、主动发现，即通过“自主学习”才能完成。在信息化教学设计中，要根据教学内容及所选择的教学方法，对学生的自主学习作不同的设计。自主学习活动的方式需要根据教学实践运用不同的自主学习策略来设计。自主学习策略是帮助学生“自主探索、自主发现”的学习策略，其核心是要发挥学生学习的主动性、积极性，充分体现学生的认知主体作用，其着眼点是如何帮助学生“学”。目前比较常用的自主学习策略主要有支架式教学策略、抛锚式教学策略、随机进入教学策略等。根据不同的教学策略，对学习者的自主学习应做不同的设计。

5. 评价方式的设计

在信息化教学设计中，其评价理念和传统的教学评价相比较发生了较大变化，主要表现在以下几个方面：首先，更多地关注了学生的表现和过程，侧重评价学生应用知识的综合能力；其次，强调学生在学习过程中的主动参与，而且也强调评价过程中学生的自我参与和主动参与；再次，资源的开放性和多样性也促使了信息化教学设计中对资源要进行评价；最后，评价标准的制定是由教师和学生根据实际问题和学生先前的知识、兴趣和经验共同制定的。

在信息化教学设计中，除了理念上的转变以外，其评价方式也有了一定的变化，不仅包括传统的评价方式（测验、调查、观察），还运用了学习契约评价、量规评价、范例评价、学习档案评价、概念地图评价、自我评价等新方式。

（1）学习契约评价。学习契约又称学习合同，这种评价方法来源于真正意义上的契约或合同。评价设计是否合格的主要依据将是合约，学习契约的意义和实施方法与日常生活中所说的合约相差无几。在信息化教学设计中，任务的完成、问题的解决、作品的提交、项目的设计等是非常重要的。学习契约这种评价方法能够让学生在完成任务和解决问题时有一个具体的目标或依据，能够对信息化教学进行客观合理的评价。

（2）量规评价。量规评价是利用量规对学生学习水平进行评价的方法。量规是一种结构化的定量评价工具，往往从与评价目标相关的多个方面详细规定评价指标，具有操作性好、准确性高的特点，有利于避免评价的主观因素。随着教育信息化的发展，越来越多的学习任务以非客观性的方式呈现，因而，量规这种评价工具的应用逐渐受到重视，量规评价也成为信息化教学评价的重要方法之一。

（3）范例评价。范例评价是通过展示范例、参照范例完成学习任务、评价学习过程和成果等环节对学生进行评价的方法。在完成学习任务之前，由教师根据学习任务给出解决该类问题的典型范例。这些范例可以是教师或其他人完成的，也可以是以前的学生完成的作品。学习者可以参照这些范例中解决问题的思路、方法，对照自己的学习过程和学习结果进行自我评价，也可以进行互评。

（4）学习档案评价。学习档案评价是利用学习档案对学生在信息化教学过程中的学习水平进行评价的方法。学习档案是按一定目的收集的反映学生学习过程及最终产品的一整套材料。

学习档案中可包含各种形式的学习材料，如录像带、书面文章、图画、计算机编程等。学习档案能使学生检视自己的成长，也能使教师有效地辅导和支持学生达到学习目标的要求。在信息化教学中，学习档案的建立和维持可以自动进行，成为电子学习档案，其中不但可以记录并保持学生学习过程，还能汇集学生的电子作品等。通过学习档案评价，可以非常清楚地了解学习者在整个学习过程中的表现和学习收获，有利于做出公正的评价。

（5）概念地图评价。概念地图评价是利用概念地图对学生在信息化教学过程中的学习水平进行评价的方法。概念地图是一种用来帮助表现思维过程与结果的工具，可用以表示课程、单元或知识领域的组织形态。学生可通过手绘或电子工具的方法将概念沿着空间等级层次或时间先后顺序的维度联系起来，形成他们对这些概念关系的理解。利用概念地图进行评价时，可以通过要求学生画出所学内容的概念地图的方式，对学生的学习水平作出评价。

（6）自我评价。自我评价是学习者运用一定的评价工具对自己的学习结果以及在学习过程中的表现进行评价的方法。自我评价的作用是让学习者有针对性地反思与提高自身的学习水平。自我评价多采用问卷调查表的形式设计表单，帮助学习者通过回答预先设计好的问题来产生某种感悟，从而促使学生对自己的学习过程和学习结果进行更新审视和修改，增强学生的自主学习能力。

（五）信息化教案的主要内容

1. 单元教学计划

单元教学计划用以具体地描述教学单元的主题、学习目标、学习活动（教学过程）、学习资源等，其中的学习活动和学习资源在很大程度上是由信息技术支持的，因此这种教学计划可称为信息化教案。

2. 学生电子作品范例

给学生提供参考用的电子作品，可以从各种电子信息资源中选取或由教师自行制作。

3. 学生作品评价量表

结构化的定量评价标准，从内容、技术、创意等方面详细规定了评级指标。利用这种量规来评价学生电子作品，既可以让教师评，也可以让学生自评和互评。

4. 教学支持材料

为支持学生有效进行学习活动而准备的各类辅助性材料，如软件工具、资料光盘、在线参考资料、教师电子讲稿等。

5. 单元实施方案

包括教学活动的时间安排、学生分组办法、上机时间分配等。

6. 信息化教学设计评价的主要内容

包括：①对学生收集信息能力的评价：能运用网络收集信息资源。②对学生整理信息能力的评价：资料的相关性。③对学生运用计算机能力的评价：演示文稿或网站的制作。④对学生基本实验操作能力的评价：相关工具或软件的操作。⑤对学生感悟运用所学知识能力的评价：整理某一事物的发展历程。⑥对学生创新能力的评价：寻找身边事物的不足，提出有新意的创想。

三、多媒体教学设计

多媒体技术应用于课堂教学，是试验中教学手段改革的物质基础。但多媒体技术不应只以手段论，应从教学新理论、新思想的高度上使多媒体技术成为教学设计的一部分，完成从手段到方法、从理论到实践，以此彻底改革传统教学观，形成完善的教学观。为达到这一目的，多媒体教学设计尤为重要，因为教学设计是教学思想的具体体现，是教学方法实施的总体构想。

（一）多媒体教学的指导思想和评价

有怎样的教学思想就会产生怎样的教学设计和教学过程。利用多媒体技术进行课堂教学，如果是以传统思想作为指导，就一定是把多媒体作为一种单纯的先进教学工具，不可能融多媒体优越性于教学过程中，这样做就抑制了多媒体功能优势的发挥，难以转变教学方式，将电化教学变为“电灌”，这样将可能适得其反，会把传统的应试教学的弊端推向极端，对新课程试验将产生消极的影响。以建构学生认知结构、倡导自主学习为目的的建构主义，已成为多数人认同的先进学习理论基础，它与新课程试验重视基础、面向现代化、提高能力、培养综合素质、面向全体学生、发展学生个性的要求有着相当多的共性。试验中的课堂教学，必须建立在以学生为主体、充分发挥学生能动性的基础之上，必须在教学过程中形成平等的师生关系，使教师既是知识的传授者，又是学生形成认知、探索未知世界的引导者。

多媒体教学设计，首先要突破传统教学方式中学生被动受教育的格局，使老师学生都成为教学过程中的主体、共同协调发挥作用，拓宽学生的学习视野和学习空间；其次要改变传统教学中只能以顺序方式进行教学的落后教学形式，使教学过程具有交互性、交叉性、拓展性和研究性，培养学生的应变能力和创新意识；再次要转化学生听、看单一的刺激反应形式，将教学过程变为教师的感染力、示范性与生动的形象、丰富的色彩、轻松愉悦的声乐融于一体的过程，学生在犹如身临其境的环境中，各种器官协同发挥作用，在学习的情境中全面发挥学生的潜能。

新兴的多媒体课堂教学的效果，不能用应试教育评价的标准来衡量，而应从学生认知结构形成的快慢，结构的优化，学生素质、能力的提高程度来确定；应从新课程试验的目的出发，全面衡量教学改革任务的落实情况。现代学生处在科技日益发展、视野不断开阔、新鲜事物层出不穷的社会环境里，思维发展由直线型变为发散型，感知事物的能力由片面型转向立体型，接受知识的方式由被动型进化到主动型，掌握知识的方法由记忆型逼近于探索型，所以只教授条条本本的传统教育方式不能完全满足他们了解事物全貌的需求，应试不是现代学生希望的方式，也不是现代教育的根本目的。教育的全部内容应是使下一代人学会如何适应他们所面对的不断进步的社会生活环境，如何推动社会的发展。多媒体教学有可能使学生全方位地对事物进行观察分析，对知识形成自己独特的见解和结构，各种素质同步提高，特殊素质优先发展。一堂多媒体课的好坏，主要以教师的前缘性引导、教师个人的教学魅力、学生的主动学习、师与生以及生与生之间的交流、学生对知识的深刻理解和认知结构的优化、学生的探索创新能力来评价。

（二）多媒体教学设计的基本原则

多媒体教学是当前和未来教学的一种普遍形式，它的教学设计直接影响教学的质量，也是推广应用多媒体技术的必然准备。根据多媒体教学的指导思想和多媒体技术的特点，可将多媒体教学的基本设计原则归纳为以下几方面：

1. 信息情境与学习目标相一致

多媒体技术引入课堂教学，使教师用文字、符号进行讲授和以语言启发思考的静态刺激形式变得丰富多彩，使课堂能够组织、输出更多的信息形式和信息量，使课堂变成一个较大的学习空间。所以，每一堂课的信息情境不能是简单的声像堆砌，也不能一味地让无连贯性的未经选择的声像干扰学生的注意力，良好的信息情境应该是在意义上有一定秩序形式、在情境中有趣味性、能为教学目标服务的生动的信息集合。多媒体课堂教学，既要创设资源丰富的学习环境，更要对信息资源、自主学习、协作学习环境进行设计，形成信息情境与学习目标的高度一致。

2. 教师前缘引导与学生自主学习的原则

以教师为主导、学生为主体是试验教学乃至今后教学的主要教学思想。利用多媒体进行教学，学生对各种信息的接收与处理应有全新的方法。学生要在丰富的情境中利用自己某一方面的信息加工优势，灵活地理解掌握所学的知识。因此，教师不能对每条信息都进行解释，或者一味地进行“启发”，当然也不能让学习像看电视节目或听音乐一样轻松自在，只凭自己喜好，教师应站在超前于学生智力发展的边界上（最邻近发展区），进行前缘性的引导，应适度分析当前的信息，引导学生观察发现、研究归纳，引导学生优化认知结构进行意义建构。这样既可排除非主要信息给学生带来的干扰，同时又促使学生独立思考自主学习。在教学中，教师要克服过多的启发，避免抑制学生主动性的发挥，也要通过恰当的引导使学生形成正确的思维品质，进而形成并改善认知结构。

3. 刺激适度与充分记忆的原则

任何教学方法和教学形式，都应遵循学生生理发展的规律，按照其特点组织教学。较大的刺激量，能使学生增强注意力、提高学习效率；而过度的刺激会引起过早疲劳，分散学生的注意力，降低学习效率。多媒体教学应根据教学要求设计刺激的方式，准确把握刺激量的大小，积极调动学生的各种情绪，即利用非智力因素达到提高学习效率的目的。一般的多媒体教学，其课堂容量往往比传统教学形式的容量要大，给学生的刺激程度也较高，这样加速了学习的进程，增加了单位时间内的学习内容，同时也就减少了学生理解、记忆的时间。如果不充分认识到这一问题，就会造成欲速则不达、事与愿违的后果。大量的教学实践告诉我们，如果对刺激量大小的认识不足和控制不当，就会产生事与愿违的结果。这就要求教师在教学中安排的刺激量要适度，要准确把握教学节奏，使学生有充分理解、记忆的时间和过程。

4. 人机交互与师生交际的原则

多媒体课堂教学通过超文本链接和网络学习，能够实现人机的交互学习，提高了学生学习的自主性，这是多媒体教学中的一大显著特点。在教学中，学生可以脱离教师进行学习，而许多的教师也容易依赖于机器，使讲课的对象与教师分离，减少了师生之间的思想交流和情感交流，忽视了教师的形态、参与、个人气质和教学艺术魅力对学生情感和知识掌握的巨大影响力。因此，在教学中既要充分发挥人机交互的作用，更要在协作学习中体现师生的相互作用，注重师生交际，使交互与交际两者有机地结合起来。

（三）多媒体教学设计的基本过程

多媒体课堂教学要设计什么，怎样进行设计，是要解决的重要问题。必须要做到的是根据多媒体课堂教学的任务，遵循教学基本原则，确立如何去实现教学目的，选择信息的组织和输出方式，明确教学中教师的地位和学生学习的方式及学习效果等问题，从整体上去设计教学。

1. 分析教学内容，确定教学目标

按照课程的逻辑结构（章、节、问题）明确所讲授的知识点，确定每个知识点内容的属性，并分析这些知识点的内容是属于哪一种类型（事实、概念、技能、原理、问题解决等），进而确定教学目标。

2. 选择教学媒体

选择教学媒体，就是根据教学内容和教学目标，选择记录和储存教学信息的软件和硬件。注意其目的性、针对性、多样性以及适度性、经济性等原则，按照教学媒体选择的方法和流程进行科学选择。

3. 创设信息情境

多媒体信息是多样化的，所以对创设信息情境所需的信息要进行合理、适度的组合，以便刺激学生实现当前学习主题和教学目标。

（1）信息资源的设计。确定为实现教学目标所需的信息资源的种类，合理利用资源以突出主题，使组合成的信息资源在学习过程中具有可接受性，以达到深化学习主题、突破难点、突出重点的目的。

（2）情境创设的设计。情境，又称教学情境或学习情境，是学生参与学习的具体现实环境。知识具有情境性，是被应用的文化、背景及活动的部分产物。知识是在情境中通过活动而产生的。具体的、充满情感和理智的教学情境，是激励学生主动参与学习的根本保证。教学情境的创设是指创设有利于学生对所学内容的主题意义进行理解的情境，是教学设计中的一个重要环节。通过有关的信息资源，使教学内容在社会文化背景下，接近实际生活并与当前学习主题相吻合。通过生动、直观、运动的形象，营造与学习主题气氛一致的情境，可以有效地激发学生的联想，引起积极的观察，唤醒学生长期记忆中的相关知识和感受，从而使学生有新的认识、有新的理解，掌握深化的知识，进行新的建构。情境创设要使学生在不同的环境中选择适合他们个人的学习兴趣和爱好，主动地发现和探索，激发学生参与交互式、协作式学习的积极性。通过教师前缘性的引导，使学生在营造的氛围里感受新的事物，完成对问题的理解，进而运用新的知识形成意义建构。

（3）信息刺激的设计。情境的创设与刺激量密切相关。要正确处理各种信息输出方式、时机和量度的问题。动态的设计有利于引起注意，超量的信息则容易造成可记忆时间的缩短、深度的分析理解不能完全消化的结果，从而使信息输入浮于表面，对知识的自我链接不牢靠；音像有助于营造气氛，形成新的感受，使学生在与学习内容一致的愉快氛围里产生共鸣，可减轻学习疲劳，但使用不当会干扰学生对事物的深入分析和干扰严密思考的进程。因此，信息刺激的设计要从方式、时机、量度、动态、声音几个方面进行全面的安排，达到和谐的效果。值得注意的是，多媒体课堂教学显示内容相对较多，速度高于一般情况，特别是显示的内容在屏与屏之间切换太彻底，学生对知识系统的整体感受相对下降，因此要通过概括性的小结和高度浓缩来刺激学生回忆、记忆和进一步理解教学内容，完整和连贯学生的感受系统，使学生自发地完成知识系统的建构。

4. 设计学习方式

多媒体教学的特点能够很大程度地改变也必须改变学生学习的方式。多媒体课堂教学中学习方式的设计，直接影响学生的学习效率和效果，影响多媒体教学目的的实现。

（1）交互式学习设计。交互式学习设计要体现各种学生层次的需求，并由不同基础向深化知识趋近，学生通过主动的交互式对话，被引入到一个更高的水平。因此，交互的内容要有随机的进入和随机的处理方式，能够通过选定的典型问题、情境，引导正向迁移；也要通过框架式、树式等形式的填充使学生形成整体认识。交互式学习设计的三个要素是主动性、引导性和探索性。

（2）协作与引导学习设计。协作学习是自主学习的一种特殊形式，通过分组讨论、协商以及小组之间提出各组不同见解的方式，用集体智慧深化个体理解。协作学习离不开教师的引导和指导，各小组需要在教师设计的问题范围内进行充分的思考。因此，协作学习可以是在每堂课的初始期，由教师提出能引起争论的议题开始，并通过设计，步步向教学目标靠拢，统一学习认识，使学生在协作中发挥主动性，进行认知建构；也可以是在教学中对遇到的实际疑难问题展开讨论，教师通过一些辩论式的问题让学生明辨是非，深化对问题的理解。

在协作学习中，教师的主导性要充分地发挥，让学生在老师教学艺术的感染下、在其魅力的呼唤下，进入智力邻近发展区，达到充分调动学生的积极性，使其自主地解决问题。

5. 学习评价

学习评价是指对学生的学习过程及结果进行评价，它是依据一定的标准，采取一定的手段对学生通过教学所发生的行为予以确定的过程。学习评价的对象是学生的学习过程及其结果，评价者主要是任课教师。学习评价不能等同于学习测量。测量是人们对事物进行某种数量化的测定，运用各种测量手段获取各种信息。学习测量只是对学生行为进行的描述，而不管其价值如何；学习评价则以这种描述为基础进而试图确定学生行为的价值，即根据测量结果对学生的行为做出价值判断。简言之，学习测量着重于对学习状况的数量化确定，而学习评价则是在测量的基础上着重对学习状况的“解释”与“判断”。在学习评价中，测量的手段或工具很多，但主要是测验，教师根据测验结果对学生的学习做出价值判断。

第四章　新时代信息化教学的教师专业发展与教学过程分析

第一节　新时代面向信息化的教师专业发展

信息时代对教育提出了新的要求，教育已不再仅仅是为学生建立扎实的知识基础，还包括全面提升学生的素质，其中一个重要的内容就是对信息的归纳、概括以及分析判断能力。这就需要教师不断完善自身的信息素养和技术能力结构，只有这样，才能够适应教育信息化的发展。这里主要对当代教师的信息技术素养进行具体研究。

一、新时代面向信息化的教师应具备的信息素养

（一）教师信息素养的内涵

1. 信息素养

1974 年，美国信息产业协会主席保罗·泽考斯基提出了“信息素养”一词，他认为，信息素养是指利用大量的信息工具和主要的信息源解答问题时使用的技术、技能。后来又将其解释为人们在解答问题时利用信息的技术和技能。随着信息科技的飞速发展，人们对“信息素养”有了新的认识。

1989 年，美国图书馆协会在报告中指出，信息素养是个体能够认识到需要信息的时机，能够对信息进行检索、评估和有效利用的综合能力。1992 年，多莱在《信息素养全美论坛的终结报告》中明确了具有信息素养的人所应具有的特征，包括认识到信息的重要性；认识到信息对制定决策的作用；为实际应用组织信息；利用信息进行批判性思维和解决问题等。1998 年，美国图书馆协会和美国教育传播与技术协会从学生学习的角度出发，立足于信息素养、独立学习和社会责任三方面，制定了九大信息素养标准，使信息素养的内涵更加丰富。

可见，对信息素养的认识处于不断发展变化之中，经历了一个从掌握信息技术和技能、具有信息意识，到具有信息评价、鉴定、选择的能力和信息道德责任的过程。

我国学者桑新民认为，可以从三个层次确立信息素养的内在结构与目标体系。第一层次为驾驭信息的能力；第二层次为运用信息技术进行高效学习与交流的能力；第三层次为信息时代公民的人格教养。桑新民认为，只要具有了这三个层次的能力，每个人就可以进行自主学习，因此，具有信息素养是自主学习的基本条件。

虽然人们尚未对信息素养达成一致认识，但经过分析和综合，对信息素养形成了一些共同的看法。例如，获取、利用、评价、生成信息是信息素养的主要特征，内化和整合到个体能力系统是其主要的目标。

2. 教师信息素养

教师信息素养是指"教师在传递信息的实践基础上，根据社会信息环境和发展要求，自觉接受教育和进行修养而逐步形成的对待信息活动的态度，以及利用信息去解决问题的能力。"①

（二）教师应具备的信息素养的内容

具体而言，教师应具备的信息素养主要包括信息意识、信息知识、信息能力、信息道德和信息创新。

1. 信息意识

信息意识是指人在信息活动过程中表现出的敏感度、判断力和洞察力，以及形成的认识和观念。总的来说，信息意识具体体现在以下三点。

第一，能够充分认识到信息在社会发展中的重要作用，并树立终身学习、积极创新的观念。

第二，具有强烈的获取信息的欲求。只有具备获取信息的欲求，才会产生获取信息的行为，进而适应社会的发展。

第三，对信息具有较强的敏感性，能够准确筛选出有价值的信息，发现信息的深层含义，并善于将信息运用到自己的现实生活中，善于从信息中找出解决问题的方法。

---

① 张豪锋，等．教育信息化与教师专业发展［M］．北京：科学出版社．2018：74.

信息意识的培养和树立是教师提升信息素养的重要前提。可以说，信息意识的树立与培养，是教师在教育教学过程中自觉运用信息技术的重要前提。同时，教师也只有不断增强自身的信息意识，才能够做到主动积累信息知识、提高自身的信息能力，进而促进信息素养的提升。相关实践表明，如果教师拥有较强的信息意识，就会在教学过程中表现出较强的敏感性，时时刻刻把信息技术“记”在心头。

2. 信息知识

信息知识是指与信息的产生、传播、运用相关的内容。作为信息素养的重要组成部分，信息知识主要包括六个方面。

（1）基本信息知识。进入信息时代后，虽然人们获取知识的方式和内容发生了很大的变化，但知识的积累仍是人们提升自身文化修养的重要基础。信息知识是对传统文化知识的延伸与拓展。在信息时代，教师想要提升自身的信息处理能力，就必须具有快速的阅读能力，有效地获取有价值的信息，了解信息技术的基本常识与历史，掌握基本的信息知识。

（2）多媒体知识。信息时代，教学在实施过程中可以运用到多种媒体，这就要求教师了解相关软件的作用与特征，掌握软件的使用方法。为提高信息教学的质量，教师应依据不同的学科、教育对象、教学目标、教学内容等，选择适合的媒体。

（3）网络知识。随着信息技术的飞速发展以及互联网的广泛应用，网络技术在教学中发挥着越来越重要的作用。在信息化时代，远距离教育和学生自主学习是两种重要的人才培养方式。

各种教育机构、科研机构和公开文化设施通过计算机网络密切联系在一起，为学生营造了良好的学习环境。因此，在信息化教学中，教师必须掌握网络基本知识，具备网络的操作能力。

（4）课程整合知识。为实现信息技术与学科课程的整合，教师要能够熟练地将信息技术与不同媒体进行重新整合，要能够实现信息技术与学科教学的有机融合。

（5）外语。信息化社会是开放性的、全球性的，互联网是人们主要的信息交流平台。互联网上的信息80％是英语，教师只有掌握一定的外语知识，才能够实现信息的交流，适应当代教育信息化发展的要求。

（6）终身学习。终身学习与信息素养的培养具有密切的联系。所谓终身学习，是指通过一个不断的支持过程来发挥人类的潜能。人们通过终身学习，能够获得发展所需的知识、技能，并在任何任务、情况和环境中合理地应用它们。

随着教育信息化的快速发展，教师的信息知识也要不断更新。教师要充分了解信息的特点和含义；了解书籍、报刊、录像、电视等信息源的种类及使用；掌握录像机、幻灯机、投影仪等信息展示新技术的使用；掌握高效获取信息的图书分类知识、信息检索方法等。

3. 信息能力

信息能力，即对信息的加工处理能力以及创新能力，具体可分为基本信息能力和教育信息能力。

（1）基本信息能力。基本信息能力主要可以分为以下四个方面。

①信息系统的应用能力。信息系统的应用能力既包括对信息系统硬件系统的操作能力，又包括对软件系统的使用能力。例如，教师能够对多媒体计算机进行熟练的操作，能够熟练运用网上通信、查询、浏览等软件工具。

②信息搜索获取能力。信息搜索获取能力，顾名思义，即教师对信息的搜集能力，其在很大程度上取决于教师对信息源的了解程度，以及对信息工具运用的熟练程度。

③信息的加工能力。信息的加工能力是指教师在获取信息之后，对信息的鉴别、分析、综合，最终内化为自己的思想的能力。从实质上讲，信息加工是在原有信息的基础上对信息的重新再造，包括对信息的分类、理解、综合和评价。所谓分类，是指按照一定标准对信息进行筛选和分门别类的处理。所谓理解，是指准确把握不同信息的内涵和特点，了解信息的内在价值和意义。所谓综合，是指在对信息进行分类和理解的基础上，将有用的信息进行重新组合。所谓评价，是指从信息的时效性、科学性出发，对其进行科学的价值判断。

④信息的应用能力。获取信息、加工信息是信息应用能力的基础，在此基础上，实现对信息的优化、表达和再生。

（2）教育信息能力。教师的教育信息能力主要包括以下几方面。

①进行信息化教学的能力。随着时代的进步和科学技术的迅猛发展，信

息化教学受到了越来越多的重视。信息化教学将计算机多媒体技术、网络技术、人工智能技术等现代信息技术作为技术支持，以先进的教育教学理论作为指导，对教学进行了全方位的变革。

②信息技术与学科教学整合的能力。在信息化时代背景下，对信息技术与学科教学的整合是基础教育课程改革的一项重要内容，对于信息技术课程目标的实现具有重要的意义。

需要强调的是，在信息技术与学科教学整合过程中，应将信息技术作为一种认知工具，积极引导学生获取信息、探索问题、解决问题和建构知识，实现学科教学与信息技术的融合。

③教育知识管理能力。教育知识管理能力是指在面对庞杂的网络信息资源时，能够及时获取有效的信息，并对其进行加工、处理，将各种教学资源转化为具有网状联系的规范知识集合，并对这些知识进行有效的管理和利用。

教育知识管理能力要求教师遵循知识管理的基本原则，即积累、共享、交流的原则。积累是进行管理的基础，是对知识资源数量和质量的要求；共享要求组织内各成员之间的知识具有开放性；交流要求组织内成员之间要进行积极的沟通。

另外，教师还要对包括知识的生成工具、编码工具、转移工具在内的知识管理工具有一个深入的认识，并且能够做到熟练运用。

④信息教育的能力。在信息教育中，教师一方面要通过自身的努力学习，不断提升自身的能力；另一方面要积极引导学生接受信息技术教育。这就要求教师在实际教学过程中不断渗透信息教育的内容，在现实生活中自觉运用。

4. 信息道德

现代信息技术充斥着我们的生活，在为教育教学信息的获取、加工、传输带来极大便利的同时，也带来了许多不容忽视的问题，如网络黑客、版权问题、个人隐私问题等，这些问题的出现给我们的道德教育提出了新课题，它对信息社会的每一个人都提出了新的要求。在信息化社会，就教师而言，其不仅自身要具有良好的道德修养，而且还应具备进行信息道德教育的能力。

信息道德是指人们在获取、利用信息过程中，必须具备的信息道德思想，以及必须遵循的行为准则。教师的信息道德修养主要包括以下几点：第一，对文化多样性和各民族文化传统的关系有一个正确的认识；第二，对全人类利益和民族利益的关系有一个正确的认识；第三，能够有效排除信息技术环境的不良因素；第四，自觉遵守网络环境下的行为规范；第五，提高道德的主体性，遵循信息伦理道德标准。例如，不得危害社会或侵犯他人合法权益，不得向学生传递不良信息等。

教师在面对网络时，应具有高度的社会责任感，这是信息素养的首要道德，在进行每一项研究时，应考虑到这会很快地传播到各个地方，造成极大影响，应考虑到社会效应。例如，网络传播的既可能是有利于人类科学技术进步的信息，也可能是有害的计算机病毒；要保证自己劳动成果的纯洁性和科学性，教师不能去剽窃和仿冒他人的研究成果，在引用别人的知识劳动成果时应该指明出处；教师之间应具有良好的合作精神，作为信息的传播者又是信息的接受者，应尊重自己和他人的劳动成果。

在信息道德规范下，教师在面对十分庞杂的信息时，应选择有用的、有正确影响的信息进行整合，形成有利于社会、有利于学生的信息，并指导学生学会判断、选择信息，为建立学生的信息道德规范做出表率。

5. 信息创新

创新是指打破现有的思维模式，提出不同于常规思路的观点，进而生产出促进社会文明进步的前所未有的精神或物质产品。随着社会的不断发展，竞争无处不在，只有懂得创新的国家才有立足之地，因此，要注重对创新型人才的培养。而承担着培养创新人才任务的教师，只有从自身出发树立创新意识，提升创新能力，才能为学生树立良好的榜样，促进学生创新能力的提升。

（1）教师的创新意识。教师的创新意识具体包括以下几点。

①能够敏感地发现问题，注意到某一情境中存在的问题。

②对问题的新颖性进行分析，能够提出与众不同，又有科学依据的观点。

③对新事物保持好奇心，并积极弄清它们的发展趋势，提出有价值的问题。

④具有浓厚的创新兴趣，创新型人才对各种活动表现出浓厚的兴趣，他们向往并热衷于创新活动，能从中得到心理上的满足和快感。

⑤保持怀疑，要对一些传统的观念和看法进行大胆发问，要善于发现和观察，关注其他人忽略的事物，在一些习以为常的事物中发现新的问题，敢于质疑大家公认的真理。当然，怀疑并不是盲目的、凭空的，而是要建立在一定科学依据基础上的。可以说，对传统学说、观念、理论提出问题，是建立新理论的重要基础。

（2）教师的创新能力。教师的信息创新能力的重点应是能创造出各种条件来培养学生的创新能力。具体而言，教师要努力做到以下几点。

①转变传统的教学观念。教师不再是向学生灌输书本知识，而应注重调动起学生参与课堂的积极性，最大限度地激发学生的创造性。教师在利用多媒体信息网络教室进行教学时，不仅要向学生传授知识，更要教会学生掌握适合自己的学习方法。

②为学生营造良好的创新环境，具体包括教学心理和计算机教学环境的营造。教师在教学过程中，不应把自己的思维强加给学生，而应鼓励学生进行大胆质疑，积极表达自己的意见和观点，培养学生的创新意识。当意识到学生提出的观点不正确时，不应立刻对其进行否定，而应逐步引导其认识到自身的问题所在，并积极探索出正确的结论。

③合理利用多媒体点播系统激发学生创新思维。教师在进行课程综合设计时，要发掘一些有利于训练学生创新能力的课题，要启发学生自己发现问题，自己解决问题，使学生逐步养成独立获取知识和创造性地运用知识的习惯。加强培养学生发现问题、提出问题和解决问题的能力。利用多媒体网络，能够让学生对所学的知识有一个直观的认识，可以让学生通过实际操作，不断加深印象；通过网上冲浪可以让学生遨游网络世界，并在教师的指导下获得大量的知识。

（3）教师的创造性思维。教师的创造性思维主要表现在对学生的创造性思维的培养，应遵循培养创造性思维的五个环节。

①积极培养发散性思维，做到同中求异，正向反求。

②积极培养直觉思维，从大处着眼，将知识进行结构化、图表化处理。

③积极培养形象思维，积极想象，大胆联想，不要孤立地培养形象思

维，要用与逻辑思维相结合的观点培养形象思维。

④积极培养逻辑思维，提升对事物的分析、综合、概括能力。

⑤积极培养辩证思维，对问题进行实事求是的分析。

二、教师应具备的技术能力结构

信息时代的教师需要具备新的能力结构，不仅是新的理论知识结构，而且在技术能力方面也要求转变，具体包括信息技术能力以及教育技术能力。

（一）信息技术能力

1. 信息技术能力的概念

信息技术是指人类对包括数据、语言、文字等在内的各种信息进行加工处理的知识、方法、工具的总和。从广义上讲，凡是能拓展人的信息处理能力的技术都可称为信息技术。人的信息处理能力包括对信息的感知、记录、存储、计算、传递等，而人完成信息处理的主要器官有感觉器官、神经系统、大脑等，目前看来，信息技术主要包括传感技术、计算机技术、通信技术、控制技术等，帮助人们完成信息的检测、识别、变换、存储、传递、计算、显示、提取、控制和利用。

传感技术扩展了人的感觉器官能力，主要完成对信息的识别、收集等。计算机技术通过高速的计算能力以及极大的存储能力弥补了人的大脑能力的局限，使信息的加工处理得以顺利完成。通信技术则扩展了人的神经系统能力，实现信息的传递等。教师信息技术能力就是教师通过计算机、应用软件等技术获取工作需要的信息，进而完成工作任务的能力。教师掌握使用关于信息技术的能力，能熟练运用于教学实践中，辅助教学的实现。例如，利用多媒体电子教案上课，能够在很大程度上改善教学环境，减轻教师的劳动强度；利用音频、视频信息，能够增加课堂的趣味性，完成一些传统课堂无法完成的任务；利用网络教学，可以实现课堂上的个别辅导和协作学习，等等。

2. 教师具备信息技术能力的必要性

自从计算机信息技术的发展为教学引入了互动性和合作方式以来，计算机辅助教学的新型教学信息技术在教育中受到了越来越多的重视。许多国家和地区认识到教育需要改革，而改革的重点、突破点在于使用现代信息技术，信息素养的提高有赖于信息技术的熟练运用，信息技术是培养下一代信息素养的重要途径之一。信息技术教学对教育的发展发挥着至关重要的作用，它不仅改变了学生的学习习惯和学习方式，在很大程度上促进了学生主动学习与自主学习能力的提升，而且对教育理念、模式等方面产生了深刻的影响。我国广大中小学教师正面临着教育信息化和课程教学改革的新挑战。作为教育改革的最直接实施者，广大中小学教师理所当然地应该将教育技术能力作为其专业能力的重要组成部分。信息技术在教学中的推广，使得学生能够接触到大量的信息技术，不断提升自身的信息意识与情感，提高信息伦理道德修养，掌握信息技术的基本知识，熟悉掌握各种能力。

简言之，信息技术在教学领域的运用，为学生提供了广阔的学习空间、充足的学习资料、多样的学习方式，同时，它也向教师们呈现了一个前所未有的教学场景，能够对教师的教学手段、教学方式进行改善，有效减轻教师传授知识的任务，使其将更多的时间和精力投入到关注学生、引导学生的教育活动中去。这有利于信息化校园的形成，有利于营造培养信息素养的环境，有利于教师信息素养的形成，并为学生的信息素养和创新能力培养起到示范作用。

3. 信息技术能力的结构

信息技术能力结构一般包括信息技术基本知识、信息技术教学应用两方面，其中这两方面之下包含了许多个小的子部分。

（1）信息技术基本知识。信息技术基本知识是信息技术教学得以顺利开展的重要基础。信息技术基本知识主要包括信息技术的基本常识、优势与局限、伦理道德等内容。

①信息技术的基本常识。信息技术的基本常识包括信息技术的定义，信息技术的常用名词术语，信息技术的类型及特点，信息技术的发展状况，利用信息技术需要的硬件、软件系统及其在信息系统中的基本功能，信息系统工作原理等。

②信息技术的优势与局限。教师既要认识到信息技术的优势，也要认识到信息技术的局限性。

信息技术的优势主要表现在以下几点：

第一，信息技术为人们获取丰富知识与所需信息提供了方便。

第二，信息技术为人们进行高效的思考与工作提供了工具。

第三，信息技术的应用有利于教师及学生信息素养的提升。

信息技术应用的局限性主要表现在以下两点。

第一，有人可能利用信息技术传播违背人类伦理道德的信息。

第二，在使用信息技术分享信息数据时，传播的信息资源可能是错误的或不真实的。

③信息技术的伦理道德。教师在利用信息技术时应注意法律与道德问题。有意制造与散布计算机病毒，利用信息技术盗窃国家机密，利用信息技术破坏他人的数据与信息，与信息技术有关的知识产权问题等都会产生信息技术伦理道德问题。

（2）信息技术的教学应用。随着教育信息化的大力推进，面对学生要广泛开展信息技术教育，把现代信息技术引入学科教学，培养学生的创新精神和实践能力。在学校教学中应用的现代信息技术，主要是指以信息化、网络化、多媒体化和智能化为特点的信息技术。

大量的文献表明，国外的一些国家和地区在现代信息技术的教学研究方面取得了一定的成果，掌握了丰富的教学方法，如支架式教学、抛锚式教学、项目研究式学习、协作性学习等。这些方法主要是围绕研究项目或学习主题提出的，学生从广泛的信息资源中筛选出自己所需要的信息，然后根据完成学习任务的需要，对筛选出的信息进行分析处理，最终实现问题的解决。

我国近年来，在信息技术教学应用方面的研究也取得了新的进展，主要表现在以下几个方面。

第一，教师的教学观念发生了重要的转变，认识到学生在学习中的主体性地位，教师只是学习情境的设计者，在学生获取以及利用学习资源时，教师对学生进行有效的指导和帮助。

第二，教师将研究的重点从教学媒体开发及其教学运用转向学习资源的设计开发。

第三，在计算机网络等现代信息技术的学科教学应用中，教师应突出其工具的作用和创设建构主义学习环境的作用，在建立校园网、多媒体教室等基础之上进行自主学习和研究性学习；教师应重视教学信息资源库的建设，建立中小学各学科教学信息资源库。例如，可以将信息技术作为演示工具，将知识直观地呈现给学生；可以将信息技术作为学习资源获取的工具，使学生通过网址、搜索引擎等工具获取所需信息；可以将信息技术作为情境探究和学习的工具，通过创设虚拟环境，不断提升学生的科学研究的能力；可以将信息技术作为测评和反馈工具，通过编制操作练习型软件等，让学生对自己的学习进行检测，及时发现问题。

从这些应用可以看出，信息技术在教学中的应用就是作为一种辅助工具，而不是一种理论依靠。实际上，教师应具备的信息技术能力就是在信息技术环境下转变教学观念，将信息技术在教学实践中灵活运用。

（二）教育技术能力

1. 教育技术能力的含义

1994 年，美国教育传播与技术协会对教育技术进行了定义，对中国教育技术研究和实践产生了深远的影响。2004 年 7 月，在“长春 2004 年教育技术国际论坛”上，美国著名教育技术专家巴巴拉·西尔斯在题为“教育技术领域的新界定及在线课程的设计”的报告中，将教育技术定义为：教育技术是通过创造、使用和管理适当的技术性过程和资源，以促进学习和提高绩效的研究与符合伦理道德的实践。

简单地说，教育技术能力就是教师对信息技术与课程的整合能力，实现教育技术理论与教育技术实践的融合是教师的基本素养之一。

2. 具备教育技术能力的必要性

一直以来，教师的专业化并不强，而要想使教师成为一种专门职业，首先应通过提高教师应用教育技术的能力来提高教师的专业化水平。

教育技术能力，即对信息技术与课程进行整合的能力。在整合的实施过程中，教师应不断转变教育观念，掌握现代教学方法和教学手段，对信息进行合理的收集与应用，进而促进信息教学的顺利开展。

3. 教育技术能力的结构

在信息化学习环境中，教师应掌握的职业技能和应具备的能力结构会随着教师角色的转变而改变。教育部颁布的《中小学教师教育技术能力标准》，为新时期教师教育技术能力的培养与培训提供了重要依据。它指出，信息时代的教师必须掌握以先进的教育思想、学习和教学理论以及以计算机为基础的现代教育技术的基本知识和技能。

三、教师信息技术素养的培养

教师肩负着为国家培育具有较高信息素养的优秀人才的历史重任。而要完成这一历史使命，首先要求教师自身具备较高的信息技术素养。这就需要对教师信息技术素养的培养予以充分重视，具体应从以下几方面入手。

（一）营造良好的培训环境

1. 成立专门的培训部门

教育行政部门对于整个教育事业的发展与建设都起着决定性的作用。从教育部到地方各级教育管理机构都应设立相应的培训部门，对教师信息技术素养的培训工作进行全面负责。相关实践表明，通过层层设置组织机构，能够极大地增强教学工作力度，有效落实国家相关政策，进而提升信息教育教学质量。

2. 加强信息基础设施建设

教师信息素养的培养与提高，需要以信息基础设施建设为基础，可以说，只有加强信息基础设施建设，才能促进教师信息素养与教学实践的结合。学校硬件建设是教师信息素养全面提高的物质保障。要加强基础设施建设应从校园网建设、现代教育技术中心建设以及计算机中心建设等几方面入手。

（1）校园网建设。校园网在学校信息化建设中发挥着重要的作用，为学校信息化的实现提供了重要的平台。随着校园网的建立和广泛应用，教学教务管理、行政管理和校内外信息沟通等工作越来越便捷。因此，校园网建设是基础设施建设的一个重要方面，应努力使校园网站的网页内容更加丰富多彩；使校园网的资源，特别是教学资源更加多元化，为教师进行信息教学提供方便。

（2）现代教育技术中心建设。现代教育技术中心的建立具体反映在一些相关的技术设备上，只有具备一定的技术设备作为基础，教师的信息技术素养才能够得到提高。因此，学校应加大资金投入，完善信息教育技术所需的硬件设备，为教师开展信息化教学提供物质基础。

（3）计算机中心建设。在信息技术飞速发展的今天，各级学校的教师都应该熟练掌握计算机的操作技术，这也是提升其信息技术素养的一个重要要求。因此，各个学校应不断完善学校教师机房的建设，接入局域网或国际互联网，并将校园网接入到各个教师的办公室，配备相应的课件素材库，进而为教师信息化教学提供坚实的硬件基础。同时，还要加强对教师的培训，使其能够熟练制作多媒体软件并做到灵活运用。

由于我国目前的经济条件有限，而且各地区的经济发展不平衡，因此在教师信息技术素养的培养和提高方面要坚持实事求是的原则，从实际出发，逐步实现。

3. 加强学校间的合作与交流

各个学校要加强协作，对教师进行有效的引导，具体应做到以下几点。

第一，加强校际合作，积极举办讲座和研讨会，为教师提供学习的机会。学校应邀请相关单位的专家教授来校开展讲座和研讨活动，并下发一些与信息素养培养方面相关的书籍、资料等，对教师进行有效引导，进而提升教师的信息素养。

第二，学校对参与科研工作的教师予以一定的奖励，通过建立完善的激励机制，鼓励教师进行科学研究，加强对研究型教师的培养。同时，加强学校之间研究成果的交流，相互借鉴、相互学习，实现共同进步。

第三，将各地各学校一些成功的教师信息技术素养培养的案例作为范例进行研究、学习。

第四，各个学校对学生、教师可能会采取不同的评价方法，并且有着不同的经验积累，通过学校间的合作与交流，实现教师评价的科学性。

第五，学校应致力于对基础教育阶段的教育与考试方法进行改革，将侧重点放在对基础知识和能力的测试上，逐渐形成完善的素质能力考核体系。

（二）实现培训层次的多元化

由于我国教育发展水平地区性差异明显，因此，应考虑到不同的教师群体信息技术素养水平，基于不同的教师群体采用不同层次的培训策略。

1. 基础层次

基础层次的培训是对信息技术的普及，主要包括对信息基础知识、基础的信息操作技能进行的培训以及对基本的信息意识的教育。

基础层次的培训要针对不同的职位有所区别。例如，学科教师、管理人员和信息技术人员由于职务不同，培训内容也应有所区别，要有针对性。

2. 应用层次

针对我国信息技术素养培训脱离教学实际的误区，提倡信息技术素养的培训应从以下几方面入手。

（1）信息技术与学科课程的整合。将教师信息技术与学科课程整合的方式主要有以下几点。

第一，教师要利用信息技术进行演示，利用现成的教学软件、多媒体教学库制作多媒体课件，将学科中难以理解的内容以最为直观的形式展示给学生。

第二，教师要通过利用信息技术，获取学习资源。教师应熟练掌握信息网络技术，通过网址、搜索引擎等方式获取相关的资料，并对资料进行分类整合，进而为学生学习提供丰富的资源。此外，教师还应利用信息技术为学生创设虚拟的学习环境，培养学生科学的态度和能力。

第三，从实质上讲，信息技术是一种评测和反馈工具。操作练习型软件和计算机辅助测验软件在教学检测中发挥着重要的作用，这就需要教师掌握相关的技能，引导学生在练习和测验中对既有的知识进行巩固，从中获得教学反馈。

（2）采取基于任务的培训方式。传统的培训与教学实践结合相对薄弱，只重视对信息技术层面的培训而忽视了教学实践中将信息技术整合进去的问题，所以要构建面向课程整合的教师信息技术培训。这种培训是基于教学任务的，为了解决教学过程中出现的问题，因此，教师具有明确的培训任务。另外，在培训过程中，要根据实际情况对培训计划进行修改，使教师除了掌握本学科教学中的信息技术，还要掌握相关学科教学中的信息技术。

（3）推行跨学科的培训方式。从教师信息技术素养的培养现状来看，各学科教师之间缺少必要的交流。基础教育课程改革倡导打破学科界限，提出“在新的基础教育课程结构中，作为新生事物的综合课程已经成为学校课程体系中的重要组成部分”。课程结构的改革，要求教师跨越学科界限，与不同学科的教师进行交流，相互促进。

在应用层次中，信息技术与课程整合的应用是逐步变难的，这也就对教师信息技术素养的培养提出了一个层级目标，培训者可按照这个层级进行教师培训。

（三）培训形式多元化

要解决目前教师信息技术素养参差不齐的普遍现状，就必须对在岗教师和未来教师进行信息技术素养的基本培训，即教师职前培训和在职培训。

1. 教师职前培训

职前培训主要是针对师范院校的学生而言的。在踏上工作岗位之前，加强对师范生的信息技术素养的培养具有重要意义。具体可以采取以下措施。

第一，高等师范院校应积极开设信息技术等相关专业，使师范生树立科学的信息观念。

第二，开设的信息应用课程要与师范生所学专业相互融合、渗透，使师范生的信息技术与学科课程整合能力不断得到提升，使他们在未来的工作岗位上具有较强的信息应用能力。

第三，高等师范院校要积极开设与教育信息化相关的公共选修课，选修课要侧重于对基本信息知识与信息伦理道德的培养。

第四，在解决师范生不重视现代教育信息课程的问题上，培训者可以采用分组交流的方式，给他们布置任务，然后让他们分组去搜集信息，从各种渠道搜集信息，最后每个组派代表上去陈述他们搜集到的信息，各组进行交流，从做中学，这样不仅使学生重视这门课程，还可培养学生协作的能力。

2. 教师在职培训

目前，教师在职培训是我国教师信息技术素养培训的一种主要形式。在职教师中，有很大一部分教师的信息技术素养较低。因此，对在职教师的信息技术素养进行培训有利于教师更好地面对信息化时代带来的挑战。

具体而言，教师在职培训的方式主要有校本培训、学位进修、短期培训、自发研修。

（1）校本培训。校本培训具体包括学校利用一定的时间组织的信息技术培训以及信息技术与课程整合的教学观摩等。

（2）学位进修。学位进修主要包括通过学习进行本科学位的自考与函授以及获取信息技术教育学科的研究生学位等。

（3）短期培训。短期培训是各高等院校、教研部门等组织经常采用的培训形式。例如，政府部门组织的骨干教师培训。

(4) 自发研修。自发研修的形式具体包括以下几点：第一，订阅教育技术和信息技术教育方面的相关书籍和杂志；第二，积极参加网络论坛的专题讨论，借鉴经验；第三，积极参加各种研讨会，与一些成功人士进行交流与沟通。

(四) 教师要完成自身的转变

要提升教师信息技术素养，最重要的是靠教师自身不断的努力，具体应做到以下几点。

(1) 更新教育观念。教师要勇于打破传统观念，解放思想，突破传统的教育模式和思维方式，树立新型的教育理念，充分认识到信息技术在现代教学中的重要性。

(2) 教师在教学中应将传统的封闭式单一化教育转变为开放式多元化的教育。

(3) 教师应将简单地向学生传播知识转变为引导学生进行自学。

(4) 由终结性教育转变为终身性教育，教师必须不断学习，抓紧一切机会学习，把终身学习当成自己的生存前提，要与时俱进，不断更新自己的知识。

(5) 教师应将整齐划一化的课堂教育转变为针对学生个性差异性开展的教育。

(6) 在进行信息化教学时，教学手段要由静态的物质载体转变为多功能的动态多媒体。

(7) 教学模式由课堂讲授式向协同式学习转变，但在这个过程中要避免全盘舍弃的倾向，要将信息观念与已有教育观念相融合，逐步确立信息时代教育的新意识、新观念。

第二节　新时代高校教育信息化教学过程探析

信息化是当今世界经济和社会发展的大趋势，以多媒体和网络技术为核心的信息技术已成为拓展人类能力的创造性工具。在这样的环境下，教学作为人类的一项目标明确的活动，是在教师教与学生学的统一过程中实现的。从实践情况来看，会对教学活动产生影响的因素是多种多样的，如教学环境、教学内容、教学方法等，此外，各类信息化教学手段和方法也会对教学效果产生影响。尤其是在现代教育迅速变革与不断发展的今天，将各类信息技术运用到教学实践中去，不仅是教育教学改革的要求，也是现代社会发展对现代教育的要求。这里主要对信息化环境下的教学实践进行研究。

一、信息化环境与教学设计

进入21世纪，随着信息技术的不断发展，越来越多的地区和学校实现了网络连接，教育进入信息化时代。在这一时期，信息成倍增长、知识更新速度不断加快，这一变化也为现代教育带来了巨大挑战。为了适应现代社会的发展需求，现代教育必须直面这种变化，置身于现代化环境中，通过应用信息技术、在新课程中实施信息化教学、在素质教育中贯彻信息化教育理念等措施开展教学活动，而这些活动的开展都离不开教学设计的支持。但传统的教学设计显然难以适应现代社会发展的需要，于是产生了信息化教学模式以及相应的教学设计——信息化教学设计。

（一）信息化时代的到来

21世纪，整个社会正在经历着一场变革，那就是社会各个领域都在不断地被信息化，而这种信息化的普遍性就像当年“电气化”过程一样，浸入社会领域的各个角落，信息化时代已然到来。从时代特征来看，信息化时代的社会环境表现出以下几方面的特点。

1. 信息以几何级数增加且成为有价值的东西

在信息社会，最明显的特征是产生了信息的爆炸。随着计算机特别是网络技术的不断发展，网络进入了Web3.0时代，个人成为信息的生产者而不仅仅是信息的消费者。比如微博以及微信都是个人知识生产的平台，原来网络上的信息都是由专业的网站提供的，而现在，世界上的每个人只要能上网，就有可能成为信息的生产者，从而产生和分享信息。此外，在信息时代，人们对于价值有了新的认识，不再像工业社会时期那样将价值定位为能看得见、摸得着，能用、能吃的东西，而将不能吃也不能穿的信息视为有价值的东西，其原因就是信息在信息社会能够在不同的情况下产生不同的价值，这是跟以前的社会不一样的一种现象。

2. 社会实践对象从开发大自然到开发人类自身

社会实践的主要对象，从改造物质世界变成了提升人自身的世界。一旦物质生产到达了一定丰富程度的时候，社会实践的重心就从开发大自然变成了开发人类自己。并且，人类现在越来越认识到，改造客观世界的难度远远低于改造人的主观世界的难度。这点若从现实社会来看，也可以得到印证。例如，对于现代社会的人们来说，建造一个房子、生产一种粮食都较为容易，但改变人们的某种相对固定的思想观念，使其沿着另一条思路前进相对就不那么容易了。也正是因为如此，在现代家庭生活中，用于吃穿等日常生活的消费比例在不断下降，但教育、学习、享乐、休闲等精神需求的消费比例却在不断上升。这就说明主要的工作从保证温饱变成了提升素质。

3. 人类活动的时间和空间模式的改变

不管是移动通信技术还是互联网都构造了即时通信，改变了人类活动的时间和空间模式。手机的出现，让我们不管身在何处，都能和外界取得联系。QQ、微信等也使人们的沟通和交流变得方便快捷。而其中尤其值得一提的便是互联网，它不仅可以通过数据的传输和共享，将大量信息传递给更多的人，而且由于它的网络传播不受时空限制进行信息传播的特性也为人们的即时沟通创造了条件。此外，网络使人类更了解自身，形成了汇集知识、智慧和情感的海洋文化。网上购物、网上学习以及网上聊天等更是改变了人类原有的空间模式。

（二）信息化环境下的教学设计

信息化环境下的教学设计是在教育教学活动过程中，充分利用信息化技术手段和信息资源，合理安排教育教学活动的各个环节和要素，以便将信息化融入教育教学活动中，为学习者提供良好的信息化学习条件，在优化教育教学过程的同时，不断培养学习者的信息素养、创新精神、学习能力，为国家建设和发展培养全方位的人才。

1. 信息环境下教学设计的概念

信息环境下的教学设计简称信息化教学设计，很多人简单地将其理解为在教学设计中教师应用一定的信息技术来展示、演示具体的课程或内容。这显然是不合理的，它是我国在20世纪90年代以前使用计算机和网络开展教育教学的一种做法。当下的信息化教学设计的内涵更为丰富，它指的是在科学的教学理论指导下，综合运用各种方法，将现代信息技术和各类信息资源融入现代教育的各个环节中，以帮助全体教师在自己的日常课堂教学中充分利用信息技术和信息资源，培养学生的信息素养、创新精神和解决问题能力，从而增强学生的学习能力，提高他们的学业成绩。

2. 信息化环境下教学设计的原则

（1）以学生为中心。信息技术的飞速发展加快了教育信息化的进程，促进了教育的发展，解决了教育、教学中许多实际问题。但是，随着信息技术日新月异的发展和新媒体的不断涌现，在教育领域中普遍存在盲目使用技术，过分地关注技术的功能和效用，唯技术至上的观念。① 在这种观念的影响下，许多教师过于倚重技术的"工具性"和"力量性"而带上了明显的"以技术为中心"的色彩，认为只要使用了先进的技术就能促进学生的有效学习，学生被动适应新技术的功能，技术理性被片面化，从而缺乏了理性特征中最宝贵的反思精神和批判性。针对这一问题，信息化环境下的教学设计首先必须遵循的原则就是以学生为中心，即以学生的需求、兴趣、特点等为中心开展教学设计。这就要求教师做好以下三方面的工作。

①要为学生学习塑造合理的情境，以便他们有机会在不同的情境下运用所学的知识将各类知识"外化"。

②要让学生根据自身在学习中所学到的知识和根据自身行动所接收到的反馈信息来对客观事物形成客观认识，并努力形成解决实际问题的各类方案。

③要有意识地引导学生在学习的过程中充分发挥自身的主观能动性，体现学生学习的自我能动性。

（2）强调"协作学习"与团队合作。信息化环境下的教学设计认为，学生与其周围环境的相互作用，将会对其学习效果、学习内容的理解发挥重要作用。因此，在教学设计中，教师要注意引导学生科学地开展各类讨论和交流活动，以建立起一个围绕一定学习目的开展相关学习的学习群体，并尽可能地将全体学生纳入这个群体中。而在群体中，教师要通过教学设计引导学生共同批判地考察某个观点、理论、解说，就具体问题展开协商和辩论，先让学生自己争辩到底哪一种观点正确，然后再让学生和其他学生交换意见和看法，并对别人的观点做出分析和评论。

① 殷旭彪，陈琳．论信息化学习环境设计［J］．现代教育技术，2011（1）.

这种协作式的学习可以应用的范围十分广泛，不仅可以应用于教师和学生的教与学的过程中，也可以应用于教师与教师的教学合作与资源共享的过程中。通过这类学习，一方面教师和学生的思维得以与其他教师和学生共享，进而通过集体的智慧，不断升华学习的内容；另一方面也可以在整个群体中形成一个共同的知识体系，营造出一种群体性学习氛围。

3. 充分利用各种信息资源来支持学习

开展信息化环境下的教学设计的一个重要目的就是为学习者开展知识的主动探索和完成意义建构提供辅助，也因为如此，在教学设计的过程中，教师要注意为学生的各类学习提供包括各种类型的教学媒体和教学资料在内的信息资源。但需要明确的一点是，这里的利用各类型教学媒体和资源并非只是将其用作教师讲解和演示知识的辅助工具，而是要将其运用于支持学生进行自主学习和写作式探索中。因此，相较传统的教学媒体的选择和应用而言，信息化环境下的教学设计对这一部分将会进行全新的处理。比如，在传统的教学设计中，对多媒体的应用主要是根据学生的认知水平和年龄特征选择相应的多媒体形式辅助教学，而在信息化环境下的教学设计中，这种做法已经不复存在，教师将多媒体选择、应用的权力交给了学生，让学生在获取信息资源、应用信息资源和多媒体的过程中，主动地去探索各类知识，从而掌握了教育学习的主动权。这种情况在传统的教学设计中，是很难见到或者很少碰到的，而在信息化环境下的教学设计中，这一问题却成为亟待解决的一个普遍性问题。

4. 信息化环境下教学设计的模式

信息化环境下教学设计的模式多种多样，较为常见的有英特尔未来教育、资源型学习、“拾荒式”教学设计、苹果明日教室以及许多一线教师自己创造的网络时代的新型教学方式等。根据我国学者祝智庭的观点，不管教师采用哪一种教学方法，在信息化环境下开展教学设计所关注的重点基本上都是一样的，这也构成了信息化环境下的教学模式的典型模式。

需要注意的是，这里所说的典型模式并不是说它是信息化环境下教学设计的最佳模式或者唯一模式，只是说它融合了现代教育过程中的许多先进理念、评价方法等，展现了信息化环境下现代教育发展的一个方向，因此，对这种模式进行研究并将其应用于实践是非常有意义的。

在这个典型模式中，先由教师对单元的教学目标予以分析，确定学生通过此教学应达到的水平或应获得的能力。然后，根据目标设计针对性的问题，并确定提供资源的方式。在这个过程中，教师可以按照具体的教学内容、教学任务为学生提供一些现成的资源，也可以要求学生按照一定的中心目标自主搜索查找资料。在这之后，教师要对整个教学过程进行梳理，以便使整个学习过程更加井然有序。此外，如果在教学过程中，学生需要以电子作品的形式进行学习，教师就需要在课前做好相应的示范（这个示范应从学生的视角出发，以学生的认知特点和需求为基础进行设计），这样学生就能对自己将要完成的任务有一个总体的认识。当学生完成相应的电子作品后，教师进行作品评价时，应注意应用一系列结构化的评价工具，以便提高对学生作品评价的可操作性和准确性。另外，在评价学生作品的同时，还要对教学的具体实施方案，包括实施的时间安排、分组方法、实施过程、应用的硬件和软件等的准备情况进行相应的设计。

总之，信息化环境下教学设计的典型模式所产生的结果并非传统意义上的教案或者课件，而是一个个单元教学计划包，因而也被称作“包件”，它一般包括以下几方面的内容。

（1）单元教学计划：具体地描述教学单元的主题、学习目标、学习活动（教学过程）、学习资源等，其中的学习活动和学习资源在很大程度上是由信息技术支持的，因此这种教学计划可称为信息化教案。

（2）单元实施方案：包括教学活动的时间安排、学生分组、上机时间分配等具体实施措施。

（3）学生作品评价量规：制定结构化定量评价标准，并从作品的内容、规格、要求、创意等方面对评价指标予以细化，在评价过程中，教师可以利用这种量化评价指标对学生作品进行针对性评价。

（4）教学支持材料：为支持学生开展有效的学习活动而准备的各种辅助性教学材料，常见的有在线参考资料、光盘、参考书目、具体可用的各类教学辅助软件等。

（5）学生电子作品范例：用于向学生予以示范的电子作品范例，既可以从各类电子信息中选取出来，也可以由教师根据具体的教学内容和资料情况自行制作。

二、信息技术与课程整合

信息技术与课程整合是当前教育信息化进程中的一个热点问题。它指的是在课程教学的过程中，将信息技术、信息资源、信息方法等与课程内容有机结合在一起，共同完成课程教学任务的一种信息化社会中不断提升教育效率的方法。在很长的一段时间里，人们都认为，将信息技术运用到教学过程中，实际上就是在教学过程中利用各类信息技术来演示、展示相关的教学内容，以新鲜感来刺激学生，提高他们的学习效率。这一观点将信息技术定位为演示工具，过多地把注意力放在单纯事物的演示和知识呈现上，而并没有完全展示出信息技术信息化的优势。因此，在新时期的信息化环境下开展教育教学，必须转变观念，真正将信息技术合理融入教育教学中，以充分发挥现代教育信息技术的作用。

（一）信息技术与课程整合的必要性

随着信息技术的发展，以计算机技术、网络技术为标志的教育技术革命向传统教育手段、形式和内容提出了教育事业有史以来最严峻的考验和挑战，这也使得现代教育发生了诸多变化，如教学制度正从学年制、学分学年制向完全学分制和弹性学分制转变；教学形式正从“黑板＋粉笔”向网络化、多媒体教学转变；教学模式正从全日制向多层次、多形式、多规格的教育转变；教学内容正从使用统一教材向不断更新知识、追踪科技前沿发展；教育思想正从一次性的学校教育向终身教育发展。

网络时代教育的特点是开放化、多元化学习以及教育内容、教育手段的现代化和终身教育。信息时代是科技日新月异的时代，是知识、信息呈爆炸式膨胀的时代。在这样的社会背景下，学生在学校所学到的知识一般仅占一生中所需知识的10％左右，其余90％的知识都需要他们在日常的学习、生活、工作中不断丰富、不断获取。也因为如此，在现代社会，了解、学习、掌握和运用已有的知识，并运用各种信息技术来自主探索各类知识，即将信息技术作为每个社会成员生存和发展的重要条件和手段，不断学习和接受教育，已扩展到人的一生。在这种大背景下，将信息技术与课程予以整合，有助于推动现代课程教学改革的发展。具体来说，其必要性主要体现在以下几方面。

1. 信息技术与课程整合将促进课程内容的革新

伴随着现代信息技术的快速发展，现代信息技术的应用范围也在不断扩大，越来越多的信息技术被运用于人们日常生活的方方面面。而对于现代教育来说，将信息技术纳入现代课程教育过程中，不仅有助于利用信息技术形象化、生动化、多样化呈现课程内容，而且有助于学生通过发达的信息网络获取各类信息资源，同时还有助于教师根据信息网络实时更新的各类信息资源，不断革新、充实原有的课程内容，进而推动学校课程内容的革新，适应现代社会发展对课程教育内容的要求。

2. 信息技术与课程的整合会使课程的各个组成部分产生变革

准确来说，信息技术本身并不能引发课程的变革，但它却可以作为一种助推力，来推动学校课程的变革。在信息化时代背景下，信息技术的快速发展，使得各类信息的交互变得越来越频繁，信息产生的速度也不断加快，这都在很大程度上使得现代人的学习发生变革，迫使人们不断革新传统的课程观、教育观、学习观，而从当前的社会境遇下知识变革的速度、知识需求的情况，以及学习者独立性、自主性、首创性等需求的增强开展课程教育，这必然也会推动现代课程教学的变革。

3. 信息技术与课程整合将带来课程资源的变化

信息技术的快速发展，网络资源的丰富性与共享性，大大冲击了传统课程的资源观。在现代社会，课程资源已经不再像过去一样，仅仅以一本书、一系列教材等印刷制品的形式出现，其范围被大大扩展，网络资源、音像制品、视频图像等都被纳入现代课程资源的范畴。这种资源形式的拓展不仅有助于及时更新现代课程教育的内容，而且能以具有生命载体的课程资源形式大大丰富课程教学的整个过程，丰富学生与教师的感官，不断提高课程教学的效率。

4. 信息技术与课程整合将带来传统教学策略和理念的革新

信息化环境中的课程教育与传统课程教学不同。在传统课程教学中，教师作为知识的传授者常常以高于学生的姿态出现；而在信息化课程教学中，教师主宰课程教学的作用被大大削弱，学生利用信息技术可以不断提升自己的主体地位，也因为如此，新技术作为课程教学的辅助工具正在不断改变着传统教育理念。而在信息技术的加持下，研究性学习、探究性学习正以全新的姿态冲击着传统的课程教学模式。

具体来看，一方面，信息技术与课程的整合带来了学习方式的巨大变革，由于信息技术的作用，以及信息产生、传播速度和范围的不断扩大，传统的学习方式显然已经跟不上时代的步伐，也无法满足学习者的需求。在这种情况下，将信息技术与课程整合，有助于教师和学生转变传统的教育教学观念，从传统的“填鸭式”教学，转向接受信息技术环境下的各类主动式学习、探究式学习、研究式学习等，从而不断提升学生学习的主观能动性。另一方面，信息技术与课程的整合，大大促进了课程评价的变革与完善。在传统课程教学模式中，课程评价的标准常常被定位为学生的学习成绩，而忽略了学生其他方面的发展。在信息技术环境下，将信息技术与课程教学予以整合，将为课程教学带来全新的价值观念和评价手段，不仅有助于学生通过信息技术进行自我测评，进而根据自己的情况予以改进，也有助于教师通过信息技术开展动态评价、综合评价、全面评价，从而不断完善现代教育课程评价的方法。

（二）信息技术与课程整合的目标

正如上文所说，将信息技术与课程予以整合，并非将信息技术视为辅助课程教育的工具，而是要利用信息技术在课程教学的过程中营造一种有助于学生自主探索的学习环境，进而实现启发学生思考，引导学生自主获取信息、进行信息资源共享、开展协作学习等于一体的课程教学方式。换句话来说，也就是要实现一种不仅有助于教师发挥课程教学的主导作用，引导学生进行知识探索和知识学习，而且有助于提高学生学习主动性与能动性的以“自主、探究、合作”为特征的教与学方式（这正是基础教育新课程改革所要求的教与学方式）。通过这一方式，不仅可以使传统课程教学中以教师为中心的课堂教学结构发生根本性变革，而且能将课程教学培育学生的自主创新能力与实践能力的任务真正落到实处。这也是现代素质教育的基本理念，而这也意味着在进行信息技术与课程整合的过程中，必须围绕以下目标开展。

1. 培养学生终身学习的态度和能力

借助信息技术，学习资源得以在全球范围内被共享，虚拟课堂、虚拟学校也逐渐出现在人们的日常生活中，这种远程教育理念和实践的兴起，使得人们可以通过互联网随时随地地进行学习，学习的时空范围被彻底打破。同时，信息化的出现也为终身教育的实施奠定了良好的基础，传统的一次性教育在信息化环境下被无限延伸，学习者可以利用各类信息技术无限次地学习，从而大大拓宽了学习的时效性。而要实现终身学习，教育必须要向纵深化发展，要使教学的个性化、学习的自主化、作业的协同化相统一，并把培养学生学会学习、具有终身学习的态度和能力作为培养目标。

2. 培养学生获取、分析、加工和利用信息的知识与能力

将信息技术与课程予以整合，实际上就是要从传统的将信息技术视为教学辅助工具转变为利用信息技术为学生的学习创造良好的条件，并在教学的过程中培养学生的信息素养，这也是信息技术与课程整合的目标之一。

学生应具备的信息素养综合来看，应包括以下三方面的内容：第一，具备信息加工的能力，即通过信息的排序、检索、组织、表达、存储、传播等方式对各类信息进行加工。第二，信息技术的应用能力，即通过利用信息技术实现对信息的应用，并能运用这些技术来解决学习、生活、实践中的各项问题。例如，能利用信息技术拓宽自己的知识视野，会利用现有的信息技术能力来解决学习中出现的问题，能根据自己的学习内容利用各种信息工具主动获取具体的信息资源等。第三，对信息进行批判、分析的能力。获取信息只是第一步，若学生不能分析这些信息，那么所获取的信息一般也不会对学生产生非常大的影响，再加上信息更新速度的不断加快，获取信息的速度永远赶不上信息产生与传播的速度，长此以往，学生很容易就迷失在各类信息的搜集中，并不能实现自身信息素养的提升。因此，对信息进行分析、批判也是信息素养的一个重要方面，它要求学生能根据客观情况、自己的认知，以及其他各类帮助，认真思考信息的有效性、信息陈述的准确性，识别信息推理中的逻辑矛盾，识别信息中有根据或无根据的论断，确定论点的充分性。学生能够通过互联网等平台拓展自己的交流范围，面向世界，开阔视野，并能利用信息技术加强与他人的协作。

3. 培养学生的适应能力、应变能力与解决实际问题的能力

在当今这个信息大爆炸的时代，信息产生、更新的速度不断加快，人们需要学习的知识量也在迅速增加。在对信息的利用与挖掘中，人们已经步入知识经济时代，知识也逐渐成为促进社会发展的一大动力。在这种情况下，新兴学科、交叉学科不断涌现，同时也带来了知识的进一步增长。这些变化对现代人的政治、经济、文化等活动都产生了巨大冲击和影响，并直接对人的适应能力、应变能力和解决问题的能力提出挑战。在这种情况下，将信息技术与课程予以整合，就要运用信息技术不断提高学生的适应能力、应变能力和解决实际问题的能力，使其能够跟得上时代发展的步伐。

4. 培养学生掌握信息时代的学习方式

在信息化教育教学环境中，人们的学习方式发生了重大变化。学习者获得知识不再像传统课程教学一样，一味依赖教师的讲解和对书本、教材的学习，而可以利用各类信息化平台和手段，获取多种多样的信息资源。在占有这些信息资源的基础上，以平等的姿态与其他学生、教师进行协商讨论，开展合作式学习，从而实现自我发展与进步。从这一方面来说，将信息技术与课程进行整合，必须帮助学生掌握信息时代的学习方法，即要能利用各类信息技术开展自主性学习，并能利用信息技术与其他学生、教师展开协商与讨论等。

（三）信息技术与课程整合的方法

我国从2003年开始就进行了大规模的网络精品课程开发，尽管耗资巨大，课程资源丰富，但因其交互性较差及推广宣传欠缺等问题，造成精品课程逐渐变得形同虚设，达不到预期价值，严重背离了教育部开展建设精品课程的初衷。

信息化学习资源是指经过信息化处理，可以在计算机或网络环境下运行的多媒体教材，包括数字视频、数字音频、多媒体软件、网络、电子邮件、数据文件等。我们应以现有教材为基础，在教学过程中，充分、有效地利用国际互联网上的丰富教学资源，既有利于学科课程的学习，又可以提高学生的信息素养。同时要充分开发多媒体教材，多媒体教材与“印刷品”教材相比具有超媒体性、交互性、智能化等优势，它的容量非常大，可以将不同媒体所记载和表达的信息融合为一体，满足学生视觉、听觉等多种感官的需要。多媒体教材易分解、组合、检索、提取和利用，为知识的获取和保存提供了极大的便利。要注重网络课程的开发，因为它可以为教师和学生提供一个跨越时空的学习环境，有利于学生的自主学习和合作学习。网络课程也为学生之间、师生之间的交流提供了多种途径，如电子邮件、电子论坛、BBS

等方式实现了网上讨论、网上答疑、网上作业等学习形式。

需要注意的是，要想切实实现各学科教学与信息技术的科学整合，教师必须充分利用信息加工工具让学生进行知识重构，利用文字处理、图像处理、信息集成等信息化工具，对课程知识内容进行重组、创造，这样才能在对课程教学内容进行信息化处理后，将其提供给学习者使用。因此，整合的关键是教师，教师应该具有先进的教育理论，一定的信息技术能力，可以运用信息技术表达教学内容、教学方法，优化教学结构，能够很好地规划和设计自己的教学，了解信息化教学展开的具体进程和方式。具体来说，教师进行信息技术与课程的整合可采取以下三种方式。

1. 过程整合

过程整合是指教育者与学习者以教与学为目的的具体操作形式。即将信息技术的学习运用与学科课程的学习探究有机地融合在同一活动过程中，并在这一过程中达到建构主义所倡导的“同化”与“顺应”的目的。这是课程整合的主体，也是实现课程整合的途径。这一过程整合包括三个基本阶段：课前准备阶段、课堂实施阶段及课后拓展阶段。其中，课前准备阶段，教师应针对教学内容精心设计教学方案，寻找切入点；在课堂实施阶段，教师要依据教学方案，提出学习任务目标（包括必要的网络知识学习）及相应的学习方式（个别学习或小组学习），引导学生自己解决问题；在课后拓展阶段，教师应通过专题学习网站、邮件、QQ 等方式针对课程内容与学生进行网上讨论，教师要做的主要是给学生提供必要的网站、网址、自己的邮件地址，并对学生加强网络文明、网络安全及学习目的的教育。

2. 资源整合

资源整合应该是一种以优化教育资源为目标的组织形式，是教育者特别是管理者通过对硬件资源的合理配置，网络资源的充分利用，人力资源的培养开发以及课程资源的有机架构来实现组织形式的“优化整合”，这是课程整合的保障与基础。

3. 能力整合

教育的终极目的是培养学生能力，现代教育的目的是培养终身学习的能力。能力整合指的是通过研究“资源整合”和“过程整合”的这种课程整合形式，更有效地借助日益发达的教育技术，培养既具有较高信息素养又能运用现代信息技术进行不断学习的新世纪的学习者。

三、移动学习应用研究

移动通信技术的发展影响了人类社会的每个层面，给人们的工作、学习、生活、娱乐带来了前所未有的变革。作为新兴的学习形式，移动学习不仅有助于个人的终身学习，而且在未来社会的学习活动中扮演着重要的角色。作为移动通信技术和数字学习技术相结合的产物，移动学习代表着学习方式的未来。移动学习方式与现今的素质教育、全面教育、终身教育等教育理念有着密切的联系，而且逐渐被广大的学习者所关注。移动学习的出现改变了人们的学习方式，让人们可以在移动设备上随时随地进行学习，满足了任何时间、任何地点进行学习的需求，为学习的终身化和全民化提供了可能性。此时，学习者可以利用移动学习灵活确定学习的时间、地点，可以便捷地选择适当的学习资源；可以借助移动通信或者无线网络提供的交互交流手段，随时随地获得来自伙伴和教师的支持和帮助，促进学习问题的解决。

（一）移动学习

移动学习是一种在移动设备的帮助下，能够在任何时间、任何地点发生的学习。移动学习所使用的移动设备必须能够有效地呈现学习内容，并给教师和学习者提供双向交流的平台。移动学习在信息化学习的基础上通过有效结合移动计算和通信技术带给学习者随时随地学习的全新感受。它被认为是一种借助智能手机和平板电脑等便携数字移动设备进行学习的新型信息化学习方式。

目前最常用的移动学习设备主要包括智能手机和平板电脑。智能手机与平板电脑最主要的三种操作系统分别是苹果公司的IOS系统、谷歌公司的安卓（Android）系统以及微软公司的Windows Phone系统。三者之中唯独谷歌公司的安卓系统不向移动设备生产厂商收取操作系统许可费并且完全开放其源代码，所以大多数品牌的移动设备生产厂商都采用安卓系统作为其产品的操作系统，导致使用安卓系统的移动设备品牌、种类和总数都比使用另外两个系统的高。

（二）移动学习应用

从移动学习的应用实践来看，大学生群体占据了一个十分重要的地位，他们的观念较新，容易接受新鲜事物，自主学习的时间多，并且具有较强的学习动机。因此，在移动学习的应用上表现得尤为突出。根据赵慧臣在《移动学习的影响因素与优化研究》一书中以南阳师范学院发放“大学生利用手机学习情况调查问卷”为代表进行的调查显示，手机作为移动学习终端是未来的发展趋势，有97%的学生体验过手机学习的功能，但只有7%的大学生选择每天应用并将手机作为学习生活中必不可少的一部分。25.5%的学生认为利用手机作为学习平台的效果并不好；10.7%的学生反映，平时经常利用手机和老师、同学进行交流和学习。由此，人们逐渐了解了基于手机平台的移动学习的强势，更容易掌控碎片化时间。

手机在移动学习方面具有十分明显的优势，这些优势主要表现在以下几方面。

第一，学习方式的自主性。各种教育类手机 APP 逐渐被开发上线，4G、5G 手机使学习者在选择学习内容和学习方式等方面具有较大的自主性，学习者可以根据自己的学习风格以及当前的学习需求安装适合自己的教学软件。

第二，学习费用的廉价性。手机费用较计算机低廉，随着技术的提高，其功能几乎可与计算机媲美，在各类人群中普及率较高。

第三，学习的时效性、灵活性。在网络的支持下，手机可以使学习者摆脱有线线路的束缚，随时随地进行学习。地点可以在家里，或是上下班的途中，遇到问题都可以借助手机中的网站或社交软件展开学习。

第四，学习资源的多媒体性。移动学习资源大多以多媒体形式呈现，而目前智能手机等移动设备和多种媒体格式技术，让移动学习得到了最大的技术支持。4G 网络的普及将使移动学习平台得到更好的应用。

除手机外，笔记本电脑、MP3/MP4、PDA、电子书、平板电脑等智能设备的普及率也在不断提高，也能够用来支持移动学习的开展。

在学习方式上，有39.9%的学生选择浏览网页，选择通过相关的 APP 和下载离线学习资源的学生所占比例几乎相同。浏览网页的学习方式成为手机学习的首选，原因在于它更加方便快捷。在学习中遇到难题时，拿出手机百度，立即就可以搜索到众多参考答案。但是由于技术问题，很多学习网站在手机上无法完整显示，对很多功能也不支持。

手机相关技术的飞速发展，可以支持更多的多媒体格式，使得可存储的离线学习资源也更加丰富。文本、课件、图片、视频等格式的学习资料都可以相互分享，随时存储。手机 APP 是未来流行的学习方式，手机学习类的 APP 相继开发上市。

在移动学习中，以手机终端作为平台的学习方式将成为趋势。作为能够在任何时间、任何地点开展的学习方式，移动学习所使用的移动计算设备必须能够有效地呈现学习内容并且提供教师与学习者之间的双向交流。作为一种更符合现代社会人们工作、生活需要的学习方式，移动学习具有情境性、人性化和协作式的特点，能够使任何人随时随地获取所需学习资源，享受无处不在的学习服务。

第五章　新时代信息技术支持与教学课程的整合发展探索

第一节　新时代信息技术支持的教与学变革发展动向

一、中国信息技术支持的教与学变革的发展动态

《国家中长期教育改革和发展规划纲要（2010—2020年）》中提到“信息技术对教育发展具有革命性影响，必须予以高度重视”，在全面推进信息技术与教育深度融合的大背景下，国内的研究者和实践者对信息技术支持的教与学是如何理解的？其变革的历程是什么样的？目前存在什么问题？这些都是要探索的基本问题。

（一）概念演变：从要素观到“生态观”

毋庸置疑，信息技术的应用对教与学的变革产生了深刻影响，那该如何界定信息技术支持的教与学这个概念呢？实际上，研究者对这个概念的理解各有不同。有些研究者习惯从教学要素的角度出发，分别论述信息技术对教学各方面的影响，如刘雍潜等人在论述信息技术环境对“教与学”方式的影响时，分别分析了信息技术的发展，信息技术对教学理念、教学资源、教学过程、教学环境、教师的教学方式和学生的学习方式所产生的影响。白盈盈等人认为信息环境下教与学方式包括学生的学习方式、教师的教学方式以及师生间的互动方式三个要素。王长平等人从更广阔的媒介技术史范畴，分析了技术对教与学的方式、教师知识体系、教材和学习环境四个要素的影响历程及发展趋势。“要素观”在某种程度上，也体现着“技术导向”的思维方式，即从技术的角度去解构整个教学系统，这是我国第一轮教育信息化建设中大部分实践者和研究者所具有的思维方式。

“要素观”将信息技术支持的教与学的变革问题解剖成各个方面来分析，

有助于局部问题的理解。然而教育信息化是一项系统改革，我们还必须从更整体、更宏观的角度看问题。尹恩山等人就指出，许多教师对信息技术支持的教学缺乏整体的观念，仍然将信息技术作为一种外在的物化手段，在具体的教学实践中依然没有脱离传统教育模式，因而他提出信息技术支持的教学“生态观”，以便更加深刻认识到信息技术支持的教学系统各要素的全新关系。何克抗也指出，在以往的教育信息化实践中，信息技术的教育应用局限于改进教与学的过程的某个环节，而在信息技术与教育深度融合的背景下，应该逐步从“工具论”转向“环境论”。这里的“环境论”即“生态观”，也就是技术作为一种环境要素，已经对教学系统各要素都产生了结构性的影响，我们需要从整体的角度重新思考教与学的变革。

（二）发展历程：信息技术从工具走向“环境”

20世纪90年代以来，伴随着技术条件的不断成熟和教学理念的不断更新，我国信息技术支持的教与学发生了巨大变化，涌现出许多新的教学理念、教学方法、学习方式、教学模式等。在教与学变革的进程中，教师的教学和学生的学习是教学活动过程中辩证统一、不可分割的两个方面，因此“学的变革”和“教的变革”是教与学变革中两个重要的考察层面。下面我们将从这两个层面来分别阐释这种发展历程。

“学的变革”层面，教学理念正逐渐从“行为主义”向“建构主义”的范式转变，学生的主体地位逐步凸显，“以学为中心”的学习方式逐渐增多。例如，个性化学习、小组合作学习、探究性学习、基于问题的学习、基于任务的学习等。

“教的变革”层面，通过浏览历年相关文献，可以发现，信息技术支持的教学模式发展历程大概可以分为三个阶段：基于计算机的辅助教学、基于多媒体的辅助教学、基于Web的网络探究学习。

这三个阶段的变化反映出信息技术的地位正在发生着转变，从计算机到多媒体到互联网，从“辅助教学”到“支撑学习”，不仅体现着学习者地位从被动到主动的转变，预示着“以学习者为中心”的发展趋向，也预示着信息技术的地位逐渐从“工具”走向“环境”。

（三）存在问题：实践层面上改革者“技术导向”思维固化

从概念演变和发展历程两个方面的分析可以看出，我国部分教育信息化工作者在理念上已经逐渐从“要素观”转向“生态观”，也认识到信息技术的地位正逐渐从“工具”走向“环境”。然而在实践层面，我国不少研究者仍停留在“要素观”，具体表现为：对新兴信息技术所带来的教育潜能表现出巨大的热情，并热衷于利用新技术构建教学模式和方法，试图去解决教育教学中存在的问题，然而实际效果并不理想。如王国忠等人在对2000—2010年国内发表的与信息技术支持的教与学变革主题相关的150篇文献的分析中发现：多数教与学变革研究仅探讨如何构建信息技术支持的教与学的模式，缺乏数据支持，比较难验证有效性，而且构建的模式比较复杂，可操作性不强，推广价值不高。研究者在实践层面上的“技术导向”的变革思维，是我国信息技术支持的教与学变革面临的主要问题。

二、国际信息技术支持的教与学变革的发展动态

（一）国际信息技术支持的教与学变革政策简介

国际上，各国信息技术支持的教与学变革水平参差不齐，一些较发达国家已经连续发布了多期教育信息化规划，并在最新的规划中体现出对技术条件下学生的学习能力、学习方式、教学模式以及学习环境等问题的关注。

美国教育信息化发展水平处于世界前列，从1996年到2010年，美国总共发布了四个国家教育技术计划（National Educational Technology Plan，NETP）。并于2016年发布了最新的国家教育技术计划，题为《为未来准备学习：重新思考技术在教育中的作用》，确保所有年龄段的学习者都有机会获得个人成长和发展，在全球经济中保持竞争力。韩国的网络基础设施比较发达，教育信息化水平较高，自1996年起，已经连续发布了三个教育信息化总体规划，2006年发布的第三期规划目标是构建“世界级的教育竞争力”，并于2011年公布了电子课本推广计划，已经全面淘汰纸质课本，普及电子课本，构建基于云平台的泛在学习环境。日本政府对教育信息化的发展极其重视，先后通过“e-Japan”“u-Japan”“i-Japan”三次重大战略，将教育信息化水平提升到新的高度，2009年发布的“i-Japan2015战略”将重点放在提高学生的学习能力与应用信息技术的能力上。新加坡在“智慧国2015计划（iN2015）”以及“第三期教育信息化规划（Master plan3）”的引领下，正致力于信息技术支持的学校创新教学法实践及课程全面改革，并且

成效显著。

（二）国际信息技术支持的教与学变革新动向

通过横向对比各国最新的教育信息化政策发现，教育信息化水平较高的国家均发生了重要转变：从信息技术的简单应用到信息技术支持的教与学深层次变革，并在转变过程中出现一些变革的新动向，这些动向均体现出“学习导向”的变革新趋势。

1. 关注信息时代学习者的能力结构

21世纪的今天，学习者应该具备什么样的技能才能适应信息时代的信息化生存？美国、新加坡、联合国教科文组织等教育信息化的政策文件中均反复提到信息时代学习者能力结构这个问题，并尝试为其建立概念框架。2002年美国“Partnership for 21st Century Skills”组织率先提出“21世纪技能”学习者能力框架，具体包含四个方面：传统读写算核心课程；学习和创新技能（批判性思考和问题解决、合作、创新精神和创造力、有效沟通）；信息、媒介和技术技能；生活和职业技能。“21世纪技能”学习者能力框架为美国制定学生的信息化学习能力标准提供了理论上的参考依据。在联合国教科文组织亚太地区教育部发布的一份区域性指导手册《信息技术变革教育》中，也明确将“21世纪技能”框架作为指导学习者在信息技术环境下发展和储备能力的模型。新加坡在2010年提出的“21世纪竞争力”教育目标框架也是关注信息时代学习者的能力结构问题。

2. 构建个性化网络学习空间以培育新型学习方式

21世纪，学习者要形成新的能力结构，需要采取新的学习方式。例如个性化网络学习空间，有人将其定义为“一个由工具、服务及社群组成的个人教育平台”，它能帮助推动学习共同体的创建，可以促进社群隐性知识的挖掘和共享，能够聚焦丰富的信息技术工具，能够帮助学习者实现个性化和自主学习，具有支持新型学习方式的巨大潜力。从网际范围来看，无论是理念层面还是实践层面，个性化网络学习空间的建设在教育信息化水平较高的国家已经成为一种趋势。

美国“NETP2010计划”中提出了技术支持的学习模型，勾勒出了21世纪学习者的个性化网络学习空间的蓝图——“无论在校内还是校外，所有的学习者都将被赋权并获得这样的学习体验：成长为一位活跃的、有创造性的、有见识的、有道德的全球网络社会的参与者。”在个性化网络空间中，学习者是处于中心位置的，技术随时随地提供可以帮助学习者理解和学习的环境和工具，如信息管理沟通工具、知识建构工具、数据库及资源等；技术可以随时帮助学习者超越教室的局限，自由接入更大范围内的在线学习共同体及资源库；技术还可以使除教师以外的其他教学相关人员参与其中，如在课堂外的家长、专家和导师等。

韩国则为个性化网络空间建设提供了成功的现实案例。韩国于2004年启动“家庭网络学习计划”（the Cyber Home Learning System，CHLS），旨在为学生提供个性化的网络学习空间。在个性化网络学习空间中，学生可以自己定制学习内容，并且可以参加同年级学生组成的在线社区，在线教师、家长也可以参与其中。自2005年以来，登录CHLS的用户平均每天30万，CHLS在韩国取得了广泛影响。

3. 挖掘教育“大数据”以分析学习者行为

信息时代，学习者的活动越来越多地出现在互联网上，网络学习空间中将保存有大量学习者学习行为的相关数据。对这些数据的分析，我们可以掌握学习者的学习行为、学习进程、学习偏好等特征信息，为实现真正的个性化学习提供了可能。这种通过测量、收集、分析和报告有关学生的学习行为以及学习环境的数据，用以理解和优化学习及其产生环境的技术就叫做学习分析技术。有研究者预测，教育“大数据”以及学习分析技术的出现，将掀起人类教与学的又一次变革。目前，通过学习分析技术分析学习者行为的研究正逐渐成为国际热点。美国在“NETP2010”计划中曾提出“要用技术来改善评价方式”，包括通过收集学习者产生的数据来使其学习过程更加透明化、可监控。在2012年，美国教育部发布《通过教育数据挖掘和学习分析促进教与学》的报告，进一步提出“数据驱动学校，分析变革教育”的口号。

4. 倡导“以学习者为中心”的创新教学模式

在基础设施、教育资源、人员培训等条件到位的情况下，在重新明确了学习者能力结构、学习方式、行为分析等问题后，信息技术支持下教学模式的创新作为一种结构性的变革，成为教育信息化发展从量变走向质变的关键环节。总体来说，不管是我国还是教育信息化水平较高的国家，信息技术支持的教学模式都在朝着“以学习者为中心”的趋势发展。

最近，风靡于全世界的“翻转课堂”（Flipped Classroom）就是“以学习者为中心”教学模式的最佳代表。它最早于2007年由美国科罗拉多州的两位化学老师提出，他们将自己的课件录制下来，把课堂实录放置到网站上，给那些因病无法出席课堂教学的学生学习使用。“翻转课堂”发展到今天，已经改变了传统的课堂教学格局。“翻转课堂”重新定义了学生和教师的角色，学生成为学习的主人，教师只是指导者和帮助者。目前，对“翻转课堂”教学模式的研究已蔚然成风，我国学者张金磊等人在对美国“翻转课堂”开展情况进行介绍时曾提到：据不完全统计，截至2012年初，已经有2个国家20个州30多个城市开展“翻转课堂”的教学改革实验。我国也有研究者开始将其引入国内，例如，有研究者将其应用在大学课程的改革中，基础教育领域也有研究者在做相关的实践。

日本的“100校计划”模式也是以“学习者为中心”的典型体现。该计划在近100所实验学校之间建立网络联系，组建在线学习共同体，围绕同一课题，促进不同学校、地域甚至不同国家的学生之间的网络信息交流，提高学生的创造力和跨文化交流能力。实践证明，这种校际协作学习提高了学习者的跨文化交流能力。新加坡的“未来学校”计划所催生的众多创新教学模式也是体现“以学习者为中心”的典型案例。

三、信息技术支持的教与学变革的中外对比分析

在国际范围内，信息技术支持的教与学变革思路正出现新的转向，即从“技术导向”转到“学习导向”。下面，我们将从新的思路出发，结合国际上教与学变革的新措施，在评述我国教育信息化的相关政策或措施的基础上，从变革思路和变革措施两方面进行中外对比分析。

（一）变革思路——由技术导向转换为学习导向

我国教育信息化工作者在信息技术支持的教与学变革理论层面上，已经开始从“要素观”逐步转向“生态观”，信息技术从简单的“工具”逐渐成为“环境”，但在实践层面上多数改革者的思维方式仍然固化在“技术导向”上，教与学的变革还缺乏有力的、新的改革措施。国际上，信息技术支持的教与学变革出现了四个主要动向：关注信息时代学习者的能力结构，挖掘教育“大数据”以分析学习者行为，关注个性化网络学习空间的构建以培育新

型学习方式，倡导“学习者中心”的创新教学模式。这些动向均体现出“学习导向”的新理念，同时，通过对新加坡最新的教与学变革措施分析发现，其改革思路也是从学习者出发，围绕着提高学习者“21世纪竞争力”的教育总目标展开的。恰恰相反，我国第一轮教育信息化改革中，多数研究者及实践者仍从技术的应用入手，发现技术具有变革教与学的潜力，然后就基于技术构建模式、方法，试图解决教与学中存在的问题。

一些教育信息化水平较发达的国家已经认识到：技术促进教与学的变革，其根本目的在于提升学生的能力。在考虑信息技术支持的教与学变革问题时，他们首先考察21世纪信息化环境下学习者的能力结构。以此为出发点，通过学习分析技术等手段“外化”学习者的行为特征，然后关注学习者学习方式的培养，最后通过多种“以学为中心”的教学模式予以支撑。总之，是在明确了学什么、怎么学、怎么教的问题后，才考虑如何应用技术去支撑教与学。

（二）变革措施——以21世纪学习者能力培养为出发点

1. 重塑信息时代教育目标，注重对学习者能力的培养

在信息时代，传统的教育目标已不适合社会发展，我们需要重塑教育目标。美国的“21世纪技能”学习者能力框架和新加坡“21世纪竞争力”教育目标框架，有许多相似之处：它们都不仅仅关注学习者应该学会哪些信息技术，而是从教与学本身出发，更加关注信息化环境下学习者在21世纪知识经济时代应该具备的能力，如信息素养、创新精神、批判性思考等。

对比之下，我国对培养学习者信息技术支持的学习能力方面的关注力度还不够，学习者在信息技术支持下的学习能力还比较欠缺。一是在我国现行的学校教育体制中，信息技术课程一直属于弱势学科，信息技术人员在学校体制中被边缘化，学校对学生信息素养的培养重视不够，相关的标准及课程不够完善；二是相对于教师的教育技术能力标准而言，我国对学生的信息技术支持下的学习能力标准关注不够。我国早在2004年就印发了《中小学教师教育技术能力标准（试行）》，而学生的信息技术能力标准却一直欠缺。

我国《教育信息化十年发展规划（2011—2020年）》在“教育信息化可持续发展能力建设行动”计划中也指出：制定信息化环境下的学生学习能力标准，开发信息化环境下的学生学习能力培养相关课程。美国和新加坡可以

给我们以下两点参考：第一，我国应该制定更加具体可执行的学习者能力框架；第二，不仅要关注学习者的信息技术技能，更要关注信息时代学习者的学习能力。

2. 搭建学习者行为分析平台，加快“人人通”建设和教育“大数据”挖掘

2012年，我国开始积极推行的“网络学习空间人人通”（简称“人人通”）建设就是个性化网络学习空间的典型代表。有研究者明确地将“人人通”定位为基于实名制的网络教与学环境的个性化学习应用，推动“人人通”的目的是促进教学方式与学习方式的变革，其落脚点在于满足学生的个性化学习。

国际上，建设个性化网络学习空间也已成为一种趋势。美国在2010国家教育技术计划中提出的“技术支持的学习模型”为个性化网络学习空间建设描绘了蓝图。韩国CHLS计划在实践中积累了很多成功的经验。新加坡“网络健康教育计划”中有很多可借鉴措施，它们为培养具有良好网络学习行为习惯的学习者而将资源建设作为网络学习空间建设的保障，通过“网络健康教育学生大使”活动促进同伴之间的学习，具有一定借鉴意义。同时，伴随着个性化网络学习空间建设的深入，对学习空间中学习者所产生的教育“大数据”的分析挖掘也成为一项前瞻性的工作。在利用学习分析技术挖掘教育“大数据”方面，美国以2012年发布的《通过教育数据挖掘和学习分析促进教与学》报告为契机，引领教育界潮流。

据粗略统计，我国各级各类网络学习空间超过300万个。“人人通”建设作为“十二五”期间教育信息化建设的标志性工程，正处于探索阶段，亟须从国外借鉴一些比较好的理念和实践经验。同时，也要前瞻性地开展利用学习分析技术来挖掘教育“大数据”的工作。

3. 鼓励更多“以学习者为中心”的教学模式实践，同时注重其创新推广

从国际范围来看，“以学习者为中心”的教学模式是潮流趋势，其中又以风靡全球的“翻转课堂”教学模式最为典型，日本的“100校计划”网络校际协作学习模式也具有代表性，新加坡更是通过将改革的自主权还给学校，发动底层的教与学变革力量，积累起了一大批可供借鉴的教学模式，如一对一信息化学习、混合学习、情景学习等，都体现着“以学习者为中心”的思想。

我国在教育信息化规划中也明确指出，要“利用信息技术开展启发式、探究式、讨论式、参与式教学，探索建立以学习者为中心的教学新模式”。然而，在实践层面还存在比较大的问题。有调查发现，我国与发达国家在信息技术支持的教与学变革方面最大的差距，在于教学法方面的研究和应用。所以我们应该积极借鉴国外的先进经验，鼓励更多“以学习者为中心”的教学模式的实践。然而，在引进这些教学模式的过程中却存在一定偏差，我国实践者首先借鉴的是国外先进的信息技术及其应用方法或模式，却忽略其背后真正有价值的东西——先进的教学理念。众所周知，与我国传统“以教为主”的教学理念不同，国外比较崇尚“以学为主”的理念，这种先进的教学理念才是支撑国外创新教学模式取得成功的重要原因。

我国的创新教学模式实践存在的最大问题不在于引进，而在于引进之后的推广问题。像“翻转课堂”这样一些新的教学模式，往往只在信息化条件较好的发达地区小范围试行，难以推广辐射到大部分还是以传统“讲授为主”的欠发达地区。而且，在具体试点项目中，实践者也往往急于引进新技术、开发新模式，却不做推广应用的可行性分析，导致创新的教学模式推广难度加大。新加坡的“未来学校”计划在此方面非常值得我们学习。一是教育信息化主管部门的政策制定方面，将“自上而下”与“自下而上”的方法相结合，管理部门仅提供资金支持和政策引导，将改革自主权更多地还给学校；二是在学校具体的创新教学模式实践过程中，学校又将课堂的改革自主权放手给教师，通过与高校研究人员的合作，形成具有学校自身特色的创新教学模式。

第二节　新时代信息技术与教学课程的整合发展研究

一、信息技术与课程整合的基本原则

（一）信息技术与课程整合的含义

在系统科学思维的方法论中，“整合”表示由两个或两个以上较小部分

的事物、现象、过程、物质属性、关系、信息、能量等在符合具体客观规律或一定条件的前提下，凝聚成较大整体的过程及结果。教育界引用“整合”一词通常表示综合、渗透、重组、互补、凝聚等含义，而不是简单的叠加。目前国内关于信息技术与课程整合的说法与定义很多，纵观这些观点可以发现，产生分歧的主要原因是对课程概念的理解不同。目前，信息技术与课程整合的定义可以分为“大整合论”和“小整合论”两种。

“大整合论”所理解的课程是一个较大的概念。这种观点主要是将信息技术融入课程整体，改变课程内容和结构，变革整个课程体系。一种观点认为，信息技术与课程整合是指通过基于信息技术的课程研制，创立出信息化课程文化的过程，这一观点针对教育领域中信息技术与学科课程存在的割裂和对立问题，通过信息技术与课程的互动性双向整合，来促进师生民主合作的课程与教学组织方式的实现，并促进以人的学习为本的新型课程与教学活动样式的发展，建构起整合型的信息化课程新形态。另一种观点认为，信息技术与课程整合实质上是指信息技术有机地与课程结构、课程内容、课程资源以及课程实施等融合为一体，从而对课程的各个层面和维度都产生变革作用，最终促进课程整体的变革。“大整合论”的观点有助于从课程整体角度去思考信息技术的地位和作用。

“小整合论”则将课程等同于教学。这种观点将信息技术与课程整合等同于信息技术与学科教学整合，将信息技术作为一种工具、媒介和方法融入教学的各个层面中，包括教学准备、课堂教学过程和教学评价等。这种观点是目前信息技术与课程整合实践中的主流观点。

信息技术与课程整合概念的分化，反映了人们看待信息技术作用的不同视角。在研究与实践中，持“大整合论”观点的人一般都是专家学者，而一线教师和教研人员则比较认可“小整合论”。

信息技术与课程整合特别需要关注教学实践层面的问题，不能简单地将信息技术作为一种新的教学手段与传统的教学手段叠加。广义上讲，课程整合是使分化了的学校教学系统中的各要素形成一个有机联系的整体，以及这个整体形成的过程。狭义上讲，它指的是各学科之间（包括各学科内部）的整合，即将各学科关联起来加以学习。在这一整合过程中，课程各要素形成了有机的联系。

课程整合不是将不同学科相加在一起，而是将课程看成了一个整体，将不同学科的知识整合在一起，让学生在学习过程中不知不觉地、有机地掌握不同的知识，从而提高综合素质。课程整合强调各个学科领域之间的联系和一致性，避免过早或过分地强调各个学科领域间的区别，从而防止出现彼此孤立、相互重复或脱节的现象。

（二）信息技术与课程整合的基本原则

信息技术与课程整合是将信息技术有机地融合在各学科教学过程中，它将信息技术与学科课程的结构、内容、资源以及课程的实施等融为一体，使之成为与课程内容及实施高度和谐的有机部分，从而能够更好地完成课程目标，同时提高学生的信息素养，培养学生的协作意识和能力，使学生掌握在信息社会中思考和解决问题的方法。但整合不等于混合，在利用信息技术之前，教师要清楚信息技术的优势和不足，并了解学科教学的需求。在整合过程中，教师要设法找出信息技术能提高学习效果的地方，从而使学生更明确地使用信息技术来完成那些用其他方法做不到或做得效果不好的事情。因此，对于学生来说，信息技术是一种终生受用的学习知识和提高技能的认知工具。课程整合的最基本特征，就是它的学科交叉性和立足于能力的培养，即强调事物联系的整体性和能力培养的重要性。

1. 正确地运用教育理论指导信息技术与课程整合的实践

现代学习理论为信息技术与课程整合奠定了坚实的理论基础。在教学和学习的层面上，每一种理论都有其正确性的一面。但是，在教学实践中，没有一种理论具有普适性。换言之，无论哪一个理论都不能替代其他理论而成为唯一的指导理论。否则，就会误入二元分立的思维方式，出现为了克服一种片面性，而又陷入另一种片面性之中的错误。例如，行为主义学习理论适用于需要机械记忆的知识或具有操练和训练教学目标的学习，主要用于指导和激发学生的学习兴趣，控制和维持学生的学习动机。而建构主义学习理论提倡给学生提供建构理解所需要的环境和广阔的空间，让学生自主地、发现式地学习。

2. 根据教学对象选择整合策略

人类的思维类型可分为抽象思维与具体思维，有序思维与随机思维。对于不同学习类型和思维类型的人来说，他们所处的学习环境和所选择的学习方法将直接影响他们的学习效果。在长期的教学实践中发现，有的学生不能主动地对外来信息进行加工，他们喜欢有人际交流的学习环境，需要明确的指导和讲授；而有的学生在认知活动中，则更愿意独立学习，进行个人钻研，更能适应结构松散的教学方法或个别化的学习环境。因此，信息技术与课程的整合应该根据不同的教学对象，实施多样性、多元化和多层次的整合策略。

3. 根据学科特点构建整合的教学模式

每个学科都有其固有的知识结构和学科特点，对学生的要求也是不同的。如语言教学是培养学生应用语言的能力，主要训练学生如何在不同的场合正确、流利地表达自己的思想，以及怎样较好地与别人交流的能力，为此，应该利用信息技术，模拟出接近生活的真实语境，为学生提供反复练习的机会。数学属于逻辑经验学科，主要由概念、公式、定理、法则以及应用问题组成，教学的重点应该放在开发学生的认知潜能上，教师可以通过给学生创设认知环境，让他们经历由具体思维到抽象思维，再由抽象思维到具体思维的过程，并完成对数学知识的建构。物理和化学则是与人们的生产、生活密切相关的学科，在教学中，应注意对学生观察能力、解决问题能力和做实验能力的培养。对于那些需要观察自然现象或事物变化过程的知识，形象和直观的讲解将有助于学生理解和记忆。但如果需要培养学生的操作能力，那么用计算机的模拟实验全部代替学生的亲手实验，将会违背学科的特点，也会背离教学目标中对学生动手能力的培养。因此，在对不同的学科进行整合时，既要遵循相同的整合原则，也应根据学科的特点，选择不同的整合策略，运用不同的方式。

4. 运用“学教并重”的教学设计理论来进行课程整合的教学设计

目前流行的教学设计理论主要有“以教为主”的教学设计和“以学为主”的教学设计两大类。这两种教学设计理论各有其特点，因此，最理想的方法是将二者结合起来，取长补短，形成“学教并重”的教学设计理论。这种理论也正好符合“既要发挥教师的主导作用，又要充分体现学生学习的主体作用的新型教学结构”的要求。在运用这种理论进行教学设计时要注意，不能将以计算机为基础的信息技术，仅仅看作辅助教师“教”的演示教具，不论是多媒体，还是计算机网络，而更应当把它们作为促进学生自主学习的认知工具与情感激励工具。在课程整合时，要把这一观念牢牢地、自始至终地贯彻到整个教学设计的各个环节之中去。

5. 个别化学习和协作学习的和谐统一

信息技术给我们提供了一个开放性的实践平台，在实现同一目标时，我们可以采用多种不同的方法。同时，课程整合强调“具体问题具体分析”，当教学目标确定后，可以通过整合不同的任务来实现目标。对于同一任务，不同的学生也可以采用不同的方法和工具来完成。这种个别化的教学策略，对于发挥学生的主动性、进行因人而异的学习是很有帮助的。但社会化大生产要求人们具有协同工作的精神，在现代学习中，尤其是在一些高级认知场合（例如复杂问题的解决、作品评价等），要求多名学生能对同一问题发表不同的观点，并在综合评价的基础上，协作完成任务。互联网的出现，也正为这种协作学习创造了很好的平台。因此，在教学中既要为学生提供个别化的学习机会，又要组织学生进行协作学习。

二、信息技术与课程整合的阶段和层次

根据信息技术与课程整合的不同程度和深度，可以将整合的进程大略分为三个阶段：第一，封闭式的、以知识为中心的课程整合阶段；第二，开放式的、以资源为中心的课程整合阶段；第三，全方位的课程整合阶段。在不同的阶段，技术投入与学生学习投入是不同的。在教学过程中，教的活动和学的活动对技术有一定的依赖性，根据学生的参与程度以及对信息技术的特征和功能的不同要求，可以将信息技术与课程整合的三个阶段再进一步细化为十个层次，同时对每个层次的教学策略、学生的学习方式、教师的角色、学生的角色、教学评价方式和依据以及信息技术在不同层次中的作用进行比较、阐述。以下是对三阶段十层次的相关内容的详细论述。

（一）阶段一：封闭式的、以知识为中心的课程整合

传统教学和目前的大多数教学都属于此阶段：严格按照教学大纲，按照教材的安排和课时的要求来设计所有教学活动。如果课程内容较少，就安排一些讨论，多设计一些活动；如果课程内容较多，就采用“满堂灌”的形式。虽然教学中也采用一定的辅导软件，但是目前的辅导软件也是在上述指导思想下编制出来的，整个教学都在以“知识”为中心的指导下进行，教学

目标、教学内容、教学形式及教学组织都和传统课堂教学没有什么区别，整个教学过程仍以教师的讲授为主，学生仍然是被动的反应者、是被灌输知识的对象。信息技术的引入，只是在帮助教师减轻教学工作量方面取得了一些进步，而对学生思维与能力的发展并没有实质性的作用。按照教学对技术的依赖程度和学生的投入程度，此阶段可细化为三个层次。

1. 信息技术作为演示工具（总第一层）

教师可以使用现成的计算机辅助教学软件或多媒体素材库，选择其中合适的部分用在自己的教学中。教师也能利用 PowerPoint 或者一些多媒体制作工具，集成各种教学素材，编写自己的演示文稿或多媒体课件，讲解教学中的知识点，形象地演示其中某些难以理解的内容，或用图表、动画等展示动态的变化过程和理论模型等。另外，教师也可以利用模拟软件或者计算机外接传感器来演示某些实验现象，帮助学生理解所学的知识。这样计算机代替了幻灯、投影、粉笔、黑板等传统媒体，实现了它们无法实现的教育功能。由于该层次的教学对信息技术的依赖程度较小，只是必要时才用一用，学生也只能听、看，没有实际操作的机会，因此，这种方式仍是被动型的学习。

2. 信息技术作为交流工具（总第二层）

信息技术作为交流工具是指将信息技术以辅助教学的方式引入教学，主要完成师生之间情感交流的作用。要实现上述目的，并不需要复杂的信息技术，只要在有因特网或局域网的硬件环境下，采用简单的 BBS、聊天室等工具即可。教师可根据教学的需要或学生的兴趣开设一些专题或聊天室，并赋予学生自由开辟专题和聊天室的权利，使他们在课后有机会对课程的形式、教师的优缺点、无法解决的问题等进行充分的交流。

讲授式教学仍然是这一层次的主要教学策略，学生仍以个体作业形式完成学习任务，评价方式也与前一层次相同，教师的角色和学生的角色也基本没有变化，但是，教师多了一项工作，即对交流的组织和管理。学生学习兴趣明显提高，所以这一层次的学习效果优于前一层次。此外，此层次对信息技术提出了新的要求，即因特网和局域网的使用。

3. 信息技术作为个别辅导工具（总第三层）

计算机软件技术的飞速发展，刺激了练习型软件和计算机辅助测验软件的大量出现，这样的信息环境便于学生在练习和测验中巩固和熟练所学的知识，为下一步学习奠定基础。在此层次，计算机软件实现了教师职能的部分代替，如出题、评定等，因此，教学对技术有较强的依赖性。此外，在此层次中教学还能在一定程度上注意学生的个别差异，提高学生学习的投入程度。主要应用技术有个别辅导软件以及教师与学生之间的交流工具等。

根据不同的学习内容和学习目标，个别辅导软件提供的交互方式也有所不同，体现了不同的教学或学习方式，从而形成了不同模式的个别辅导软件，如操练、练习、对话、游戏、模拟、测试、问题解答等。

在此层次，主要采取的教学策略有个别辅导式教学和个别化学习等。虽然教学仍是封闭式的、以“知识”为中心的，但是，学生有机会与大量的优秀软件接触，对学生的学习积极性有较大促进作用。在教学中，教师要时刻关注学生的学习进展，学生遇到问题时，可以向教师或其他学生请教，以得到及时的辅导和帮助。最后的评价方式仍以测验为主。

（二）阶段二：开放式的、以资源为中心的课程整合

信息技术与课程整合的第一阶段基本上是封闭的，以个别化学习和讲授为主。在第二阶段，教学观念、教学设计的指导思想，教师的角色和学生的角色等都会发生较大的变化。教育者重视学生对所学知识的意义建构，教学设计从以知识为中心转变为以资源为中心、以学习为中心，整个教学资源是开放的，学生在学习某一学科的知识时可以获得许多其他学科的知识，学生在占有丰富资源的基础上完成对各种能力的培养，学生成为学习的主体，教师成为学生学习的指导者、帮助者、组织者。按照对学生能力由低到高的培养顺序，可以将此阶段细化为四个层次，每层次着重培养的学生能力分别是信息获取和分析能力、信息分析和加工能力、协作能力、探索和创新能力。

1. 信息技术提供资源环境（总第四层）

信息社会需要有信息能力的新型人才，信息能力是指获取、分析和加工信息的能力。随着网络技术的飞速发展，网络资源浩如烟海，如何在广袤的信息海洋中迅速、准确地找到自己所需的资源，如何判断资源的价值并对其进行取舍，如何合理地将资源重新组合为己所用，这是每个人都要面对的问题。用信息技术提供资源环境就是要突破“书本是知识主要来源”的限制，用各种相关资源来丰富封闭的、孤立的课堂教学，极大地扩充教学知识量，

使学生不再只学习课本上固有的内容。

在此层次中，主要培养学生获取信息、分析信息的能力，让学生在对大量信息进行筛选的过程中实现对事物的多层面了解。教师可以在课前将所需的信息整理好，保存在某一文件夹内或内部网站上，让学生访问并选择有用的信息；也可以为学生提供适当的参考信息，如网址、搜索引擎、相关人物等，由学生自己去因特网或资源库中搜集素材。比较而言，后者比前者更能培养学生获取信息、分析信息的能力，但它受到网速或学生信息处理能力等条件的限制。采用第一种方式也很好，不过要求教师提供尽可能多的资源，让学生有对信息进行筛选的可能。该层次是所有后续层次教学的基础。在信息社会里，学生只有找到资源才有创作、发明可言。

2. 信息技术作为信息加工工具（总第五层）

上一层次主要培养学生获取信息和分析信息的能力，强调学生在对大量信息进行筛选的过程中要对事物进行综合的了解和学习。本层次主要培养学生分析信息、加工信息的能力，强调学生在对大量信息进行快速提取的过程中，对信息进行整理、加工和再利用。本层次不能独立存在，必须依赖于信息技术提供的资源环境，如果没有可供探索的资源，就无法实现对信息的获取，更谈不上对信息进行分析和加工。

在本层次的教学中，重点培养的是学生的信息加工能力和思维的流畅表达能力，以达到将大量知识内化的目的。在教学过程中，教师要密切注意学生的信息加工处理过程，在其遇到困难的时候给予及时的辅导和帮助。

3. 信息技术作为协作工具（总第六层）

与个别化学习相比，协作学习有利于促进学生高级认知能力的发展，有助于培养学生的协作意识和技巧、能力、责任心等方面的素质，因而受到广大教育工作者的普遍关注。但是，传统的课堂教学受人数、教学内容等种种因素的影响，常常使教师心有余而力不足。计算机网络技术为信息技术和课程整合、进行协作式学习提供了良好的技术基础和支持环境。计算机网络环境大大扩充了协作的范围，减少了协作的非必要性精力支出。在基于因特网的协作学习过程中，基本的协作模式有四种：竞争、协同、伙伴和角色扮演。

竞争是指两个或多个学习者针对同一学习内容或学习情景，通过因特网进行竞争性学习，看谁能够首先达到教学目标的要求，在培养学生技巧和能力的同时，培养学生的竞争意识和能力。基于竞争模式的网络协作学习，一般是由教师预先提出一个问题或目标，并提供给学生解决问题或达到目标的相关信息。学习者在开始学习时，先从网上的在线学习者名单中选择一位竞争对手或选择计算机作为竞争对手，并达成竞争协议，然后开始各自独立地解决学习问题。在学习过程中，学习者可以看到竞争对手所处的状态以及自己所处的状态，并可根据自己和对方的状态调整自己的学习策略。竞争一般要在智能性较强的网络教学软件支持下进行。

协同是指多个学习者共同完成某个学习任务，在共同完成任务的过程中，学习者发挥各自的认知特点，相互争论、相互帮助、相互提示或者进行分工合作。学习者对学习内容的深刻理解和领悟就在这种和同伴紧密沟通与协调合作的过程中逐渐形成。协同需要多种网络技术的支持，如视频会议系统、聊天室、留言板等。

伙伴就是在网络环境下找到与现实环境中的伙伴类似的学生，然后共同协作，共同进步的过程。还有一种伙伴形式是由智能计算机扮演伙伴角色，和学生共同学习、共同玩耍，并在必要时给予忠告等。

角色扮演是指在用网络技术创设与现实或历史相似的情境中，学生扮演其中的某一角色，在角色中互相学习的过程。要实现角色扮演一般采用实时交互的网络工具，如 Net Meeting、视频会议、多功能聊天室等。

可以发现，以上四种学习模式中，学习和教学基本都是在网络技术的支持下进行的，学生通常处于一种参与状态。

4. 信息技术作为研发工具（总第七层）

虽然我们强调对信息的加工、处理以及协作能力的培养，但最重要的还是要培养学生的探索能力、发现问题和解决问题的能力以及创造性思维能力，这才是教育的最终目标。在实现这些目标的教学中，信息技术扮演着研发工具的角色。

很多工具型教学软件都可以为该层次的教学和学习提供很好的支持。随着信息技术的飞速发展，新技术在教学中的应用为学生的探索和学习提供了强有力的支持。如在经济学课程中，虚拟现实技术可以模拟真实的商业情境，让学生在各种真实、复杂的条件下做出决策和选择，提高学生对真实问题的解决能力。

探索式教学和问题解决式教学等都是将信息技术作为研发工具的教学模式，而且也取得了一定的成果。但是，如何更好地发挥信息技术的作用，设计出能更好培养学生创造性思维能力的模式，仍是所有教育人员奋斗的方向之一。

（三）阶段三：全方位的课程整合

虽然前两个阶段的七个层次彼此之间有很大的差异，但是，它们都没有使教学内容、教学目标以及教学组织架构实现全面的改革和信息化。当七个层次在较大范围内得到推广和使用、并取得很大成功时，当教育理论和学习理论得到充分发展和利用时，当信息技术在教学中的应用得到更系统、更科学的探讨和细化时，必然会推动教育发生一次重大的变革，促进教育内容、教学目标、教学组织架构的改革，从而完成整个教学的信息化，将信息技术完全融入教育的每一个环节，达到信息技术和课程改革的更高目标。此阶段亦可细分为三个层次。

1. 教育内容改革（总第八层）

信息技术在教学中的应用，给传统教学内容、教学结构带来了巨大的冲击。那些强调知识内在联系、基本理论、与生产生活相关的教学内容变得越来越重要，而那些脱离实际、基于简单知识传授和简单技术培训的教学内容则成为一种冗余。教学内容的表现形式也将发生很大变化，由原来的文本性、线性结构形式变为多媒体化、超链接的结构形式。

教育内容的发展趋势如下：教材的难度增加、重视基本理论、强调知识内在的联系。要依据高难度、高速度和理论化原则重新编写教材，在课程设计上重在学科结构合理、教学内容少而精，着重使学生掌握一般的基本原理以发展学生的认知能力。制定教学大纲要着眼于能力，特别是思维能力、创造力的培养，而不是一般知识的传授和一般技术的培训，范围要宽。教育内容还要与生产实践相结合，着重培养学生解决真实性问题的能力。教材多媒体化，利用多媒体和超媒体技术建立结构化、动态化、形象化的教学内容，使学生在学习某一内容时，可跳转到与该内容相关的任何知识点和资源。现在已经有越来越多的教材和工具书变得多媒体化，它们不但能显示文字和图形，还能呈现声音、动画、录像以及模拟的三维信息等。

2. 教学目标改革（总第九层）

教育内容的改革会对现有的以知识为中心的教学目标产生强烈冲击，改革之后，以能力为核心的教学目标将成为主体。这些能力包括：①信息处理能力（获取、组织、操作和评价）；②问题解决能力；③批判性思维能力；④学习能力；⑤与他人合作和协作的能力。这些目标已经在一定程度上受到一些人的重视，随着信息技术和课程改革的不断深入，必将产生新的帮助学生参与真实性任务和产生真实性项目的教学目标。

3. 教学组织架构改革（总第十层）

随着教育内容和教学目标的改革，教学组织架构和形式也会发生相应的变革。教学目标强调以真实性问题为学习核心，这就要求教学必须打破传统的45分钟或50分钟一堂课、学生都坐在教室中听课的时间和空间限制，学习必须以项目和问题为单位，对学习的时间和空间进行重新设计和规划。在教学的组织形式上、活动安排的分组上，也要打破传统的按能力同质分组的方式，实行异质分组。

三、信息技术与课程融合的三种模式

在信息技术与课程的整合中，信息技术作为一种认知工具出现，且与教学的总体能力目标一致，即培养学生的“信息素养”和实践能力。但对于不同的学科，信息技术的作用是不一样的，为此可以将信息技术与课程整合分为三种基本的课程模式。

（一）对于信息技术课程——信息技术是学习的对象

信息技术课程作为一门专门的学科，主要学习信息技术的基本技能和基本工具的使用。开设信息技术课程并不仅仅是为了学习信息技术本身，更主要的是培养学生利用信息技术解决问题的习惯和能力。根据具体操作流程的不同，课程整合理念指导下的信息技术课程模式也不同。

1. 带疑探究——讲授示范——动手操作型

教师首先要根据信息技术课程的教学目标，提出具有吸引力或探究性的问题，并用激励和引导性的语言点拨学生进行思考与自主探究，引导学生运用已具备的信息技术技能主动寻找问题的解决方法。然后将问题分解为若干个小的信息技术学科知识点，向学生讲授相关内容，进行上机示范操作。学生通过亲自动手操作，获得相关的知识和技能。最后，教师展开评价并鼓励学生进行互评。

2. 任务驱动——协作学习型

教师首先依据教学的重点、难点，以及不同的学校环境、个人特长和社会背景，灵活地设计并融合信息技术教学目标的任务。任务应是具有层次性、由易到难的一个梯状任务系统。然后将设计好的任务呈现给学生，让学生主动寻求学习伙伴并组成小组，采用协作学习的形式进行主动探究。学生将在学习过程中探索发现的信息和学习资料，与小组中的其他成员共享，彼此之间互相交流，进行共同学习。最后，教师进行总结性评价，评价重点要放在对学生信息技术应用能力的考查上，主要检查学生运用信息技术的能力和信息素养的提高方面。

（二）与其他学科的整合——信息技术作为教学工具

学生在教师的组织下利用信息技术进行学习，这时信息技术起着为其他学科的教学服务的工具作用。信息技术辅助下的课堂教学有多种表现形式，以下列举三种常见的形式。

1. 群体—讲授型

信息技术辅助的群体—讲授模式，是对传统教学方式的继承与发展，它是在同一时间内，对整个班级群体进行同样内容的教学，只是将信息技术作为一种教学手段加以运用。这种模式有三个优点：一是集文字、图片、声音、图像的表达于一身，使课堂教学活动变得生动活泼；二是可以不受时间、空间和宏观、微观的限制，便于突破教学重点和难点；三是简单、易操作，能够快速、及时地呈现教学内容，提高教学效率。

该模式的基本步骤为：备课时教师研究教学内容，自己设计课件或从资源库里选择课件；课上教师利用课件创设情境，展示教学信息，引导学生接受教学信息并认真思考；最后，教师进行总结。

2. 自主—监控型

自主—监控模式是在网络教室里，学生利用教师提供的教学资源（包括信息化资源和非信息化资源）进行学习，教师监控学生的学习过程，及时辅导。超文本链接实现了网络资源的共享及对教学信息进行有效的组织与管理应用，因而学生可以根据个人需要使用网络资源。在教学过程中，教师利用教师机监看、监听任意学生机上的学习活动，通过遥控学生机的键盘和鼠标，对学生进行“手把手”的交互辅导教学。

在自主—监控模式中，首先，要求教师根据教学目标对教材进行分析和处理，决定用什么形式将教学内容呈现给学生；然后，在学生接受了学习任务以后，由教师进行指导，利用教师提供的资料或自己查找的信息，进行个别化和协作式相结合的学习；最后，教师总结教学内容并对学生进行个别化评价。

3. 讨论型

讨论型模式的基本特点是师生利用网络交流工具实现实时和非实时的讨论。这种教学一般由教师提出一个或多个讨论问题，然后学生针对这些问题进行讨论。不论是实时讨论还是非实时讨论，教师都要认真倾听学生的发言，善于抓住学生思维的闪光点，及时发现学生出现的问题并给予反馈。教师还要注意防止讨论中出现偏离当前学习主题的问题，保证学生的发言能符合教学目标的要求。讨论结束后，教师还要对讨论的问题作总结，对学生的表现作恰如其分的评价。

讨论模式借助网络环境，可以克服学生的心理障碍，使其能够畅所欲言，真正参与到讨论中来。开展这种讨论时，学生的积极性往往比较高，但也比较耗时。该模式的基本步骤为：首先，教师根据教学目标对教材进行分析和处理，决定用什么形式来呈现什么教学内容，并以课件或网页的形式呈现给学生；其次，学生接受学习任务后，在教师的指导下，利用教师提供的资料（或自己查找的信息）进行个别化和协作式相结合的学习，并利用信息技术完成任务；最后，师生一起进行学习评价、反馈。在整个教学过程中，学习集体和学生的个体都得到重视，这样的教学十分有利于培养学生的创新精神、解决问题的能力和协作能力。

（三）研究型课程——信息技术作为学习工具

研究型课程是以一种类似于科学研究的方式组织的教学。在该模式下，学生是学习的积极参与者，他们在信息技术的帮助下，从多种渠道寻找信息，对各种资料进行分析、归纳、整理、提炼，并从中发现有价值的信息，同时运用各种信息工具，体验科研的过程和方法，为自己的观点提供依据。

研究型课程中的整合任务，一般不是教材中的内容，而是课后的延伸，甚至是社会中的某些问题，它超越了传统单一学科学习的框架，按照学生认知水平的不同，将社会生活中学生感兴趣的问题，以主题活动的形式呈现出来，让学生在研究、探讨中完成学习任务，从而达成课程目标。学生通过主体性、探索性、创造性解决问题的过程，将多个学科的知识，如学问性知识和体验性知识、课内知识与课外知识、学校知识与社会知识有机地结合在一起，最大限度地促进学生身心和谐统一发展。研究型课程更加突出了学生的主体性和参与的过程性。在整个研究的过程中，从研究方案的形成到方案的实施，再到最后任务的完成都由学生自主完成，而教师仅对学生选题、收集和分析资料的方法等进行一般性指导。我们说教师对学生的学习进行一般性指导，并非指教师的作用可以忽略，实际上，在整个教学过程中，教师指导得成功与否，直接关系到研究型学习的成败。

在组织研究型学习时，如何确定研究主题，是整个研究型学习的关键所在。因此，教师在选择研究主题时，要考虑学生的认知能力和年龄特点，依据循序渐进的原则。

总之，信息技术与学科教学的整合，是提高教学效率的有效途径，是教学资源与教学要素的有机集合，是运用系统方法，在教育学、心理学和教育技术等教育理论和学习理论的指导下，协调教学系统中教师、学生、教学内容和教学媒体等诸元素的作用、联系和相互之间的影响，使整个教学系统保持协调一致的手段和方法。

第六章　新时代高校教育信息化教育实践创新探索研究

第一节　新时代高校智慧教育发展探究

2012 年教育部发布的《教育信息化十年发展规划（2011—2020 年）》明确指出，要利用教育信息化来带动教育现代化，解决约束我国教育发展的问题，这被视为加快我国教育大国向教育强国迈进的一项重大举措。这不仅是基于我国教育现状提出的，也是为了顺应科技全球化和教育信息化发展的必然趋势。这里将从智慧教育的内涵与发展入手，详谈智慧学习环境的构建以及智慧校园、图书馆、教室、实验室的建设。

一、智慧教育的内涵与发展

（一）智慧教育的内涵

1. 智慧教育的概念

关于智慧教育的概念众说纷纭，在各国都没有一个统一定论。综合目前的研究及资料，我们对智慧教育做了如下定义：智慧教育即以物联网、云计算、无线通信等新一代信息技术为技术依托，以智慧教学、智慧管理和智慧学习方法为理论支撑而发展起来的新型教育体系。其宗旨是帮助人们在对学习环境、生活环境和工作环境灵巧机敏地适应、塑造和选择的过程中，不断发现智慧、发展智慧、应用智慧、创造智慧。

智慧教育是适应信息社会发展需要的高度发达的教育形态，具备公平性、终身性、创新性、开放性、个性化等多个教育现代化的核心特征。同时，智慧教育依托物联网、云计算、无线通信等新一代信息技术构建智慧教育环境，具有情感感知、无缝连接、智能交互、智能管控、按需推送、可视化的技术特征。

2. 智慧教育的基本内容

依据智慧教育的定义以及国内外专家、学者对智慧教育体系做出的分析判断，我们总结出，智慧教育是新一代信息技术所打造的智能化教育信息生态系统。这个系统主要由三个部分组成，分别为智慧学习环境、智慧教学法和现代教育制度。

（1）智慧学习环境。智慧学习环境这个词，是借鉴智慧地球、智慧城市、智能楼宇的概念提出来的，是智慧教育实施的基础和保障。智慧学习环境是信息技术发展的必然结果，对教与学有着革命性影响。

智慧学习环境主要分为硬环境和软环境两部分。硬环境包括智慧校园以内的智慧教室、智慧备课室、智慧语音室、智慧图书馆（学校）、智慧探究实验室等智慧型功能室，智慧校园以外的智慧博物馆、智慧美术馆、智慧图书馆、智慧公园、智慧社区、智慧教育研究基地等，以及各种智能学习终端，如电子书包等。软环境包括各类学习资源和智能学习工具。学习资源是实现教育系统变革的基础，是教育智慧沉淀、分享的重要载体。学习资源建设分为学习资源库建设、开放课程库建设和管理信息库建设三部分。

（2）智慧教学法。智慧教学法强调信息技术在促进教学方式、教学过程、学习方式、学习过程变革中的作用，它主要由智慧学习、智慧教学、智慧评价三部分构成。

智慧学习是在数字学习、移动学习、泛在学习之后的第四次学习浪潮，在泛在学习基础上新增了“智能分析”，目的是挖掘学习者所产生的大范围数据中的隐含意义，从而能够对学习过程做出评估，对未来表现做出判断，发现潜在的问题。

智慧教学是改变原有的教学环境，在智慧教学环境下进行教学，这样可以利用网络上丰富的教学资源以及先进的信息化技术，获得更好的学习效果。

智慧评价需充分利用大数据、云计算等先进的信息技术，定期、持续采集学业成就、体质状况、教学质量等教育数据，并对数据进行深层次探索，最终得出更加科学准确的结论。

（3）现代化的教育制度。智慧教育系统除了包括环境基础和理论指导外，还包括国家教育制度的创新与变革。

教育制度是指一个国家各级各类教育机构与组织的体系及其管理规则。主要分为两部分：一是各级各类教育机构与组织的体系；二是教育机构与组织体系赖以存在和运行的完整的一系列规则，包括义务教育制度、职业教育制度、成人教育制度、学业证书制度、学校及其他教育机构的教育评估制度等。

从国家角度来讲，智慧教育需要将眼光放宽至全世界，在处理教育过程中出现的问题时，除了依靠自身的教育经验，还要汲取国际先进的教育经验，取长补短，互通有无，这样才能制定出科学有效的教育制度，建立健全人才培养机制，促进教育的创新与进步，有利于世界的发展。

（二）智慧教育的发展

1. 智慧教育的发展历程

智慧教育的思想源于美国。1992 年，美国前副总统阿尔·戈尔提出美国信息高速公路法案。1993 年 9 月，美国克林顿总统正式提出建设“国家信息基础设施”，俗称“信息高速公路”的计划，计划的根本是发展以互联网为核心的综合化信息服务体系和推进信息技术在社会各领域的广泛应用，尤其强调把信息技术在教育中的应用作为实施面向 21 世纪的教育改革的重要方式。美国的这一举动不但影响了本国教育事业的发展，也对其他国家起到了带头示范作用。不少国家开始依据各自的国家战略规划以及教育信息化发展现状，制定了教育信息化的各方面发展道路。教育信息化发展规划及战略文件的发布，为各国教育信息化的发展指明了方向。

科学技术的发展带动了教育信息化的发展，而教育信息化的发展也引起了教育形式、学习方式的变革。1998 年，阿尔·戈尔举办了“数字地球：21 世纪认识地球的方式”的演讲，在演讲中提出了“数字地球”的概念，此后信息化概念在世界各行业都有所运用。20 世纪 90 年代末期全球推广信息化，世界范围内的教育信息化建设随即开启了信息化时代，即数字教育阶段。在这一阶段，信息技术发挥的作用更加深远，它不再局限于教育教学中的某一个方面，而是深入到教育教学的具体细节，通过互联网、多媒体等各种形式参与到教育教学中，并逐渐扩展到“班班通”、信息化校园建设的应用，影响着“教与学”的每一个环节，使“教与学”的过程不再枯燥乏味，而是生动有趣。

如今科学技术发展迅猛，特别是移动终端、物联网、云计算、大数据、三网融合等新一代信息技术的兴起和快速发展，推动了世界教育信息化和教育现代化，激发了研究者和教育实践者拓展学习概念、开展学习环境设计的兴趣，有利于世界教育向教育信息化发展。此时，教育进入智能化时代，即智慧教育阶段，信息技术的发展为教育技术创新与发展奠定了重要的基础。

在“信息技术—社会—教育变革”三元互动结构中，如何在社会信息化大背景下，促进教育信息化发展，解决当前教育面临的公平与均衡、优质与创新、个性与灵活三大发展难题，以理念创新、技术创新、教学法创新等落实教育信息化创新发展，是当前教育信息化发展的新目标。智慧教育作为“智慧地球”思想在教育领域的延伸，已被世界上多个国家和地区作为未来教育发展的趋势。教育信息化变为教育智慧化，不只是教育信息化中技术的信息化转为智能化而促发的“形变”的表现，更蕴含着信息技术促进教育变革所追求的“质变”，尤其是教育文化的创新。把智慧教育作为教育信息化的引领者，带动教育教学技术方法创新，培养创新型人才，是当今教育信息化发展的必然走向。智慧教育是经济全球化、技术变革和知识爆炸的结果，也是教育信息化发展的必然阶段。

跨入21世纪，人类社会开始进入发展新纪元，科学技术飞速发展，它不仅影响着社会生产力，也影响着人们生活的每一环节，科技是当之无愧的社会第一生产力。如今大数据、云计算等新兴信息技术发展迅速，世界上许多国家和地区把智慧教育列在未来教育发展计划之中。从当前的情况来看，全球的教育正朝着智慧教育发展，这是发展的必然趋势。我国智慧城市正在加快建设的脚步，智慧教育也是其建设的一个主要部分，政府、企业和高校科研机构对智慧教育给予了高度的重视，为智慧教育的发展创造了良好的条件。智慧教育不仅是全国教育信息化的引领者，也是技术变革教育的核心。

2. 智慧教育发展的必然性

（1）我国教育政策的推进。2012年3月，教育部颁布《教育信息化十年发展规划（2011—2020年）》，这项政策对2011—2020年这十年间的教育信息化工作做了全面部署；同年9月教育部召开全国第一次全口径的教育信息化工作会议，突出强调要抓住新机遇，重点部署教育信息化，并进一步明确了教育信息化发展的目标、任务、思路和重点；同年10月，教育部等9

部门印发《关于加快推进教育信息化当前几项重点工作的通知》，具体部署了以“三通两平台”建设为核心的7项重点工作。党的十八大提出了实现教育现代化的目标，而教育信息化既是教育现代化的主要内容，也为教育现代化目标的实现奠定了基础，同时还能促进教育持续稳定地发展。

可以看出，智慧教育正处于一个发展的好时期，同时，新一轮的挑战也纷至沓来，对教育信息提出了新的要求，即建设力度要更强，发展要求要更高。面对这样的情况，应大力加强信息技术与教育教学深度的融合，全面革新教育的理念、手段等，使智慧教育成为教育教学变革和前进的有力支撑。

（2）现代科学技术的发展。经过了21世纪初的起步阶段，如今的全球教育信息化又迎来了新的发展阶段，此时，教育信息化主要面临着两大发展机遇：

一是学习科学的新研究。“提高人类个性化的自学能力”是21世纪面临的科技挑战之一，如何应用信息技术与科研成果来更新教育观念、改革教育体制，从而形成适应信息时代的教育模式和学习方式是一道难题。二是信息技术的新发展。在信息技术飞速发展的今天，自然要依靠信息技术，为人们创造个性化的学习环境，智能的学习资源，让学生主动发展自己，从而推进教育快速发展，满足人们的需求。研究表明，人类的智慧会随着信息化的利用率变化而起伏，信息化利用率高，人类的智慧也会上升，所以，为了学生的智力发育，势必要推行智慧教育。

（3）现代人才培养目标的需要。21世纪以来，科学技术迅猛发展，知识经济也随之兴起。在这种环境下，新经济形态的核心逐渐变为智慧资本。社会在不断发展，智慧型人才逐渐成为世界社会的主流，所以要培养具有持续创新能力和大量高素质的人力资源，对智慧教育长期稳定发展提出了更高的要求。智慧教育是经济全球化、技术变革和知识爆炸后的结果，它体现了教育良好的适应性，如对现代社会经济发展的适应，对人类教育发展水平的适应。

智慧教育基本特征是能够满足教育和人才培养的普及化、终身化、个性化、国际化、信息化。由此可见，当代教育最终势必是向智慧教育发展的。智慧教育是人类的主体性和超越自我的程度不断增强的必然表现，是人类步入智慧化时代的需求，关乎千家万户，关乎民生发展。

二、智慧学习环境的构建

（一）智慧学习环境的构建原则

设计智慧学习环境的时候，需要以现代学习环境理论为指导，其核心是对学习资源进行开发和利用，重点是学习情境的创设。总的来说，在设计过程中需要遵循下面几个原则。

1. 先进性

先进性是构建智慧学习环境的一个非常重要的原则，新技术和社会性交互软件对现代社会的重要意义不言而喻。智慧学习环境的设计除了要紧紧跟随现代教育理论的前沿内容，还要对这些新技术多加关注和利用，确保智慧学习环境的先进性。

2. 实用性

智慧学习环境在功能的设计上要将“实用、好用”的特点体现出来，坚决摒弃华而不实的设计。要坚持“以学习者为中心”的设计思路，保证学习者在课程的选择、学习的时间、学习策略等方面有较大的自主权。

3. 个性化

智慧学习环境的构建不管是在内容上还是在形式上都要体现出个性化。学习者可以对自己的门户界面进行自己喜欢的个性化设置，也可以定制新闻信息、通知公告和短消息等，可以只接受自己感兴趣的信息。

（二）智慧学习环境的构建基础

智慧学习环境是基于 Moodle 和 SNS 平台的，它可以采用单点登录技术将这些应用系统进行有机地整合，实现统一的身份认证，让二者都作为公共数据库，实现统一数据资源。学习者只需要在一开始登录一次就可以对它们互相信任的所有应用系统进行访问了，这是非常方便的一点。登录以后，学习者就可以根据 Think SNS 提供的门户集成框架聚合 Moodle 和 Think SNS 提供的信息和服务，形成个性化的个人学习空间。

1. Moodle

Moodle 是由澳大利亚马丁·多基马博士在建构主义教育理论的基础上开发的一种学习管理系统，它在网络教学方面具有强大的功能，主要表现在教学模式设计、教学资源设计、教学活动设计、跟踪分析功能、测试评价功能等方面。

2. Think SNS

Think SNS是基于互联网Web2.0思想开发的SNS系统，为个人以及社会团体提供以沟通和交流为核心的基础社交平台。Think SNS具备的功能有：完整的微博功能、丰富的群组系统、SNS类应用嵌入、丰富的个人主页等。

（三）智慧学习环境构建的支撑技术

智慧学习环境是一个富技术学习环境，其支撑技术主要有物联网技术、云计算技术、大数据和泛在网络。下面就对这些技术做简单的介绍。

1. 物联网技术

物联网是指通过各种信息传感设备，实时采集任何需要监控、连接、互动的物体或过程等各种需要的信息，与互联网结合形成的一个巨大网络，其目的是实现物与物、物与人、所有的物品与网络的连接，方便识别、管理和控制。物联网的基础是信息采集，信息采集后经过无线网络上传至网络信息中心进行存储，并利用各种智能技术对感知数据进行分析处理以实现智能控制。

物联网技术在教育中的典型应用有以下两个方面。

（1）构建智能化教育教学环境。通过物联网使学校物理环境具有信息化、网络化、智能化，具备感知能力，给学生和教师提供一个舒适的学习与生活环境。

（2）实现自动化评价和反馈。利用物联网的感知特性，学习者的学习终端通过光纤或者无线网络与网上教学平台的服务器、数据库相连，程序设计和开发人员需要针对网上学习建立评价指标体系，设计专门的测评软件，把测评软件安装在学生的学习终端上，在课堂教学中实现课堂答题、实时教学测评，在课程进行完之后只需要把数据传入学校的数据库，就可以实现对网上学习信息的自动化评价和反馈。

物联网技术在教育领域得到越来越广泛、越来越深入的应用，这对于教育环境和教学活动的各种优化和提升有着不可替代的主导性作用。

2. 云计算技术

云计算是继个人计算机变革、互联网变革之后的第三次IT浪潮，目前已成为我国战略性新兴产业的重要组成部分。云计算中的“云”主要用来强调计算的泛在性和分布性，其实质是分布式计算、并行计算和网格计算等技术的发展。云计算之所以能够引发热潮在于它能够将分散在各个地方的服务器群进行网联，能够实现计算、处理海量数据和信息服务的需求。

云计算在高校的发展已经从原来的理论步入实际应用。云计算已经在清华大学、中国科学院（中科院）等单位得到了初步应用，并取得了很好的应用效果。云计算可以用于打造云学习环境，学生可以通过电子书包等终端随时随地享受云端的各种学习服务。学习者的学习过程数据也将及时存储到云端，保证学习数据的永不丢失，为学习行为的分析提供数据支持。

3. 大数据

大数据自从2011年提出以来，已成为炙手可热的信息技术。大数据的来源包括海量的、多样化的交易数据、交互数据与传感数据。大数据技术是一系列收集、存储、管理、处理、分析、共享和可视化技术的集合。需要注意的是，大数据并非等同于大量的数据，其具有两个非常重要的特征：跨领域数据的交叉融合和数据的流动生长。与传统数据相比，大数据具有非结构化、分布式、量大等特性。大数据的核心包括大规模并行处理数据库、分布式文件系统、分布式数据库、云计算平台、互联网和可扩展的存储系统。

随着教育信息化进程的推进，学习、教学、科研、管理过程中无时无刻不在产生海量数据。大数据技术已经并且持续对我国的教育信息化产生巨大的影响。

4. 泛在网络

泛在网络是通信网、互联网、物联网的高度协同和融合，将实现跨网络、跨行业、跨应用、异构多技术的融合和协同。

泛在网络是智慧教育系统全面连通、无缝访问的基础，用户可以在电信网、移动网、互联网、卫星网等多个网络之间畅通无阻地享受高质量的网络服务。智慧教育环境中，泛在网络技术的有效应用将大力推进“三方连通”，即学习、生活与工作的连通；学校教育、家庭教育和社会教育的连通；手机、平板、PC、学习机、电视等各种终端设备的连通。

三、智慧校园和智慧图书馆的建设

随着科技和信息技术的飞速发展，21 世纪已经成为信息化时代。在这一时代大背景下，建设智慧校园和智慧图书馆，不断推进以学校为主体的教育信息化进程，成为教育信息化的重要组成部分。

（一）智慧校园的建设

1. 智慧校园的内涵

所谓智慧校园，就是“以物联网技术、云计算技术等为基础，以面向师生个性化服务为理念，以各种应用服务系统为载体而构建的教学、科研、管理和校园生活为一体的新型智慧化的工作、学习和生活环境。”①

智慧校园能够借助于先进的信息技术手段，对多个领域的资源以及业务进行有机融合，并对这些资源和业务进行共享，继而实现信息服务的综合化与智慧化。也就是说，通过智慧校园的建设，人们能够快速且准确地获取校园中的相关信息，并通过对这些信息进行深入分析，为学校进一步改进管理方式、进行学校管理制度创新以及业务流程再造等提供重要的数据支持。此外，智慧校园的建设，有利于学校的教学工作、管理工作、科研工作等向着智慧化的方向不断发展。

智慧校园有着自身独特性：一是网络无缝互通。即智慧校园支持所有软件系统和硬件设备的连接，支持校园中的人与人、物与物、人与物之间实现全面的互联互通，以及不同学习资源、服务和平台之间的互联互通，为各种随时、随地、随需的应用提供高速、泛在的基础网络环境和持续的服务会话。二是环境全面感知。即智慧校园利用光线、方位、影像等智能感应技术，可以实时获取各种监测信息，实现全面感知。三是海量数据支撑。即智慧校园依据“大数据”理念的数据挖掘和建模技术，可以在海量校园数据的基础上构建数据挖掘模型，建立合理的分析和预测方法，对新到的信息进行趋势分析、展望和预测。四是开放学习环境。即智慧校园重在构建开放的、多维度的学习与科研空间，具备支持多模式、跨时空、跨情境的学习科研环

① 杨红云，雷体南．智慧教育：物联网之教育应用［M］．武汉：华中科技大学出版社，2016：72.

境。五是师生个性服务。即能够针对不同类别的用户提供个性化的功能应用组合，向用户呈现友好的服务界面，提供便捷化、个性化的服务。六是地域性和层次性。即发达地区的教育机构智慧校园建设程度好于欠发达地区，而且不同的教育层次对智慧校园的需求和体会也存在很大的差异性。

2. 智慧校园的具体建设

（1）智慧校园建设的总体目标。以现有的校园网络为基础，在学校的各个部门进行 EPC、RFID 等的装配，并借助于智慧校园平台将这些部门有机连接在一起。这样一来，就能将学校中的人和物的相关信息都融合在一起，并能够利用这些信息为全体师生提供有效的服务。这便是进行智慧校园建设的总体目标。

（2）智慧校园建设的原则。在进行智慧校园建设时，需要遵循一定的原则，具体来说有以下几个。

①共享性原则。在进行智慧校园建设时，要尽可能建立较为全面的信息资源共享机制，并不断对相关资源进行有效整合，以便其能够发挥出最大的效益。

②系统性原则。在进行智慧校园建设时，必须确保各个应用系统之间能够进行有效衔接，并确保不论是开发平台还是运行环境都具有一致性。

③安全性原则。在进行智慧校园建设时，安全问题是绝不能被忽视的一个问题。在具体建设智慧校园的过程中，会遇到多方面的安全问题，比如网络安全、数据安全、管理安全等。对此，必须提前制定切实可行的预防和补救措施，以便在出现安全问题时能够采取有效措施进行应对，继而减少安全问题所造成的损失。

④先进性原则。在进行智慧校园建设时，所运用的理念、所采用的技术和方法等必须具有先进性。只有这样，才能确保建成后的智慧校园是先进的，具有可持续发展的能力。

（3）智慧校园建设的组织架构。智慧校园建设的组织架构，具体包括以下几方面的内容。

①智能感知层。智能感知层在智慧校园中位于系统的最底层，通过无处不在的传感器、二维码标签、RFID、摄像头等感知和识别校园中相关物体的信息，实现对校园的人员、设备、资源等环境的全面感知。

②网络通信层。网络通信层的存在，使得不同类型的网络之间进行有效的联系，也使得校园中的人、物之间能够进行全面的互动与互通。这样一来，可以为随时、随地、随需的各类应用提供高速、泛在的网络条件，从而增强信息获取和实时服务的能力。

③智能信息采集与管理平台层。智能信息采集与管理平台层包括智能信息采集网关、物联网数据/元数据、物联网互通管理中心、物联网设备运行管理，主要功能是实现对收集到的数据的整理及不同系统之间数据的格式转换。

④智慧应用支撑平台层。智慧应用支撑平台层需要对智能信息采集与管理平台层所收集的各种信息进行全面整理、深入挖掘、智能分析与科学处理。同时，智慧应用支撑平台层需要将数据分析与处理的结果在专门的数据库中进行存储，以便于系统以及用户随时调用。

⑤智慧校园应用层。智慧校园应用层主要是通过开放性学习环境的构建，为学校师生提供个性化的应用服务以及智能化的决策服务。

⑥统一信息门户。统一信息门户是对智慧校园的接入门户以及智慧校园的入口界面予以统一，并以用户可以获得的授权为依据，为其提供个性化的信息服务。此外，统一信息门户能够有效促进学校管理效率的提升以及服务能力的提高。

⑦信息标准与规范体系。该体系主要是对采集、处理、交换信息的标准与规范以及应用系统的数据结构进行了明确规定。在此基础上，进行学校的信息化建设时便能够对所涉及的数据实施有效融合。

⑧运行维护与安全体系。该体系主要是用来保障智慧校园能够正常运行的，涉及内容安全保障、物理安全保障等内容。

（二）智慧图书馆的建设

1. 智慧图书馆的内涵

所谓智慧图书馆，就是以图书馆的各类资源为基础，以物联网和云计算为技术支撑，以为用户提供个性化、人性化、智慧化服务和管理为目的的一种数字图书馆的高级发展形态。智慧图书馆具有传统数字图书馆的功能，又具有其鲜明的智能化特征。在智慧图书馆的智能空间中，计算与信息将融入人们的生活空间，将从根本上改变人们对图书馆的认识。在任何时间、任何场所，人们都能自如地访问信息，并获得智慧化服务。

智慧图书馆有着自身的独特性：一是沟通智慧化，即智慧图书馆能够在较大的范围内对信息资源进行共享；二是资源智慧化，即智慧图书馆的资源可以利用各种各样的载体进行有效存储，同时图书馆资源的数量是极为巨大的；三是管理智慧化，即智慧图书馆在开展管理活动时，通常会提前设计能够对所有的管理对象进行有效协调的智慧管理系统，以确保图书馆智慧化运行的有效实现；四是服务智慧化，即智慧图书馆通过对服务智慧系统的构建，提高对各种信息的分析、比较与提炼的能力，继而更有效地为人们提供个性化的服务。

2. 智慧图书馆的具体建设

在进行智慧图书馆建设时，应从以下几个方面着手对其进行网络架构。

（1）感知层。在进行智慧图书馆建设时，感知层主要是借助于一些感知终端通过自动感知对图书、读者、建筑物等的相关信息进行采集。比如，智慧图书馆可以借助于温度传感器及其所收集的信息，对图书馆内的温度进行自动调节，以便图书馆的温度始终保持在最适宜的状态；可以借助光线传感器及其所收集的信息，对图书馆内的亮度进行自动调节，以便图书馆始终保持合适的光线，适合大学生进行学习等。

（2）网络层。在进行智慧图书馆建设时，网络层的建设是最为核心的内容，其需要有效处理感知层所获取的各种信息，并将处理结果及时传递给应用层。

在进行网络层建设时，最为关键的是制定科学的网络协议。在智慧图书馆的书架上，所有的书籍都会提前贴上电子标签，且会放置特定的RFID阅读器。而电子标签要想和阅读器进行信息互通，就必须借助于特定的通信协议。当某一本图书被借走时，智能书架便会对这本图书的信息进行记录，并向图书管理系统进行反映。一旦某种图书的数量比设定的图书数量少时，智能书架便会提醒图书管理系统对这种图书进行补充。此外，智能书架还会进一步分析图书的总体借阅情况，并将分析结果及时向图书管理系统进行反映。这样一来，图书馆就能有针对性地对某种图书的数量、类型等进行丰富或缩减。

（3）应用层。进行智慧图书馆建设，主要的目的是方便人们进行图书的借阅。因此，智慧图书馆的建设不能忽视实际应用层的建设。

①智慧图书馆智能借还系统。智慧图书馆通过智能借还系统的设计，能够使图书借还的效率得到大幅提升。当借阅者选好了需要借阅的图书后，只要刷卡便可以将自己的信息以及图书的信息上传图书管理系统。当借阅人在阅读后归还图书时，图书管理系统会自动对图书的完整程度进行检查，若图书完好便会进入正常的还书界面，若图书有所损坏便会对损害的程度以及赔偿方案进行显示。若是借阅人未能在规定的时期内归还图书，系统会自动对借阅人进行提醒。

②智慧图书馆智能图书定位系统。借助于这一系统，借阅者能够快速地找到图书所在的具体位置。这能够大大缩减在寻找图书方面所花费的时间。

③智慧图书馆智能图书点检系统。借助于这一系统，图书馆能够自动地对图书进行查找、盘点、导架等。同时，图书管理人员通过这一系统可以及时掌握图书的借阅情况，继而对缺少的书籍进行补充。这样一来，图书馆工作人员的工作效率就会得到大大提升。

四、智慧教室和智慧实验室的建设

（一）智慧教室的建设

教室是正规教育下学生学习的重要场所，也是最为典型、最为核心的教学环境。在网络、多媒体技术条件的支持下，教室正日益进入智慧化阶段。智慧教室是“智慧校园”的重要组成部分，它融合了传播学、心理学、空间设计、教学论等相关理论，目的是要构建出更适合学习者开展知识探索活动的学习环境。20世纪90年代以来，信息化技术逐步渗透到教育领域，进入校园和课堂，学习环境对信息技术的应用也越来越深入，逐步进入信息时代。这使得教室的发展经历了“传统教室—电子教室—多媒体教室—多媒体网络教室—智慧教室”的过程，而多媒体教室、多媒体网络教室和智慧教室同属于数字教室的不同发展阶段。智慧教室是一种典型的智慧学习环境的物化，是“多媒体和网络教室的高端形态，它是借助物联网技术、云计算技术和智能技术等构建起来的新型教室，包括有形的物理空间和无形的数字空间。”①

① 杨红云，等．智慧教育：物联网之教育应用［M］．武汉：华中科技大学出版社，2016：94.

从国外的发展来看，国外智慧教室的实践案例很多，而且关注的重点主要是智慧教室的布局和应用效果，还有智慧教室技术。例如，英国雷丁大学主要关注的是互动技术，重点研究师生的交互行为。德堡大学的 DEBBIE 项目就课堂笔记的自动化系统进行了调研。美国亚利桑那州大学的智能教室为实现学习小组之间的交流合作，注重对基于泛在计算和网络技术的 PDA、情境感知中间件的应用和研究。国外智慧教室的建设大部分分布在中小学和大学，而国内则集中在中小学。

1. 智慧教室平台架构

智慧教室的平台构架由设备层、门户层、应用层、服务层、数据层、基础层、网络层七个部分组成。

2. 智慧教室系统功能组成

智慧教室包含多个系统，如内容呈现系统、学习资源系统等。这些系统在教室内的信息资源和各种软硬件资源的支撑下，完成各自的功能，并相互联动与协调。

（1）内容呈现系统。在教学过程中，教师必须将教学内容呈现给学生看，这是开展课堂教学的基础。因此，内容呈现系统是智慧教室的重要部分，设计良好则可以提高教学内容的传递效果。内容呈现系统包括两大子系统：交互演示子系统、虚拟现实子系统，具体由黑板、投影仪、虚拟设备、无线机顶盒、扩音设备等组成。

（2）学习资源系统。学习资源事先要存储起来，使用时又要分发出去，因此需要相应的存储、分发系统，统称为学习资源系统。该系统的软硬件包括电子书包、课堂教学资源、学习过程记录、云服务平台等。在这些软硬件的支持下，教师开发的教学资源得以上传，而学生终端的学习资源得以同步，师生的上课过程也被录制下来，整个教学过程得以存储。在学习资源系统中，云端起到很大的作用，它存储着开发的学习资源，师生在上课过程中通过云端而实时同步课程资源，教学过程中的生成性资源实时保存。课堂教学过程也通过学习资源系统实时录制并存储到云端。

（3）教学交互系统。教学交互系统是课堂教学过程中师生、生生交互的支持系统。该系统支持课堂讲授、协作学习以及学生自主探究等多种学习方式。课堂交互系统通常由各种学习终端、云服务平台组成，可实现师生、生生间的互动，小组讨论、学习，学生个人的探究，学习过程的记录等。交互式电子白板由于其特有的“交互”功能，也逐渐成为构建多媒体交互教学环境的主要载体，是教学交互系统中重要的学习终端。在配套操作软件的支持下，交互式电子白板具有批注功能、资源库功能、反馈功能、存储功能、页面“漫游”功能等独特的教学功能特性。此外，利用聚光灯、拉幕、照明等特效工具，可以局部凸显相关内容，以引起学生的有意观察与注意。交互式电子白板上述功能的运用可以增强视听效果，激发学习兴趣，在一定程度上可以优化教学媒体的呈现形式、教学情境生成的方法、师生互动的途径，使教学预设、生成、互动融为一体。

（4）环境感知系统。环境感知系统主要由温度、气体成分、压力、光线相关的传感器组成，这些传感器根据预设的理想参数，自动调节百叶窗、灯具、空调等相关设备，将教室内声、光、温、气调节到适宜学生身心发展的状态。该系统主要表征智慧教室对物理环境和学习行为的感知能力，而目的在于为学生营造一个健康、舒适的学习环境。

（5）实时记录系统。实时记录系统主要是在现在学校流行的录播系统上增加记录学生学习轨迹与教师教学轨迹的功能。教师可对教学视频进行分析，反思教学过程，撰写反思日志。实时记录系统可为教师教学决策和学生自主学习提供参考和有效数据支持。

（6）在线测试和评价系统。在线测试和评价系统主要包括教师可以利用即时反馈系统在教学的过程中随机出题进行意见征集和应答反馈，以收集学生对某一具体内容和问题的观点或掌握情况，反馈结果可以及时呈现，便于教师调整自己的教学内容或过程。学生也可以利用同步标记系统对教师讲课时的声音大小及语速进行反馈。

（7）身份感知与识别系统。智慧教室中利用射频识别、人体识别系统等传感装置可以按约定的协议，对教室里师生的出入进行记录，把各种设备连接起来并进行信息交换，实现智能化识别和感知。

3. 智慧教室建设标准

当前，我国并未出台智慧教室的建设标准，而国外关于智慧教室建设的规范可以为我国标准的制定提供参考。美国关于智慧教室建设的规范文件有《学校技术工具资源指南》《洛杉矶社区学院学区视音频智慧教室信息技术标准》。前者主要针对学校的技术结构、教室构成（软硬件）、在线协作和交流工具、在线编辑工具而描述智慧教室内计算机的配置方式、软硬件资源、师生用的工具软件及注意事项。后者介绍了视音频智慧教室的一般要求、智慧教室里的新兴技术、视音频设计的注意事项等。

近年来，一些国家和地区创建的智慧教室实例。如美国的MITTEAL项目、英特尔未来教室，英国的金斯代尔中学未来教室、杜伦大学全触屏教室，日本的东京大学KALS，我国的清华大学“smart classroom”、卓越公司智能教室、HP未来教室、学府未来教室、华中师范大学未来教室、高中开放式重点实验室等。

（二）智慧实验室的建设

随着高等教育改革的不断深化，特别是在“教学评估”和“质量工程”建设的推动下，高校更加重视对学生实践能力和创新能力的培养，利用新兴技术，构建更加智能化的实验室成为高校“质量工程”建设的一部分。智慧实验室作为智慧校园的重要组成部分，旨在以物联网技术为核心，利用新一代信息技术为广大师生提供一个全面的智能感知实验环境和综合信息服务平台，实现实验室设备资源、教学资源、科研资源的高度共享。

1. 智慧实验室的层次架构模型

智慧实验室层次架构模型采用类似于物联网的三层结构，从下至上依次为感知层、网络层和应用层。这三个层次的构建与前文的智慧图书馆的具体建设类同，这里不再展开。

2. 智慧实验室建设案例

大学现代无线通信实验室是一个基于物联网技术的实验室，目的是在提高实验信息服务质量的同时，将RFID技术、无线传感器网络、Zig Bee技术等应用于实验室，构建一个开放、共通的通信实验室平台。该平台通过全面采集和深度分析实验数据，为师生和实验管理人员提供互动、共享、协作的应用和服务，充分满足不同用户的需求，使教育信息资源得到充分利用。

（1）总体设计要求。总体设计要求应包括以下几点。

①建筑物内部各层之间、同层各个房间之间数据通过无线组网实现传输，由此构成实验室的传输网络。

②能够体现不同的无线组网技术。

③能够采集多种环境参数，对实验室的环境进行全面监测，保证实验室的安全。

④能够实现实验者和实验设备的互联，包括物物互联、物人互联、人人互联。

⑤易于进行网络部署、组网和扩展。

（2）智慧实验室体系结构。大学现代无线通信智慧实验室体系主要由平台子系统、中心服务器和客户端三部分构成。平台子系统利用多种传感器件和射频识别设备，全面感知环境和设备信息，然后把信息传输到物联网实验平台的中心服务器并且保存到数据库中，再利用平台分析、处理收集到的信息，最后客户端可利用不同的终端进行访问和控制。大学现代无线通信智慧实验室由五个功能系统和一个物联网综合体验中心平台组成，而五个功能系统通过物联网综合体验中心平台进行 Web 发布。

智慧实验室系统利用有线和无线相结合的网络框架构建，能够快速部署安装，通过可视化物联网综合体验中心平台可以实现上述五个设计要求。

第二节　新时代高校教育与“互联网+”融合创新

一、“互联网+教育”的概念

（一）“互联网+”的内涵与特征

2014 年 11 月，李克强总理出席首届世界互联网大会时指出，互联网是大众创业、万众创新的新工具。其中“大众创业、万众创新”成为 2015 年政府工作报告中的重要主题，被称为中国经济提质增效升级的“新引擎”，可见其重要作用。

2015 年 3 月，在全国两会上，全国人大代表马化腾提交了《关于以“互联网+”为驱动，推进我国经济社会创新发展的建议》的议案，提出了经济社会创新的建议和看法。他呼吁，我们需要持续以“互联网+”为驱动，鼓励产业创新、促进跨界融合、惠及社会民生，推动我国经济和社会的创新发展。马化腾表示，“互联网+”是指利用互联网的平台、信息通信技术把互联网和包括传统行业在内的各行各业结合起来，从而在新领域创造一种新生态。他希望这种生态战略能够被国家采纳，成为国家战略。

2015 年 3 月 5 日中共十二届全国人大三次会议上，李克强总理在政府工作报告中首次提出“互联网＋”行动计划并提出：“制定‘互联网＋’行动计划，推动移动互联网、云计算、大数据、物联网等与现代制造业结合，促进电子商务、工业互联网和互联网金融的健康发展，引导互联网企业拓展国际市场。”

通俗地说，“互联网＋”就是“互联网＋各个传统行业”，但这并不是简单的两者相加，而是利用信息通信技术以及互联网平台，让互联网与传统行业进行深度融合，创造新的发展生态。这相当于给传统行业加一双“互联网”的翅膀，然后助飞传统行业。如“互联网＋金融”，由于金融与互联网的结合，诞生出了很多普通用户触手可及的理财投资产品，例如余额宝、理财通以及 P2P 投融资产品等；再如“互联网＋医疗”，传统的医疗机构由于互联网平台的接入，使得人们实现在线求医问药，这些都是最典型的“互联网＋”的案例。事实上，“互联网＋”有以下六大特征：

一是跨界融合。所谓“＋”本身就意味着跨界，意味着变革，意味着开放，意味着重塑融合。敢于跨界了，创新的基础就更坚实；融合协同了，群体智能才会实现，从研发到产业化的路径才会更垂直。融合本身也指身份的融合，客户消费转化为投资，伙伴参与创新，等等，不一而足。

二是创新驱动。中国粗放的资源驱动型增长方式早就难以为继，必须转变到创新驱动发展这条正确的道路上来。这正是互联网的特质，用互联网思维来求变、自我革命，也更能发挥创新的力量。

三是重塑结构。信息革命、全球化、互联网已打破原有的社会结构、经济结构、地缘结构、文化结构。权力、议事规则、话语权不断发生变化。“互联网＋”社会治理、虚拟社会治理相继出现。

四是尊重人性。人性的光辉是推动科技进步、经济增长、社会进步、文化繁荣的最根本的力量，互联网的力量强大最根本来源于对人性最大限度的尊重、对人生体验的敬畏、对人创造性发挥的重视。例如卷入式营销，分享经济。

五是开放生态。生态的本身就是开放的，我们推进“互联网＋”，其中一个重要的方向就是要把过去制约创新的环节卸掉，把孤岛式创新连接起来，让研发由市场驱动，让创业者有机会实现价值。

六是连接一切。连接是有层次的，可连接性是有差异的，连接的价值是相差很大的，但是连接一切是“互联网＋”的目标。

（二）“互联网＋教育”的核心与本质

一所学校、一位老师、一间教室，这是传统教育。一张网、一个移动终端，几百万学生，学校任你挑、老师由你选，这就是“互联网＋教育”。在教育领域，面向中小学、大学、职业教育、IT培训等多层次人群开放课程，可以足不出户在家上课。“互联网＋”教育的结果，将会使未来的一切教与学活动都围绕互联网进行。老师在互联网上教，学生在互联网上学，信息在互联网上流动，知识在互联网上成型，线下的活动成为线上活动的补充与拓展。

“互联网＋教育”不只是影响创业者，还能提供平台实现就业。在线教育平台所提供的职业培训就能够让一大批人受益，而自身创业就能够解决就业。李克强总理提出的“大众创业，万众创新”对于教育而言有着深远的影响。教育不只是商业，例如极客学院上线一年多，就用近千门职业技术课程和4 000多课时帮助80多万IT从业者用户提高职业技能。

2015年6月14日举办的“2015中国互联网＋创新大会”河北峰会上，业界权威专家学者围绕“互联网＋教育”这个中心议题，纷纷阐述自己的观点。“互联网＋”不仅不会取代传统教育，而且会让传统教育焕发出新的活力；第一代教育以书本为核心，第二代教育以教材为核心，第三代教育以辅导和案例方式出现，如今的第四代教育，才是真正以学生为核心。中国工程院院士李京文表示：“中国教育正在迈向4.0时代”。

其实在“互联网＋”提出之前，互联网教育已经有了近10年的发展历史，这表示即使政府不制订“互联网＋”计划，“互联网＋教育”的模式探索与尝试也已经开展，大数据、云计算、互联网等逐渐与教育相结合，教育的形态被“智能”的力量重塑，可以说教育行业已经实现了互联网化。互联网成为教育变革的一大契机，但是它只是对传统教育的升级，其目的不是去颠覆教育，更不是颠覆当前学校的体制。基于此，我们认为，“互联网＋教育”的核心和本质就是基于信息技术，实现教育内容的持续更新、教育模式的不断优化、学习方式的连续转变以及教育评价的日益多元化。

1. “互联网+课程”：教育内容的持续更新

“互联网+课程”，不仅仅产生网络课程，更重要的是它让整个学校课程，从组织结构到基本内容都发生了巨大变化。正是因为具有海量资源的互联网存在，才使得高等院校各学科课程内容全面拓展与更新，适合大学生的诸多前沿知识能够及时地进入课堂，成为学生的精神套餐，课程内容艺术化、生活化也变成现实。通过互联网，学生获得的知识更加丰富和先进，完全可能超越教师。除了对必修课程内容的创新，在互联网的支持下，各类选修课程的开发与应用也变得天宽地广，越来越多的学校能够开设上百门的特色选修课程，诸多从前想都不敢想的课程如今都成了现实。

2. “互联网+教学”：教学模式的不断变化

“互联网+教学”，形成了网络教学平台、网络教学系统、网络教学资源、网络教学软件、网络教学视频等诸多全新的概念，由此不但帮助教师树立了先进的教学理念，改变了课堂教学手段，大大提升了教学素养，而且更令人兴奋的是传统的教学组织形式也发生了革命性的变化。正是因为互联网技术的发展，以先学后教为特征的“翻转课堂”才真正成为现实。同时，教学中的师生互动不再流于形式，通过互联网，完全突破了课堂上的时空限制，学生几乎可以随时随地随心地与同伴沟通，与老师交流。在互联网天地中，教师的主导作用达到了最高限度，教师通过移动终端，能及时地给予学生点拨指导，同时，教师不再居高临下地灌输知识，更多的是提供资源的链接，激发兴趣，进行思维的引领。由于随时可以通过互联网将教学的触角伸向任何一个领域的任何一个角落，甚至可以与远在千里之外的各行各业的名家能手进行即时视频聊天，因此，教师的课堂教学变得更为自如，手段更为丰富。当学生在课堂上能够获得他们想要的知识，能够见到自己仰慕的人物，能够通过形象的画面和声音解开心中的各种疑惑，可以想象他们对于这一学科的喜爱将是无以复加的。

3. “互联网+学习”：学习方式的连续改变

“互联网+学习”，创造了如今十分红火的移动学习，但它绝对不仅仅是作为简单的随时随地可以学习的一种方式而存在的概念，它代表的是学生学习观念与行为方式的转变。通过互联网，学生学习的主观能动性得以强化，他们在互联网世界中寻找到学习的需求与价值，寻找到不需要死记硬背的高效学习方式，寻找到可以解开他诸多学习疑惑的答案。研究性学习倡导多年，一直没能在高校真正得以应用和推广，重要的原因就在于它受制于研究的指导者、研究的场地、研究的资源、研究的财力物力等，但随着互联网技术的日益发展，这些问题基本都能迎刃而解。在网络的天地间，学生对于研究对象可以轻松地进行全面的多角度的观察，可以对相识与陌生的人群作大规模的调研，甚至可以进行虚拟的科学实验。当互联网技术成为学生手中的利器，学生才能真正确立主体地位，摆脱学习的被动感，自主学习才能从口号变为实际行动。大多数学生都将有能力在互联网世界中探索知识，发现问题，寻找解决的途径。“互联网＋学习”对于教师的影响同样是巨大的，教师远程培训的兴起完全基于互联网技术的发展，而教师终身学习的理念也在互联网世界里变为现实，对于多数使用互联网的教师来说，他们十分清楚自己曾经拥有的知识是以怎样的速度在锐减老化，也真正懂得“弟子不必不如师，师不必贤于弟子”的道理。互联网不但改变着教师的教学态度和技能，同样也改变了教师的学习态度和方法。他不再以教师的权威俯视学生，而是真正蹲下身子与学生对话，成为学生的合作伙伴与他们共同进行探究式学习。

4.“互联网＋评价”：教育评价的日益多元化

“互联网＋评价”，这就是另一个热词——“网评”，在教育领域里，网评已经成为现代教育教学管理工作的重要手段。学生通过网络平台，给教师的教育教学打分，教师通过网络途径给教育行政部门及领导打分，而行政机构也通过网络大数据对不同的学校、教师的教育教学活动及时进行相应的评价与监控，确保每个学校、教师都能获得良性发展。换句话说，在“互联网＋”时代，教育领域里的每个人都是评价的主体也是评价的对象，而社会各阶层也将更容易通过网络介入对教育的评价。此外，“互联网＋评价”改变的不仅仅是上述评价的方式，更大的变化还有评价的内容或标准。例如，在传统教育教学体制下，教师的教育教学水平基本由学生的成绩来体现，而在“互联网＋”时代，教师的信息组织与整合、教师教育教学研究成果的转化、教师积累的经验通过互联网获得共享的程度等，都将成为教师考评的重要指标。

总之，随着“互联网＋”被纳入国家战略的顶层设计，“互联网＋”时代的正式到来，教育工作者只有顺应这一时代变革，持续不断地进行革命性的创造变化，才能走向新的境界和高度。

二、“互联网+”给中国高等教育带来的机遇

随着工业社会向信息社会的过渡转型，国际化和信息化已经成为高等教育发展的必然趋势。特别是“互联网+”时代的到来，以及最近几年大规模公开在线课程的广泛兴起，正在引发世界范围内高等教育格局的竞争与变革。在这种背景下，中国高等教育的发展方式正在全面转型，而这种转型也给中国大学教育带来了更多的机遇。

（一）“互联网+”让大学教育从封闭走向开放

“互联网+”打破了权威对知识的垄断，让教育从封闭走向开放，使得优质的教育资源不再局限于少数的名校之中，人们不分国界、老幼都可以通过网络接触到最优质的教育资源。在全球开放的时代下，正在加速形成一个基于全球性的知识库，通过互联网，人们可以随时随地地从这个知识库中获取各国各地区优质的学习资源。

李克强总理说：“为切实把教育事业办好，我们要保证投入，花好每一分钱，畅通农村和贫困地区学子纵向流动的渠道，让每个人都有机会通过教育改变自身命运。”在我国，教育尤其是大学教育的质量具有较大的差距，进入大学之前，虽然城市之间与城乡之间不可避免地会出现师资力量的差距，但是由于总体上大家接收到的都是基本一样的标准化教育，相互之间的差距并不明显。但是大学教育却与之不同，同一个专业在不同的学校所开设的课程是不一样的，培养手法也是不一样的，再加上学校开设课程时间的长短以及教师对于课程方面研究的程度、课程解读的不同，都会造成不同的效果。1959 年《中共中央关于在高等学校中指定一批重点高校的决定》中，决定设置 20 所全国重点高等学校，保证一部分学校能够培养较高质量的科学技术干部和理论工作干部，提高我国高等学校的教育质量和科学水平。而后在 1960 年《中共中央关于增加全国重点高等学校的决定》中在原有的基础上增加了 44 所大学，一共 64 所院校。1978 年国务院转发教育部《关于恢复和办好全国重点高等学校的报告》，恢复 20 世纪 70 年代前 60 所全国重点高等学校，并增加了 28 所高校为重点大学，至此我国基本上确定了重点

高校的格局。

但是，2000—2012 年国家财政性教育支出、预算内教育支出虽然在稳步地上升，但是与发达国家相比还是具有较大的差距，此外财政性支出占 GDP 的比重这一项能够影响教育支出的数额，而我国的财政支出比重一直都在 20%左右，但是发达国家这一数字可以达到 50%，最少的也在 35%。这样一来，我国高校的资源就出现了“僧多粥少”的现象。随着高校数量的增加，那些普通院校得到的国家支持也就越少，教育质量也随之下降。因此导致最优质的教育资源都集中在少数的 985 重点高校中，而其他院校则很少能得到优质的教师和政策支持。但是通过互联网，高校学生能够通过网络接触到 985 等重点高校的教育资源，同时可以跨地域跨时间段重复地针对一个知识点进行反复的学习，加深对知识的理解，不至于在短短的 45 分钟或是一个小时的课堂上强行接收所有的知识点，且不担心知识点的遗漏。由此知识获取的效率大幅提高，也为终身学习的学习型社会建设奠定了坚实的基础。

（二）“互联网＋”降低了学生接受大学教育的成本

美国佩尤公众与媒体研究中心 2013 年 3 月所做的一项研究发现，60% 的美国成年人认为，大学对于国家的发展具有积极的作用；84%的大学毕业生认为，对他们而言，接受高等教育的费用支出是一项很好的教育投资。但是，该中心 2011 年的另一项调查发现，75%的受访成年人认为，对大多数美国人来认为，上大学太贵了，几乎难以负担；57%的受访者认为，美国高等教育体系没能让学生及其家庭的花费物有所值。Tapio Varis 是坦佩雷大学荣誉教授，联合国教科文组织首席研究员，他认为不同的教学实施模式会强化不平等，提出“经济因素将在很大程度上决定高等教育的命运，传统的面对面式的高等教育将成为少数人的特权，部分教育领域则需要实现全球的标准化，在许多情况下，这还将会降低教育水准。”

根据国家统计局的调查表明，自从 2005 年开始，我国家庭中子女的教育支出在家庭可支配收入中占的比重不断增长，我国教育占居民可支配收入的比重从 2004 年的 3.3%到 2012 的 5.9%，上涨了将近 2 倍。大学学费在近 20 年内上涨了近 25 倍，而我国居民的人均收入增长仅 4 倍，在扣除了通货膨胀因素之后增长仅为 2.5 倍，大学学费的增长幅度几乎是居民收入的

10倍，但是大多数学生尤其是所谓的非热门专业的学生在毕业后却很难得到相应的投资回报。但是“互联网＋”出现后却不一样，互联网强调的用户可以免费享用各种资源。由此，“互联网＋教育”使得高校学生能够通过较低的成本得到更优质的教育资源，从而促进更多的学生去主动学习，避免了很多由于家庭贫困而上不起大学的学生得不到优质的教育。美国环境保护署科学顾问委员会原主任 Donald G. Barnes 曾预言：“大学日趋增长的成本难以为继，尤其是在大学教育全球化日趋增长的情况下更是如此。所以，借助网络实施高等教育的做法才会迅猛发展，这种方式更加经济、高效。”

互联网极大地放大了优质教育资源的作用和价值，从传统的一个优秀老师只能服务几十个学生扩大到能服务几千个甚至数万个学生，使得大学教师能够从繁重的教学任务中解脱出来。另外，互联网联通一切的特性让跨区域、跨行业、跨时间的合作研究成为可能，这也在很大程度上规避了低水平的重复，避免教师一年又一年重复的教学讲解。

（三）“互联网＋”改变了大学教育的教学模式并加速了教育的自我进化能力

互联网使得教师和学生的界限不再泾渭分明，改变了传统的“以教师为中心”的授课形式，使其转变成“以学生为中心”的形式。在“校校通、班班通、人人通”的“互联网＋”时代，学生获取知识已变得快捷，师生间知识量的天平并不一定偏向教师，教师必须调整自身定位，让自己和学生成为学习的伙伴和引导者。

要做到“以学生为中心”的教育就必须强调学生的个性化特征。中国的应试教育以考试结果作为划分学生优劣的标准，甚至更为偏激地认为成绩优秀的学生必然品德也是优良的。这种划分方式致使许多偏科但具有特殊才能的学生的发展受到了阻碍，泯灭了许多学生的才能。而互联网中的用户思维就是指在价值链的各个环节都要“以用户为中心”去思考问题，根据用户的需求进行服务。在“互联网＋”时代下，利用大数据分析学生的特点，准确分析学生的兴趣爱好、认知水平、接受能力等，然后在此基础上因材施教。例如，美国亚利桑那州立大学是美国最大的公立大学，拥有 72 000 名学生。学校采取了一个在线教育服务商 Knewton 的“动态适配学习技术”来提高教学水平，2 000 名学生通过使用该系统两个学期之后，该学校的辍学率下降了 56%，毕业率从 64%上升到 75%。因此利用大数据进行学生特性的分析，然后为学生提供相应的教学，这样能够更为有效地提升学生的学习效果。现在为了满足学生的需要，互联网为学生提供多种学习模式，如体验式学习、协作式学习及混合学习等模式。而其中最具特点的是 4A（Anytime、Anywhere、Anyway、Anybody）学习模式，即学生可以在任何时间、在任何地点、以任何方式、从任何人那里学习。这也在一定程度上体现了培养学生尤其是大学生自主学习的理念。

传统教育包括教育对象和教育环境两大体系。教育对象指的是学生，而教育环境则包括了学习主体以外周围的事物，包括教师、教学内容、教学条件等。在传统的教学系统中，我们的出发点和落脚点在于考试和升学，对于人的发展则关注得比较少，因此我国的学生总是在经过反反复复地打磨后才成了一个个标准的产品，个体之间缺少差异性。但是英国著名教育理论家怀特提出，学生是有血有肉的人，教育的目的是激发和引导他们的自我发展之路。也就是说教育的核心是要充分调动人的主体意识，使其在学习、发展过程中变“被动”为“主动”，产生积极主动的心理状态，从而提高自身的认知水平和学习效率。而互联网时代正好强调的就是主动性和创新性，通过提升学生的主动性来提升教育的能力。

当“互联网＋”进入到现有的教育体系之后，打破了原有的教育体系的平衡，敲开了教育原本封闭的大门，为传统的教育体系提供了新的知识信息源泉，使得原有的学生子系统能够更为快捷和方便地与外部的大系统进行知识的交互，获取信息，推动了自身知识的增长，从而提高教育的自我进化能力。互联网的虚拟环境还能够为学生创造一个拟真世界，学生能够利用互联网从三维的视角去认知、探索世界。陶行知曾经说过“在劳力上劳心”，这才是创新人才的办学模式，陶行知批评说：“中国的教员、学生，实在太迷信书本了。他们以为书本可以耕田、织布、治国、平天下；他们以为要想耕田、织布、治国、平天下，只要读读书就会了。”陶行知认为学习应该是实践与认知相结合的过程，而非沉浸在书本中，但是我国传统的教育却是一味地学习书本的知识，甚至是过时的知识，所以才会出现所谓的“纸上谈兵”的现象。而“互联网＋”的时代，学生能够通过网络中的拟真世界进行相应的一些实践，并随时根据网络的信息更新知识。例如，管理专业的学生能够通过网上沙盘模拟获取与企业运营相关的知识，由此增强学生的实践操作能力。

随着“互联网＋”时代的来临，大学教育正进入到一场基于信息技术的伟大的变革中。这里分析了“互联网＋教育”的内涵与特征，认为其核心和本质是基于信息技术，实现教育内容的持续更新、教育模式的不断优化、学习方式的连续转变以及教育评价的日益多元化。由于大学教育不仅要利用互联网和相关信息技术进行教学方式的创新，而且还要有效利用互联网和相关信息技术提供的平台和空间，由此也引发了我们对大学教育本质的再思考。在此基础上，这里探讨了“互联网＋”给中国大学教育带来的机遇和挑战。“互联网＋”打破了权威对知识的垄断，让教育从封闭走向开放，极大地放大了优质教育资源的作用和价值，改变了大学教育的教学模式，加速了教育的自我进化能力。

“互联网＋”也催生出相关的教育市场，教育要素自发在国际流动，使中国大学教育面临市场化和国际化的冲击。普通高校面临严重的优质生源危机，大学教育受到了深远的影响。因此，在接下来的章节中，我们将探讨如何借助互联网在高等教育中产生的越来越广泛的影响，通过提升大学生的研究性学习能力来提升其创新思维与创新能力。

三、“互联网＋”给中国高等教育带来的挑战

进入 21 世纪，互联网的广泛应用和普及对人类文明和社会进步带来了巨大冲击，促进了人类学习方式、方法和习惯的改变。2015 年中国政府工作报告明确提出“建设世界一流大学和一流学科”，这是继 2011 年政府工作报告中提出要“加快建设一批世界一流大学”之后，又一次提出这一目标。可以预计，今后很长一段时间大学教育都会统筹所有的重点建设经费，建设世界一流大学和世界一流学科。然而，如何建设世界一流大学和世界一流学科？加州大学伯克利分校原校长田长霖教授认为世界一流大学的重要标志是要有世界一流的科研成果，但不能只看论文发表的数量有多少，最重要的是要在某一个领域真正达到世界一流。由此可见，随着“互联网＋”时代的到来，中国的大学教育必将面对新的挑战。

(一)“互联网+”使中国大学教育面临市场化的冲击

千百年来，大学一直被认为是知识和学习的中心。其间尽管科技手段带来了巨大的社会变革，例如，活字印刷机、电报、电话、无线电、电视机和计算机等的发明和使用，而大学传播知识、评价学生的基本方式一直未变。有一种观点认为，正像那些以信息为核心的产业（例如新媒体、报纸杂志、图书、音乐、动画和电视等）一样，高等教育很容易受到科技的破坏性影响。知识的传播已不必局限于大学校园，云计算、数字课本、移动网络、高质量流式视频、即时信息收集等技术的可供性已将大量知识和信息推动到“无固定地点的”网络上。这一现象正激起人们对现代大学在网络社会中的使命和角色的重新审视。有关大学未来的争论，其中一个主要的驱动因素，集中在它已陷于四面楚歌的商业模式中。学生和家长们为不断飙升的学费而苦恼，他们越来越质疑自己对高等教育学位的负担能力以及学位作为求职证书的最终价值。佩尤公众与媒体研究中心 2013 年 3 月的一项研究发现，60%的美国成年人认为，大学对于国家的发展具有积极的作用。84%的大学毕业生认为，对他们而言，接受高等教育的费用支出是一项很好的教育投资。但是，该中心 2011 年的另一项调查发现，75%的受访成年人认为，对大多数美国人来说，上大学太贵了，几乎难以负担。而且，57%的受访者说，美国高等教育体系没能让学生及其家庭的花费物有所值。

在上述背景下，新技术催生出相关的教育市场，大规模公开在线课程开始备受人们的关注。2011 年夏，斯坦福大学计算机科学教授塞巴斯蒂安·特龙（Sebastian Thrun）宣布将在网上免费公开自己的秋季课程，并附上课后练习题和随堂小测验后，其选课人数迅速增加。社会公众认为：大规模公开在线课程不仅能充分利用有限的教师资源来教授大量课程，达到教学成果最大化的目的，还可以降低人们求学的经济成本，缓解大学教育面临的经济压力。虽然在线课程让更多人“走进了”课堂，但它依然饱受争议。德尔班科坚称：“传统课堂上的教学体验是在线课程无法替代的。”另外，他告诉记者，在线课程会催生教育界的超级巨星，例如哈佛大学政治哲学领域教授迈克尔·桑德尔（Michael Sandel）因在网上公开了自己的演讲而声名大噪，随即拥有了数量庞大的追随者。然而，这却给那些没有名气的教授带来了压力，使他们很难在教学中得到安全感。德尔班科对记者表示，“如今真正需要思考的是，有多少人能从在线课程中获得真才实学？关于学生是谁、学生的具体问题是什么、怎样有针对性地解决学生的疑问等问题，都需要教师与学生进行面对面的交流来寻找答案。”

无论是否存在争议，大学教育已经发现竞争对手正在侵蚀自己的传统使命，它们包括营利性大学和非营利性学习组织、系列讲座的提供商、iTunesU 等网络课程在线服务机构，还有为特定行业和职业提供指导和认证服务的大批专业培训中心。相比实体教育机构，它们都能更快捷地提供规模化的网上教学服务。因此，尽管有时受制于财务预算短缺和抵制变革的学术文化的影响，高等教育管理者们仍在努力回应，并着手进行改革。美国佩尤研究中心 2011 年对大学校长的一项调查发现，超过 3/4（77%）的受访者声称他们学校提供网上课程。有一半的受访校长认为，未来十年中，他们学校会有大部分学生注册一部分网络课程。弗吉尼亚州大学有关大学校园变革的紧迫性和变革速度的争论很是热烈。校董事会认为，校长 Teresa Sullivan 未谋求快速的变革，因此经过表决要求下台。教师、学生和校友一片哗然，一阵骚动之后，董事会改变了原来的决定，恢复了 Teresa Sullivan 的校长职务。不过，在她复职的一周内宣布：学校要加入私人开办的在线教学服务公司 Coursera。这意味着该校将会加入其他诸多精英研究性大学的一个团体——这些学校包括杜克大学、约翰霍普金斯大学、普林斯顿大学、斯坦福大学、宾夕法尼亚大学等，成为 Coursera 网络联盟机构的一个成员。截至 2012 年，Coursera 的大规模开放式网络课程（MOOC）已对其学生免费提供，从而使全球数百万人获得了不受限制地聆听该国一些最知名大学课程的机会。此外，MITx、2tor、Udacity 等其他初创公司，也以类似方式吸引了数十万学生注册。

（二）“互联网＋”使中国大学教育面临国际化的冲击

事实上，经济全球化的迅猛发展，使得人力资源和物质资源在世界范围内的跨国、跨地区流动成为新常态。这种资源的流动已经渗透到教育领域——教育要素自发在国际流动，教育资源自发寻求优化配置，世界各国间的教育交流日益频繁，竞争更加激烈，形成了教育国际化的大趋势。教育国际化既是经济全球化的必然产物，也是各国政府教育战略的重要目标。各国在人才培养目标、教育内容、教育手段和方法的选择上，不仅要以国内社会经济发展的需求为前提，还要适应国际产业分工、贸易互补等经济文化交流与合作的新形势。因此，教育国际化的本质，归根到底就是在经济全球化、贸易自由化的大背景下，各国都想充分利用“国内”和“国际”两个教育市场，优化配置本国的教育资源和要素，抢占世界教育的制高点，培养出在国际上有竞争力的高素质人才，为本国的国家利益服务。

从方法论的角度讲，教育国际化，就是用国际视野来把握和发展教育。从各国的教育国际化实践来看，教育要素在国际的流动，最早始于各国高等教育之间，并由此波及中等教育、基础教育、职业教育等领域。著名教育问题研究专家钟秉林认为：教育领域的人力资源流动就是教师和学生的流动，物质资源流动就是教学资源的流动，比如课程、教材、课件等。而这些要素流动的载体，就是各类不同形式的国际教育项目。截至 2012 年年底，我国依法批准设立和举办的实施本科以上高等学历教育的中外合作办学项目 732 个、办学机构 43 个。实际上，未经审批的但是已经实际存在的合作办学项目，可能是这个数字的几倍之多。从全国高校整体情况看，包括本科、高职高专，至少 2/3 的高校已经有自己的中外交流或合作办学项目。“合作办学就是一个载体，通过这个载体，国际化的课件、教材，都可以流动起来，同时伴随着学生和教师的国际流动。更重要的是，随着师生资源和教学资源的流动，必然伴随着教育观念、教学方式、管理方式的跨国流动与融合。这是各国教育谋求发展的一个重要机会，很有挑战性。”通过教育国际化进行资源重新配置的方式很多，比如出国留学与来华留学、访学游学与国际会议、合作研究与联合培养、结成友好学校等，这些途径为教育国际化搭建了平台，为国际教育要素的流动提供了载体。

（三）“互联网＋”使普通高校面临缺乏优质生源的挑战

自 1992 年开始参加高考的人数在不断地上升；到 2008 年达到 1 050 万人的一个高峰，而后又开始不断地下降，而这个时间段刚好又是互联网火热发展的阶段。而且从数据中可以看出高校录取比例在近年来不断下降，而国家政策也在不断地调整高校的录取人数，这两方面可以看出高校正在面临生源不断减少的危机。

互联网将最优质的课程以一种近乎免费的方式提供给广大的学生，例如，2010 年在海地地震之后成立的“人民大学”，这所学校就是互联网教学的雏形。在这里学生能够免费或是交纳少部分的学费进行学习获得学分。按此模式发展，如果互联网教育发展到了一定的程度，并且能够提供受到社会认可的证书，那么相当一部分学子在没有进入所谓的重点院校之后，也不会退而求其次地进入一所普通院校，甚至是学习自己不喜欢的专业。他们可以通过互联网学习大学应该学到的知识，并且得到社会的认可。这样一来，首先，我国很多二本院校以及高职专科院校的教师资源本就比不上重点院校的教师资源丰富，而在“互联网＋”教育的时代，又不能与网络上提供的教学资源相比。其次，学校为了维持其基本的运转和基础设施的建设，就必须向学生收取超过互联网时代网络学校的费用，这样在成本上面又无法相抗衡。最后，在互联网教育不够发达的时代，高校学生之所以选择一所普通高校就读，甚至在分数不够的情况下选择一个自己并不喜欢的专业就读，很大一方面的原因是为了获得学位，受到社会的认可。但是当互联网教育也能够提供一样的学位认可，且学生能够自主进行专业的选择，那么高校就会受到互联网教育的冲击。而且高校进行的是学生基础理论的教学，主要目的是让学生学会思考。这样就注定了高校即使自降身价也无法与一般的技术院校去争夺学生资源，这样一来，高校无法招收到学生，没有资金的运转，也不可能去获取更好的教师资源，这样循环下去，普通高校势必面临严重的优质生源危机。

（四）“互联网＋”使大学生受到学习碎片化的影响

祝智庭认为，学习碎片化起始于信息碎片化，进而带来知识碎片化、时间碎片化、空间碎片化、媒体碎片化、关系碎片化等，即学习者可以利用乘坐公交车、课间休息、睡前十分钟等的零碎时间，通过网络获取一些零碎的知识进行学习。碎片化学习资源具有短小精悍、结构松散，传播迅速、生命周期短，去中心化、多元化与娱乐化以及多方式表达、多平台呈现的特点。也正是因为这些特点导致学生对网络学习产生障碍。

首先，碎片化知识短小精悍、结构松散，促进了学生认知方式的转变，对新知识的呈现形态提出新的要求，学生适应了简短的信息阅读方式，可能会对较长的信息和图书阅读产生不适感。而且长期以来，我们受到的大学教育都是系统的知识教育，而结构松散的知识要求学生能够对知识进行加工建构，如若不行那么学生就会产生认知的障碍，甚至以偏概全。

其次，碎片化知识传播迅速、生命周期短，这样对学生的记忆能力也提出了要求。一直以来，高校学生都习惯了纸质书籍这种连续的、线性的知识获取方式，先后信息相互联系具有一体性，这样便于学生对于知识进行记忆。但是碎片化知识以短时间记忆为主，学生日后进行信息的提取时可能产生虚构和错构，导致信息失真。

最后，碎片化信息去中心化、多元化和娱乐化等特点，导致学生的思维不能集中，产生思维跳跃。知识碎片的多元化导致学生正在思考的内容很容易被环境中时刻变化的新信息吸引，尤其是娱乐信息吸引，无法围绕一个主题进行深入思考。同时由于大量碎片化知识和信息唾手可得，而其中大量的信息内容空虚、缺乏价值甚至是毫无价值，而学生对于这类信息不加以思考，导致思维活动空洞，毫无深度可言。正是因为互联网下的教育与各行各业的知识在不断融合，知识不断更新拓展，知识的复杂度加强，信息以指数级增长，且呈现出碎片化的形式，可用的资源虽丰富却鱼龙混杂。而在传统的学习模式下，学生一直接受的是填鸭式的教育，对于知识实行的是全盘接受，不需考虑其他，但是在互联网时代，却需要学生对知识信息进行加工处理，而这对于学习能力不足、信息加工处理能力不足的学生来说是一个巨大的挑战。

（五）“互联网＋”使大学生受到心理健康和人际关系的双重冲击

2014 年是中国接入国际互联网 20 周年，据中国互联网网络信息中心发布的报告，截至 2017 年 6 月，我国网民规模达到 7.51 亿，占全球网民总数的五分之一，互联网普及率为 54.3％，超过全球平均水平 4.6 个百分点。互联网由于其信息的易得性和娱乐性成了人们主要的信息获取和沟通的来源，但是我国对于互联网管理的法律还不健全，管理比较被动，导致互联网上的信息以及教育视频良莠不齐，包含了许多反动言论和宗教色彩的信息。而且，由于技术不平衡的原因，网络上超过 90％的信息为英文信息，而且国外发达国家较早从事互联网的教育工作，因此现在网络上比较有名的几个互联网教育机构或是雏形都是国外的产品。这样一来，我国学生尤其是大学生在接受了一些比较前沿的科学知识的同时也接受了国外文化的影响，甚至是不好的文化影响。最糟糕的是少数国外发达国家凭借对网络高技术的垄断，极力推行网络霸权主义，通过互联网大力宣传西方文化的同时还宣扬一些暴力和黄色信息，致使在大学之前较少接触网络的高校学生，因为青春期的萌动导致心理扭曲，造成不良的影响。

虚拟性是互联网的另一个重要特点。在互联网中一切的事物都是虚拟的，然而正是这一特性，使我们的学生具有了虚拟的身份，现实中的人际关系就变得冷漠起来。传统的教学使学生在集体环境中生活，参与多样化的集体活动，在与同学的交往过程中，无形地就培养了他们的群体意识、集体主义观念和团结协作的精神。而网络环境是一个相对自闭的环境，纯粹的网络学习是通过一套网络设备完成相互交流，这样人与人之间直接交往的机会急剧减少，教师与学生之间的情感不能直接感受到，教师与学生之间仅仅是通过 BBS、E－mail 等网络工具进行交流，人与人之间建立的关系是一种虚拟的人际关系，一种不现实的关系。这种虚拟的关系，使得学生的群体意识淡薄，不利于健康个性及人格的发展，不利于人与人之间的协作共事、共同生活。

第三节　新时代高校信息化教育与人工智能创新协同发展

随着人工智能在教育领域应用日益广泛，人工智能必将引发教育模式、教学方式、教学内容、评价方式、教育治理、教师队伍等一系列的变革和创新，要助力教育流程重组与再造，推动教育生态的演化，促进教育公平，提高教育质量。

一、人工智能对新时代教育的改变

人工智能直接改变了经济社会对人才培养的需求。人工智能技术深刻改变了各行业对劳动者知识、能力、素质的要求，因而推动了人才培养目标的转换。智能时代，很多职业都将消失，2017 年，美国专注于信息技术研究和分析的机构 Gartner 公司发布的研究报告显示：到 2020 年，人工智能将消灭 180 万个就业岗位，同时带来 230 万个新的就业岗位。新时代，学生的批判性思考能力、协作沟通能力和创新能力将比传统意义上的读、写、记、算等能力更为重要，学生宽阔的学科视野和面对复杂问题的解决能力，以及高超的“人—技”互动水平将成为面向未来人工智能时代的关键竞争力。

人技结合促进教学环境的深刻改变。人工智能技术的导入将全面改变教室形态，课堂教学环境、校园环境等都将深刻改变，线上线下一体、课上课下衔接的高度数字化、智能化的教学环境将全面普及，人工智能（AI）与人类智能（HI）的高度协同，可大大增强教学环境的个性化服务水平，为实现泛在学习提供良好支持。

人工智能加速了学生学习方式的转变。人工智能为实现个性化学习和培养创新思维注入了新的活力。新时代教育教学面临的重要问题是技术在支持学生学习、个性化发展与思维培养方面发挥的作用十分有限。人工智能改变了学生学习方式，可根据学生特定的学习需求生成个性化、定制化学习方案，并提供沉浸式的学习体验和高度智能化的学习过程跟踪服务。

人工智能进一步丰富了教育教学内容。《新一代人工智能发展规划》明确要求：“在中小学阶段设置人工智能相关课程，逐步推广编程教育”，很快人工智能技术将直接成为基础教育阶段的普遍教学内容。同时，人工智能正倒逼教学内容体系的重构，创新思维和协作能力培养的课程内容将得到加强，推行跨学科内容整合成为必然趋势。例如，智慧超人 K12 人工智能教育，由五位教育学博士联合发起成立，以科技改变教育，让学习更有效率为使命。以人工智能、大数据分析等尖端科技为基础，以互联网为载体，打造 K12 全科智能化教学课程体系。K12 只用 8～12 道题目，精准测评定位数十个知识点的掌握情况，开始测评后，系统会根据孩子每道题的做题状态，智能推出下一道题目。当系统认为孩子是猜对题目，或不小心做错的时候，会连续给到相似的题目，来判断孩子的知识点掌握情况，直到系统能够判断学生的知识状态为止。

人工智能改变了教学评价方式。利用人工智能技术，可以提供更加多元的过程化教学评价，使评价手段更加丰富、评价过程更加科学，评价结果更加准确。智能教学助手和智能评测系统的协同，可以为学生提供全面的学习诊断，并配之以及时精准的学习干预，从而真正实现教学的规模化与个性化统一。

人工智能显著提升教育治理水平。人工智能在教育管理领域的深度应用将让管理服务更聪慧。教育管理信息化和智能化可有效支撑教育管、办、评分离，提升教育公共服务水平，促进教育治理能力和治理体系现代化。立足教育大数据的人工智能，通过教育教学过程的数据采集、建模、智能分析和系统化的分析，实现教育教学决策的科学化、资源配置的精准化。

人工智能全面改变了教师角色。人工智能与教育的深度融合使教师角色被赋予了新的时代内涵。人工智能不会直接取代教师，但通过“人—技”结合可以使教师从繁重的知识传授中解放出来，从事更具创造性的德育和能力培养等工作。智能时代对教师能力的要求也相应发生巨大变化，对教师信息素养的要求被提升到前所未有的重要地位，教师能力标准将被重新定义，对教师的职业要求将全面更新。

二、信息化教育的协作学习模式

（一）协作学习模式概述

1. 协作学习

协作学习是 20 世纪 70 年代初兴起于美国，80 年代中期取得很大发展的一种教学理论与策略，它是指通过小组或团队的形式组织学生进行学习的一种方式，学习者在共同的目标和一定的激励机制下，为获得最大的个人小组学习成果而进行合作互助的学习方法。其模式是指采用协作学习组织形式促进学生对知识的理解与掌握的过程，通常由四个基本要素组成，即协作小组成员、辅导教师、协作学习环境、协作学习过程。协作学习是一种信息交流过程，学习者在学习过程中将探索发现的信息和学习材料与小组中的其他成员共享，甚至可以同其他组或全班同学共享，为了达到个人和小组学习目标，可以采用对话、商讨、争论等形式对问题进行交流、沟通。协作学习强调整体学习效果，同时关注学生个性的自我实现，每个协作成员都是学习过程的积极参与者，教师设置的小组共同目标保证和促进学习的互助合作，鼓励学习者各抒己见，并以小组的总体成绩来评价每个成员的成绩。所以协作小组中的成员每个人都对他人的学习做出自己的贡献，个人学习的成功是以他人成功为基础的，因此不仅要对自己的学习负责，还要关心和帮助他人的学习。

2. 基于网络的协作学习

基于网络的协作学习（Computer Supported Collaborative Learning,

CSCL）是指利用计算机网络以及多媒体等相关技术开展的协作学习，是一种特殊的协作学习，在此学习过程中，多个学习者针对同一学习内容通过计算机网络平台建立交互合作，以达到对教学内容比较深刻的理解与掌握。在网络的协作学习中，计算机网络具有快捷性、交互性、超时空性以及对资源的可共享性，因而网络环境下的协作学习除了具备非网络环境协作学习的特点外，同时还具备以下特点：

（1）突破了时空限制。网络打破了传统的班级、年级、学校的界限，打破了时空的局限性。就协作的范围而言，网络化协作学习突破了学校的空间局限，打破了学校束缚，协作范围可以从班上的小组到整个班级以及班与班之间、年级与年级之间甚至校与校之间，使得协作学习真正变成了一种大环境下的学习，极大地促进了社会学习化和学习社会化。就时间因素而言，网络的异步交互功能实现了异步协作，使学习者不必受时间限制，更好地完成协作任务。

（2）教师对小组学习活动干预程度较低。基于网络的协作学习中，教师角色相对传统教育中的角色有了很大变化，主要是对各小组学习成果进行评价总结，对学习中的一些问题给予必要指导，而对小组在网络上的学习过程不过多干涉，学习者拥有了更多的选择性和灵活性，更容易促进个性化学习的开展。

（3）方便资源共享。协作学习中的成员为达成小组目标，需要不断交流信息和分享资源。计算机网络技术的发展已经使全球资源共享成为可能，利用搜索引擎等工具，可以快速获得大量学习资料，并且通过网络实现学习小组内资源共享。

（4）协作形式多种多样。通过计算机网络，学生可以通过 Netmeeting、QQ、MSN、BBS、聊天室、留言板等工具，方便地与相距较远的老师同学开展多样的沟通，自发地制定合作计划，开展讨论，共享合作成果。

（二）基于网络环境的协作学习模式要素分析

1. 确定协作学习目标

首先，要对即将开展的学习内容进行选择，选择适合运用协作学习开展的学习体系。其次，确定小组协作学习的整体目标，即组目标，然后可根据学习内容的特点或者学生的个体发展需要，将整体目标分解为子目标，或者提出学习者的个人目标。在这个环节中，要注意个人目标或子目标与组目标的关系设定，二者之间要联系紧密，特别是个人目标要成为实现整体目标的必要因素，这样既有助于促进学习者的自主学习，实现个人发展，同时又能够提高学习者参与协作学习的积极性。

协作学习可以促进学习者的应用、分析、评价等高层次目标的实现，因此在设计整体目标时不能只把目标局限于某一门课程或者某一方面知识，可以在确定某方面的核心内容的同时，将涉及的相关内容有效融合，从而促进学生的全面发展。

2. 建立协作学习小组

基于网络的协作学习是一种以小组为单位的学习方式，每个学习者都处在特定的团体中，都有特定的协作伙伴，因此科学合理地组建学习小组是实施网络化协作学习的必要前提，也是保证学习顺利开展的关键要素。协作小组可以由教师组建，也可以在协作学习目标的指导下由学习者自由协商组建，在学生自由组合时，教师要给予适当的指导和帮助。常见的协作小组有异质分组、就近分组、分层分组、同质分组、自由搭配等几种常见的分组方式。具体的协作小组划分要根据学生的学习特点、所处地域、学习基础、个人特长、兴趣方向或性别等作为标准进行划分。无论以何种方式划分，都要体现互补互助、协调和谐的原则，小组成员间要有良好的人际关系和信赖程度，有时为了方便管理，会确定小组负责人，但是小组成员的权利是平等的。

3. 创设协作学习环境

良好的协作学习环境可以促进小组成员集体归属感的建立，从而促进小组成员之间形成融洽的、多元的协作关系。学习环境通常包括硬件环境、软件环境和资源环境三个方面。硬件环境主要指学习者必备的计算机、计算机网络。软件环境指学习者在协作学习过程中所使用的软件工具，如 Net meeting、QQ、MSN、BBS、聊天室、留言板、搜索引擎等。前两种环境都比较容易实现，而资源环境作为最重要的部分，也是人们最关注的。在设计资源环境时，要先了解网络资源的特点，围绕学生的需要来组织教学资源。有条件的学校可以把资源事先下载到校园网的资源中心，根据协作学习过程中知识掌握的需要，学生可以从校园网资源库中查询所需要的信息资源。

4. 协作学习活动设计

协作学习活动设计阶段就是通过小组成员讨论、协商或者是教师指导建立初步的协作学习计划，从而保证基于网络的协作学习的进度。在设计过程中要考虑每个学习者的具体情况，并根据协作学习中的个人目标或者子目标的序列关系，制定出协作学习的工作阶段。

5. 协作学习活动实施

协作学习实施过程，就是按照上一环节设计的小组学习计划开展学习，但是在具体实施过程中学习者可以根据小组需求、个人需求以及教师方面的意见调整和修改前期计划，从而有效实施。在具体的实施过程中，教师不用过多介入学生具体的学习过程，但必须要加强小组协作学习过程中的指导，在协作学习中起到督导作用；教师可以根据学习者提供的协作学习计划，检查小组学习的进度与成果，或者通过 BBS、电子邮件及时布置有针对性的作业，检查作业，引导小组开展讨论等，从而深入地引导学生学习。

6. 评价协作学习结果

学习评价是检验学习是否达到目标，促进和完善协作学习活动的重要环节。对学习结果的评价应采用多种形式，做出全面真实的评价。要做到评小组与评个人，他人评与自己评，组内评与组外评相结合。当小组的学习阶段完成后，教师要及时对该小组的学习结果进行评定，评价的方式可以采用传统的考试、测验方式，也可以采用成果展示、任务完成等新型方式。小组之间可以采用质疑提问的方式开展互评与自评，成员间也可以开展互评与自评。

7. 教师指导

教师指导作用并不是针对某一特定环节，或者某一特定工作，而是贯穿在从准备到实施再到评价的整个过程，在每个环节中教师都能体现指导作用。教师虽然不直接参与学习者的具体学习过程，但是要随时监控学习进程，以保证学习的良好进行，从而保证学习效果。

（三）基于网络环境的协作学习应注意的问题

1. 重视线下活动的重要性

基于网络的协作学习并不是所有的学习过程和学习活动都是在网上进行的，所以不能片面地认为这种学习就是让学生上网学习。学习者接触主题、制订计划、小组分工、深入研究等活动都可以在线下开展，因此在开展基于网络的协作学习中要注意线上、线下相结合。

2. 加强真实感协作活动

基于网络的协作学习，学习者之间的交流和沟通大多数是通过网络进行的，学习者与他的协作伙伴间不易建立真实的亲近感，容易造成协作小组凝聚力不强，难免会影响学习的效果。因此可以利用虚拟技术模拟实体小组，小组成员可以把自己的照片、兴趣爱好等进行交流和发布，让小组成员有身临其境之感，促进相互熟悉，增进亲密感，以利于学习活动的顺利开展。

3. 突显指导教师的主导地位

通过对于基于网络协作学习模式的探讨，可以看出教师在整个协作过程中的指导作用是不可忽视的。但是由于基于网络的协作学习中师生通常是分离的，有时会忽视教师的指导作用，教师只关心最后的评价，对整个协作学习“撒手不管”，从而使学习者变成“放羊式”学习，制约了学习效果的提高，因此教师要想办法突显自己的主导地位，促使学习者积极地学习。

参考文献

陈玉琨，田爱丽，2014. 慕课与翻转课堂导论［M］. 上海：华东师范大学出版社.

陈子超，2016. 微课开发与制作从入门到精通［M］. 北京：人民邮电出版社.

黄发国，张福涛，2014. 翻转课堂理论研究与实践探索［M］. 济南：山东友谊出版社.

焦建利，王萍，2015. 慕课——互联网＋教育时代的学习革命［M］. 上海：华东师范大学出版社.

李本友，吕维智，2015. 微课的理论与制作技巧［M］. 北京：中国轻工业出版社.

李超，李秋香，何永忠，2018. 信息系统安全等级保护实务［M］. 北京：科学出版社.

李文德，2016. 情境微课开发［M］. 北京：电子工业出版社.

李晓明，2015. 慕课［M］. 北京：高等教育出版社.

刘化君，2015. 网络安全技术［M］. 北京：机械工业出版社.

刘万辉，2015. 微课教学设计［M］. 北京：高等教育出版社.

刘万辉，2015. 微课开发与制作技术［M］. 北京：高等教育出版社.

刘晓晓，2019. 网络系统集成［M］. 北京：清华大学出版社.

卢晓丽，闫永霞，2017. 计算机网络与安全管理［M］. 北京：化学工业出版社.

吕森林，2015. 在线教育微课修炼之道［M］. 北京：人民邮电出版社.

马九克，2016. 微课视频制作与翻转课堂教学［M］. 上海：华东师范大学出版社.

倪彤，2016. 微课/慕课设计、制作与应用［M］. 北京：清华大学出版社.

乔玲玲，纪宏伟，陈志娟，缪亮，2016. 微课设计与制作实用教程［M］. 北京：清华大学出版社.

乔纳森·伯格曼，亚伦·萨姆斯，2015. 翻转学习——如何更好地实践翻转课堂与慕课教学［M］. 北京：中国青年出版社.

邱建新，2018. 计算机网络技术［M］. 北京：机械工业出版社.

沈鑫刘，2014. 计算机网络安全［M］. 北京：清华大学出版社.

汤敏，2015. 慕课革命——互联网如何变革教育［M］. 北京：中信出版社.

田爱丽，2016. 基础教育慕课与翻转课堂教学理论和实践［M］. 上海：华东师范大学出版社.

田庚林，田华，张少芳，2018. 计算机网络安全与管理［M］. 北京：清华大学出版社.

王奕标，2016. 透视翻转课堂——互联网时代的智慧教育［M］. 广州：广东教育出版社.
王越，罗森林，2015. 信息系统与安全对抗理论［M］. 北京：北京理工大学出版社.
吴倩，赵晨啸，郭莹，2013. Android 安全机制解析与应用实践［M］. 北京：机械工业出版社.
张滨，2015. 移动终端安全关键技术与应用分析［M］. 北京：人民邮电出版社.
张启浩，2016. 信息系统安全集成［M］. 北京：中国建筑工业出版社.
张一春，2015. 精品微课设计与开发［M］. 北京：高等教育出版社.
赵国忠，傅一岑，2015. 微课：课堂新革命［M］. 南京：南京大学出版社.
赵立群，2018. 计算机网络管理与安全［M］. 北京：清华大学出版社.